The Canterbury and York Society

GENERAL EDITOR: PROFESSOR R.L. STOREY

ISSN 0262–995X

DIOCESE OF YORK

CANTERBURY AND YORK SOCIETY VOL. XCIII

The Register of
William Melton

ARCHBISHOP OF YORK

1317–1340

VOLUME V

EDITED BY

T. C. B. TIMMINS

The Canterbury and York Society

The Boydell Press

2002

First published 2002

A Canterbury and York Society publication
published by The Boydell Press
an imprint of Boydell & Brewer Ltd
PO Box 9, Woodbridge, Suffolk IP12 3DF, UK
and of Boydell & Brewer Inc.
PO Box 41026, Rochester, NY 14604–4126, USA
website: www.boydell.co.uk

ISBN 0 907239 63 3

A catalogue record for this book is available
from the British Library

Details of previous volumes are available from Boydell & Brewer Ltd

This publication is printed on acid-free paper

Typeset by Joshua Associates Ltd, Oxford
Printed in Great Britain by
Antony Rowe Ltd, Chippenham, Wiltshire

CONTENTS

PREFACE

This volume forms the fifth part of the Society's edition of Archbishop Melton's register. It comprises the material which appears in folios LXVI to CXXII of the manuscript: the section, by then traditional in York registers, which covers the cathedral chapter, the chapters of the collegiate churches of Beverley, Howden (few entries, others are in the Spiritualities section), Ripon, and Southwell, and the collegiate chapel of St Mary & Holy Angels, outside the north-west wall of York Minster. Editorial practice is similar to that described in the Preface to volume II (ed. David Robinson, 1978).

The *Capitula* section is published by kind permission of His Grace the Archbishop of York, and a mandate from the archives of York Minster (**453** n.846) by kind permission of the Dean and Chapter. I am most grateful to Professor D.M. Smith for advice, an extended loan of photocopies of the *Capitula*, and for making the collections of the Borthwick Institute so readily available. It is a pleasure to acknowledge the kindness of Mr Laurence Craik, Librarian of Southwell Minster; Dr David Crook; and Mrs Louise A. Hampson, Archivist of York Minster. I owe an enormous debt to the London Library: its splendid resources and the great consideration of the Librarian and his staff have been invaluable. My thanks also go to Mr Michael Dunne and his colleagues in Lancaster University Library; to the staff of Manchester Central Library, and The John Rylands Library, Deansgate, Manchester. I have gained much from the advice and encouragement of Professor R.L. Storey, and I am most grateful for his invitation to undertake this volume. Initial technical assistance was generously provided by Mr Michael Stainer. Mrs D.M. Callis cheerfully performed the task of putting a daunting text onto disk.

BIBLIOGRAPHICAL ABBREVIATIONS AND CONVENTIONS

BI	Borthwick Institute of Historical Research, York.
BL	British Library
BMF	Richard T.W. McDermid, *Beverley Minster Fasti* (Yorkshire Archaeological Society, Record Series, vol. 149, 1993).
BRUC	A.B. Emden, *A Biographical Register of the University of Cambridge to 1500* (Cambridge, 1963).
BRUO	A.B. Emden, *A Biographical Register of the University of Oxford to A.D. 1500*, 3 vols (Oxford, 1957–9).
CCR	*Calendar of the Close Rolls preserved in the Public Record Office: Edward II; Edward III*, 18 vols (HMSO, 1892–1913).
CPL, II	*Calendar of Entries in the Papal Registers relating to Great Britain and Ireland: Papal Letters*, vol. II, *A.D. 1305–1342*, ed. W.H. Bliss (HMSO, 1895).
CPR	*Calendar of the Patent Rolls preserved in the Public Record Office: Edward I; Edward II; Edward III*, 25 vols (HMSO, 1891–1916).
Chapters	T.F. Tout, *Chapters in the Administrative History of Mediaeval England*, 6 vols (Manchester, 1920–33).
Clementines	*Clementis Papae V Constitutiones, Corpus Iuris Canonici*, ed. E. Friedberg, 2 vols (Leipzig, 1879–81), II. 1113–1200.
Decretum	*Decretum Gratiani, Corpus Iuris Canonici*, vol.1.
'Dispute'	Sandra Brown, 'A Dispute between Archbishop Melton and the Dean and Chapter of York, c.1336–8', *Bulletin of the Institute of Historical Research*, vol. 54 (1981), pp. 110–19.
Edward II	T.F. Tout, *The Place of the Reign of Edward II in English History*, ed. Hilda Johnstone (Manchester, 1936).
Exchequer	J.C. Sainty, *Officers of the Exchequer* (List and Index Society, Special Series, vol. 18, 1983).
Extra	*Decretalium D. Gregorii Papae IX Compilatio, Corpus Iuris Canonici*, II. 5–928.
Fasti	John Le Neve, *Fasti Ecclesiae Anglicanae, 1300–1541*, comp. J.M. Horn, B. Jones, H.P.F. King, 12 vols (London, 1962–7).
MB	*Memorials of Beverley Minster: The Chapter Act Book of the Collegiate Church of S. John of Beverley, A.D. 1286–1347*, ed. Arthur Francis Leach (Surtees Society, vols 98 and 108, 1898–1903).
MR	*Memorials of the Church of SS Peter and Wilfrid, Ripon*, [ed. J.T. Fowler] (Surtees Society, vols 74, 78, 81 and 115, 1882–1908).
PRO	Public Records Office, Kew.
Reg.	MS Register.
Reg. Benoît XII	*Benoît XII (1334–42): Lettres Communes analysées d'après les*

	registres dits d'Avignon et du Vatican, ed. J.-M. Vidal, 3 vols (Paris, 1903–11).
Reg. Greenfield	*The Register of William Greenfield, Lord Archbishop of York, 1306–1315*, transcribed by William Brown, ed. A. Hamilton Thompson (Surtees Society, vols 145, 149, 151, 152 and 153, 1931–40).
Reg. Jean XXII	*Jean XXII (1316–1334): Lettres Communes analysées d'après les registres dits d'Avignon et du Vatican*, ed. G. Mollat, 16 vols (Paris 1904–47).
Reg. Melton	*The Register of William Melton, Archbishop of York 1317–1340*, vols I and III, ed. R.M.T. Hill (1977, 1988); vol. II, ed. D.B. Robinson (1978); vol. IV, ed. Reginald Brocklesby (1997); (Canterbury and York Society, vols 70, 71, 76, 85).
Sext.	*Liber Sextus Decretalium D. Bonifacii Papae VIII, Corpus Iuris Canonici*, II, 937–1124.
VCH	*The Victoria History of the Counties of England.*
YMA	York Minster Archives.

Bibliographical details of all other authorities are given in full on their first appearance in the text, but cited thereafter in shorter form.

Many provisors were employed in royal administration, but no attempt has been made to provide full details of their careers, only the position held at, or next before or after provision. An asterisk in the footnotes indicates that their other important offices (and those of some other royal clerks) are given elsewhere in the work cited.

The French editions of the papal registers have only been cited when they contain material which does not appear in the English edition.

Abbreviations of degrees follow forms bibliographically established (and defined) in *BRUO*, I, p.xlv, except that D.D. (Doctor of Divinity) is preferred to D.Th., following practice of Melton's other editors.

CAPITULA

[Fo.66; N.F. 83] CAPITULA EBOR', BEVERL', SUWELL', RYPON', ET HOUDEN', CUM CAPELLA BEATE MARIE ET SANCTORUM ANGELORUM EBOR' DE ANNO PONTIFICATUS DOMINI WILLELMI DE MELTON ARCHIEPISCOPI EBOR' PRIMO.[1]

1 [*Letter admitting Barnabo de Mala Spina to prebend [of St Michael] in Beverley, on royal presentation.*]
ADMISSIO[2] AD PREBENDAM QUE FUIT DOMINI WILLELMI DE [MELTON].[3] Willelmus permissione divina Ebor' archiepiscopus Anglie primas, dilecto nobis in Christo Barnaboni de Mala Spina,[4] salutem gratiam et benedictionem. Ad prebendam illam quam nos nuper habuimus in ecclesia beati Johannis Beverl' cum suis juribus et pertinenciis quibuscumque vacantem et ad donacionem regiam ratione archiepiscopatus Ebor' nuper vacantis et in manu regia existentis spectantem, tibi datam et concessam sicut per suas patentes litteras plene liquet,[5] te de cujus vita et moribus sinceram fiduciam obtinemus in personam magistri Thome de Luco clerici procuratoris tui admittimus juxta dictarum vim et formam et continenciam litterarum, has nostras patentes litteras tibi in hujus rei testimonium concedentes. [Beverley,[6] 18 Dec. 1317.]

2 [*Mandate to chapter of Beverley to do their part for Barnabo de Mala Spina.*]
INDUCCIO EJUSDEM. Willelmus [*etc.*] dilectis in Christo filiis .. capitulo ecclesie nostre beati Johannis Beverl', salutem cum benediccione et gratia salvatoris. Cum nos ad prebendam illam quam nuper habuimus in eadem nostra ecclesia cum suis juribus et pertinentiis quibuscumque, ratione archiepiscopatus Ebor' nuper vacantis et in manu regia existentis vacantem, et ad donacionem domini regis spectantem, Barnabonique de Mala Spina clerico suo datam per ipsius patentes litteras quas inde recepimus et concessam, eundem Barnabonem in personam[7] magistri Thome de Luco procuratoris sui admiserimus juxta earundem vim formam et continenciam litterarum; vobis mandamus quatinus eundem Barnabonem vel procuratorem suum ejus nomine admittentes in vestrum canonicum et in fratrem, stallum in choro et locum in capitulo ratione dicte prebende sibi debita assignetis, et circa ipsum exequamini ulterius in hac parte more solito quod est vestrum. Bene valete. [Beverley, 18 Dec. 1317.]

3 [*Letter appointing penitentiaries in York Minster.*]
CREACIO PENITENCIARIORUM IN ECCLESIA EBOR'. Willelmus etc. dilectis filiis dominis Willelmo de Langetoft et Alexandro de Whyteby vicariis in ecclesia nostra Ebor',[8] salutem gratiam et benedictionem. De vestris circumspectione et

---

[1] A description of contents usually appears at foot of both sides of each folio except for fos 97, 100–105v, and 115–122v, and is gradually shortened from *Capitula cum capella beate Marie et Sanctorum Angelorum Ebor'* to *Capitula cum capella beate Marie etc*, to *Capitula*. The archiepiscopal year and quire sequence are sometimes given.
[2] 16th-century marginalia below: *in ecclesia Beverlac'*.
[3] Faded. See *BMF*, pp.70–1.
[4] Nephew of Cardinal Luke de Fieschi, and with him in England during his nunciature (*Reg. Jean XXII*, vol.1, p.201, no.2144; *MB*, I. 359–60; *BMF*, p.71).
[5] See *CPR 1317–21*, pp.55, 61.
[6] Interlined.
[7] MS *persona*.
[8] Both had held office under Archbishop Greenfield (*Reg. Greenfield*, I. 24, no.63, 87, no.182).

devocione sincera in domino confidentes, vos et vestrum quemlibet in solidum penitenciarios nostros in dicta Ebor' ecclesia preficimus et constituimus per presentes, vobis in eadem penitenciarie officium committentes. Valete. [Beverley, 18 Dec. 1317.]

4 Commission to John de Hemmyngburgh, rector of St Wilfrid's, York, John de Topclif', rector of mediety of St Mary's Castlegate, York (*ad portam*[9] *castri in Ebor'*), and Thomas, rector of St Edward's Walmgate (*Walmegate*), and each of them, to claim criminous clerks, religious and secular, charged before king's justices, bailiffs, and others at gaol-delivery in city of York, and to keep them in safe custody until their future was decided. Sealed with his seal. Beverley, 19 Dec. 1317.

5 [*Form of admission of John de Crosseby to a canonry of Beverley pursuant to an expectative grace.*]
ADMISSIO DOMINI JOHANNIS DE CROSSEBY IN CANONICATUM ET PREBENDAM SANCTI JOHANNIS BEVERL'. In dei nomine, Amen. Nos Willelmus [*etc.*] secundum formam litterarum gratie[10] per sanctissimum patrem et dominum nostrum dominum Johannem divina providencia papam XXII domino Johanni de Crosseby[11] concesse de canonicatu et prebenda in ecclesia sancti Johannis Beverl' nostre diocesis vacante vel postmodum vacatura prout in eisdem litteris apostolicis et executoriis[12] super hoc nobis directis plenius continetur, dictum dominum Johannem de Crosseby in personam domini Rogeri de Beverl' perpetui vicarii altaris sancti Martini in ecclesia sancti Johannis predicta procuratoris sui legitimi admittimus quatenus de jure tenemur ac virtute gratie apostolice supradicte in dicte Beverlacen' ecclesie canonicum[13] et in fratrem; salvis nobis et ecclesie nostre predicte excepcionibus et defensionibus omnibus competentibus[14] et competituris tam contra personam quam gratiam et execucionem omnem in hac parte habitam et habendam; salva eciam nobis potestate conferrendi canonicatum[15] et prebendam[15] necnon dignitatem[15] et personatum[15] quoscumque ac officia et beneficia quecumque cum in ecclesia predicta vacaverint qui et que prefato domino Johanni debiti seu debita non fuerint virtute gratie memorate. [Undated.]

6 EXECUCIO [DIRECTA] CAPITULO BEVERL' [SUPER] ADMISSIONE.[16] Mandate to chapter of Beverley to do their part for John de Crosseby, clerk, admitted as canon by archbishop pursuant to an expectative grace, [incorporating **5** from *prout in eisdem*]. Beverley, 21 Dec. 1317.

7 [*Commission to settle disputed claims to prebend of Stanwick in Ripon.*]
COMMISSIO SUPER PREBENDA DE STANWEGGES IN RYPON' INTER INCUMBENTEM ET PRESENTATUM. Willelmus permissione etc. dilectis filiis officiali nostro Ebor' et

[9] MS *pontam*.
[10] Granted, 20 March 1317, at request of Aymer of Valence, earl of Pembroke (*CPL*, II. 144).
[11] Chancery clerk (*CCR 1313–18*, pp.343, 482).
[12] The executorial letters, which gave papal rescript legal force, contained the text of the grace. For brevity's sake, mention of these letters is mostly omitted from calendared entries.
[13] Preceded by erasure.
[14] Repeated and struck through.
[15] Plural in form in such saving clauses from **11**.
[16] Partly illegible.

ejus commissario generali, salutem [*etc.*]. De vestris circumspeccione et industria plenius confidentes, ad cognoscendum procedendum diffiniendum statuendum pronunciandum et exequendum in causa seu negotio que vel quod vertitur seu verti speratur inter magistrum Willelmum de Seton clericum,[17] cui serenissimus princeps et dominus noster dominus Edwardus dei gratia rex Anglie illustris prebendam de Stanwegges in ecclesia Rypon' vacantem et ad suam donacionem ratione archiepiscopatus Ebor' vacantis et in manu sua existentis spectantem ut dicitur donavit et concessit, prout in litteris regiis super hoc confectis plene liquet,[18] actorem ex parte una, et dominum Ricardum de Hennay possessioni ejusdem prebende incumbentem[19] reum ex altera, super prebenda memorata; vobis conjunctim et divisim vices nostras committimus cum cohercionis canonice potestate.[20] [Beverley, 21 Dec. 1317.]

8   Commission[21] to same, jointly and severally, to hear and determine cause promoted *ex officio* by Adam de Langrig',[22] parishioner of the prebendal church of Stanwick, against Richard de Hennay, then in possession of that church, giving them power to amove Richard according to law. Beverley, 21 Dec. 1317.

9   [Fo.66v; N.F. 83v] LITTERA EXECUTORIA PRO TRAVIS SANCTI JOHANNIS BEVERL'. Mandate[23] to archdeacon of East Riding (*Estriding*'), his official, all rural deans, beneficed clergy, and parish chaplains of archdeaconry, on complaint of chapter of Beverley, to take action, as of old, when so ordered, against those it had excommunicated, cited, or suspended for not paying thraves,[24] by which Bedern,[25] prebends, and other offices in church were largely supported. Beverley, 29 Dec. 1317.

10   [*Mandate to provide chrism and oil for churches and chapels appropriated to priory of St Oswald, Gloucester.*]
LITTERA DIRECTA CAPITULO SUWELL' PRO CRISMATE ET OLEO PRO JURISDICCIONE GLOUC'. Willelmus etc. dilectis filiis .. capitulo ecclesie nostre Suwell', salutem [*etc.*]. Cum prior et conventus sancti Oswaldi Glouc' pro ecclesiis et capellis quas in usus proprios obtinent nobis et ecclesie nostre Ebor' dumtaxat tam lege jurisdiccionis quam diocesane subjectis, per ordinacionem bone memorie domini Willelmi immediati predecessoris nostri[26] sub penis gravibus et censuris ad ecclesiam nostram Suwell' annis singulis ante festum ascensionis[27] domini pro oleo sancto et crismate petendo et recipiendo mittere teneantur, prout antiquis

---

[17] King's clerk (*CPR 1313–17*, p.569).
[18] Ibid.
[19] Collated 25 April 1312 (*Reg. Greenfield*, I. 65, no.159).
[20] Superseded by **70**.
[21] In similar form to *Reg. Melton*, IV. 3, no.1, except for power of amoval.
[22] His namesake was said to be claiming prebend against Hennay and Seton the previous March, when a commission was issued to same commissioners to settle matters (*Reg. Greenfield*, V. 282, no.2896).
[23] In similar form to *MB*, I. 4–5.
[24] For thraves see *MB*, I. xcviii–cv; *BMF*, map between pp.138 and 139.
[25] See *MB*, I. xliv, xlix–l.
[26] See *Reg. Greenfield*, I. 206–7, no.490.
[27] MS *assensionis*.

temporibus fieri consuevit; vobis firmiter injungimus et mandamus quatinus fratri Willelmo de Craneburn canonico dicte domus sancti Oswaldi ad vos cum presentibus pro hujusmodi oleo sancto et crismate venienti . . . [Unfinished.]

11 EXECUCIO FACTA DECANO ET CAPITULO EBOR' SUPER ADMISSIONE DOMINI ROBERTI DE VALOIGNES IN CANONICUM ET IN FRATREM ECCLESIE EBOR'. Mandate to dean and chapter of York to do their part for Robert de Valoignes, clerk,[28] admitted[29] as canon by archbishop pursuant to an expectative grace,[30] in person of Hugh de Kynham, clerk. Beverley, 9 Jan. 1318.

12 Mandate[31] to chapter of Beverley to induct Nicholas de Hugate, king's clerk,[32] appointed provost by king because archbishopric was formerly vacant and in his hands.[33] Admitted by archbishop in persons of M. Richard de Melton,[34] M. John de Ebor',[35] William de la Mare,[36] and William de Driffeld, his proctors. Beverley, 13 Jan. 1318.[37]

13 [*Letter admitting Nicholas de Hugate as provost of Beverley.*] ADMISSIO SUPER PREPOSITURA BEVERL'.[38] W[illelmus] etc. dilecto filio domino Nicholao de Hugate presbytero, salutem [*etc.*]. Ad donacionem serenissimi principis et domini nostri domini Edwardi dei gratia regis Anglie illustris, te de cujus meritis et virtutibus sinceram fiduciam optinemus in personas [as in **12**] procuratorum tuorum ad preposituram ecclesie nostre Beverlac' vacantem, et ad ejusdem domini regis collacionem spectantem ratione archipiescopatus Ebor' nuper vacantis et in manu sua existentis,[39] admittimus cum suis juribus et pertinenciis quibuscumque. Vale. [Beverley, 13 Jan. 1318.]

14 [*Commission to dean of York to collect arrears of tenth granted for defence against the Scots specified in schedule (omitted) before 24 Feb. 1318.*] COMMISSIO AD LEVANDUM DECIMAM DE DIGNITATIBUS ET PREBENDIS IN ECCLESIA EBOR'. Willelmus etc. dilecto filio .. decano ecclesie nostre Ebor', salutem [*etc.*]. Cum nuper sede ejusdem vacante, ad requisicionem domini nostri regis Anglie illustris pro defensione terre sue contra Scotos, vos et .. capitulum dicte ecclesie ac clerus nostre diocesis unanimiter concesseritis et concesserint eidem domino

---

[28] King's clerk and Melton's 'former [Wardrobe] clerk and pupil' (*CPR 1313–17*, p.658; *The Register of Thomas Cobham, Bishop of Worcester 1317–27*, ed. E.H. Pearce (Worcestershire Historical Society, 1930), p.156).

[29] With the two saving clauses used in **5**. Only their omission from such mandates will be noted subsequently.

[30] Dated 23 Sept. 1317 (*CPL*, II. 165).

[31] A marginal *b* indicates that this entry should follow **13**.

[32] Nicholas was a former cofferer of the Wardrobe, who by 1316 was treasurer of the Prince of Wales (*BMF*, pp.8, 36–7).

[33] See *CPR 1317–21*, p.68.

[34] Perhaps identified in *BRUO*, II. 1257–8.

[35] See ibid. III. 2139.

[36] See ibid. I. 563.

[37] Transcribed in *MB*, I. 344–5, 346–7.

[38] A marginal *a* indicates that this entry should precede **12**.

[39] MS *existentes*.

regi decimam de bonis suis ecclesiasticis et temporalibus secundum taxacionem decime nunc currentis ad terminos diu enim transactos[40] plenarie persolvendam, ac magna pars dicte decime de diversis dignitatibus et prebendis ecclesie nostre predicte, quarum nomina et pecuniarum summe in cedula hiis annexa continentur adhuc remanet non levata; vobis mandamus quatinus omnia et singula arreragia dicte decime ut premittitur non solute de dignitatibus et prebendis supradictis, colligi et levari per suspensionis et excommunicationis sentencias et bonorum sequestracionem artissimam ac omnem censuram ecclesiasticam sine more dispendio faciatis, itaque omnia arreragia predicta citra instans festum beati Mathie apostoli sint peracta domino nostro regi prout per mandata sua regia sumus cum instancia excitati plenarie persolvenda. Ad que omnia facienda et exequenda vobis tenore presencium vices nostras committimus cum cohercionis canonice potestate. Super hiis antedictis que feceritis in premissis, et de quantitate pecunie per vos levate, nos citra dictum festum sancti Mathie curetis absque dissimulacione qualibet reddere certiores per vestras litteras patentes que harum seriem representent. Valete. [Cawood (*Cawod*), 3 Feb. 1318.]

15 Mandate to dean and chapter of York for induction of Adrian de Flisco, clerk,[41] appointed to archdeaconry of Cleveland (*Cliveland*) by king because archbishopric [as in **12**].[42] Archbishop had admitted him in person of M. Thomas de Luco. Cawood, 4 Feb. 1318.

16 [Fo.67; N.F. 84] Commission[43] to M.Thomas de Harpeham, clerk,[44] to take custody of revenues of prebend of Thorpe Lidget (*Thorp*) in Howden sequestrated on 11 Feb., and vacant by virtue of bull [*Execrabilis*]. Cawood (*Cawode*), 11 Feb. 1318.

17 ADMISSIO[45] DOMINI NICHOLAI DE NOTINGH' IN CANONICUM ET FRATREM ECCLESIE SUWELL'. Mandate to chapter of Southwell to do their part for Nicholas de Notingham, priest,[46] admitted as canon by archbishop pursuant to an expectative grace.[47] Cawood, 15 Feb. 1318.

18 Mandate to chapter of Ripon for M. Richard de Cestr', D.Cn.L.,[48] admitted as canon by archbishop pursuant to an expectative grace,[49] in person of his proctor. Cawood, 15 Feb. 1318.

---

[40] Final term for payment, 22 May 1317 (*Calendar of Fine Rolls* (HMSO 1911–), II. 328).
[41] The king's clerk and kinsman (*CPR 1317–21*, p.14). He was a nephew of Luke de Fieschi, cardinal deacon of St Mary's in Via Lata (*Reg. Jean XXII*, vol.1, p.201, no.2142).
[42] See *CPR 1317–21*, p.14.
[43] In similar form to *Reg. Melton*, II. 3, no.5. See also **22**.
[44] See *BRUO*, II. 879.
[45] Captions for mandates of this kind normally begin with *Admissio* from this point.
[46] Nicholas was Melton's clerk in 1311 (probably in Wardrobe) and 1321, and occurs as king's clerk in 1318 (*MB*, I. 284; *Reg. Melton*, IV. 44, no.207; *CPR 1317–21*, p.224). See also *BMF*, pp.114–15.
[47] Dated 28 Oct. 1317 (*CPL*, II. 166).
[48] See *BRUO*, I. 407. A former clerk of archbishop Greenfield, he accompanied Melton to Curia for his consecration (*CPR 1313–17*, p.386).
[49] Dated 28 Oct. 1317 (*CPL*, II. 166).

19   Charter of archbishop Walter [de Grey],[50] granting manor of Bishopthorpe and other specified lands and rents to dean and chapter of York, to be leased to future archbishops for 20 marks a year. Money should be used for salary of £6 a year and 20s. for lights for one chaplain instituted by dean and chapter, or chapter alone when deanery was vacant, to celebrate for ever at Bishopthorpe for souls of King John, himself, and all faithful departed; and also for specific payments to clergy attending his annual exequies [in Minster] on his anniversary, when residue was to be distributed for the poor. [Fo.67v; N.F. 84v] [Order of witnesses differs from printed version after William Passemer, with one new name and one omission]: dominis Willelmo de Tweyng', Waltero de Ludham, Simone de Sancto Egidio, subdecano, Henrico de Grey,[51] Johanne de Langeton, Johanne de Tuya, militibus, et aliis. [22 March 1242.][52]

20   [*Bond for payment of 20 marks a year to treasurer of York Minster for manor of Bishopthorpe.*]
OBLIGACIO PRO MANERIO DE THORP. Universis Christi fidelibus presentes litteras inspecturis, Willelmus etc. salutem et gratiam salvatoris. Noverit universitas vestra nos teneri in viginti marcis sterlingorum annuatim ad festum sancti Martini in hyeme solvendis thesaurario Ebor', qui pro tempore fuerit, pro manerio de Thorp cum suis pertinenciis, nobis ad vitam nostram a capitulo nostro Ebor' concessis. Super cujus pecunie solutione fideliter facienda hanc cartam nostram ante ingressum nostrum in idem manerium fecimus capitulo memorato. Hiis testibus: reverendis viris magistris Roberto de Pykering', decano;[53] Roberto de Ripplingham cancellario;[54] Johanne de Nassington[55] et Petro de Dene[56] canonicis ecclesie nostre Ebor' et aliis. In cujus rei testimonium sigillum nostrum presentibus est appensum. [Cawood, 18 Feb. 1318.]

21   Letter, [a variant of **3**], appointing William de Hokerton, priest, vicar in Southwell [Minster], penitentiary there. Bishopthorpe, 25 Feb. 1318.

22   Mandate[57] to prior of Durham (*Dunelm'*), portionary of chapel of Eastrington (*Estrington*) in church of Howden, 'quatenus ad nos attinet,' to take custody of revenues of church of Brantingham − sequestrated on 7 Feb. − and prebend of Thorpe Lidget − sequestrated 11 Feb. − vacant by virtue of bull [*Execrabilis*]. Bishopthorpe, 28 Feb. 1318.

---

[50] See *BRUO*, II. 807−8.
[51] Rightly canon of York (John Le Neve, *Fasti Ecclesiae Anglicanae 1066−1300*, VI, compiled by Diana E. Greenway (London, 1999), p.122).
[52] Transcribed in *The Register, or Rolls of Walter Gray, Lord Archbishop of York*, [ed. James Raine] (Surtees Society, vol.56, 1872), pp.192−5. Some variants from printed text: *Bichill* for *Bichehill* (p.193, line 14); *concesserint* for *consenserint* (p.194, last line); *Fulcone de Basset'* for *Fulcone Basseth* (p.195, lines 2−3); *Gilberto de Tuya* for *Gilberto Tuya* (p.195, line 6).
[53] King's clerk (*BRUO*, III. 1532−3).
[54] See ibid. p.1577.
[55] Probably still prebendary of Bole. Distinguished from his namesakes as 'senior' in *BRUO*, II. 1337−8, but he died later than it supposed on 2 Feb. 1322 (*MB*, II. 1).
[56] King's clerk by 1293 (*BRUO*, III. 2168−9).
[57] Superseded **16** and *Reg. Melton*, I. 118, no.382.

23   Mandate to official of York or his commissary general, to cite sacrist or his proctor, and canons, vicars, priests, and clerks of chapel of St Mary & Holy Angels, York, to appear before archbishop or his household clerks on 21 March, in their chapel, for archbishop's intended personal visitation. Action and names to be certified before then in letters patent. Cawood, 2 March 1318.

24   Mandate to chapter of Ripon to do their part for M. Roger de Breus, clerk,[58] admitted as canon by archbishop pursuant to an expectative grace.[59] Cawood, 2 March 1318.

25   Letter, [similar to **21**], appointing Robert Thorold, priest, vicar in church of Ripon, penitentiary there. Cawood, 23 Feb. 1318.

26   Commission[60] to official of York, [his] commissary general, and M. William de Stanes, rector of Gilling East (*Gilling'*),[61] to hear and determine action between M. Andrew de Brugges, clerk, to whom king had granted prebend [of St Mary] in Beverley [Minster] because archbishopric [as in **12**],[62] said to have been held by Nicholas de Bauquell;[63] and M. Denis Avenel,[64] defendant, then in possession.[65] Valid until revoked. Bishopthorpe, 28 March 1318.

27   [Fo.68; N.F. 85] Mandate to dean and chapter of York to do their part for John Gaetani Orsini (*Gayetano de filiis Ursi de Urbe*), cardinal deacon of St Theodorus, admitted as canon by archbishop, pursuant to a special grace[66] for a canonry and prebend, dignity, parsonage, or office, with or without cure, if then vacant; otherwise the next vacant one which he or his proctor accepted within a month of it becoming vacant. Admitted in person of M. Francis de Luco, canon of York. Bishopthorpe, 30 March 1318.

28   Note of mandate to Alexander de Pontefrect', lately archbishop's proctor for his prebend in Southwell, to pay Robert de Curtelington (*Curtelinton*), lately archbishop's vicar there, 30s. for his stipend since 11 Nov. 1317. Cawood, 3 April 1318.

---

[58]   Roger was licensed to study at university in 1326 (*BRUC*, p.92). For his struggle to gain prebend of Sharow see **288**, **326n**.
[59]   Dated 1 March 1317 (*CPL*, II. 161).
[60]   Similar in terms to **7**, but omitting *diffiniendum, statuendum*.
[61]   *[his]* . . . *Gilling'* interlined.
[62]   Presented in succession to Nicholas de Bauquell (*CPR 1313–17*, p.451; *CPR 1317–21*, p.111). Andrew was a king's clerk also in episcopal service, but grant was not effected, for Avenel occurs in chapter on 12 April 1320 (*BRUO*, III. 2156; *MB*, I. 379).
[63]   Provisionally admitted to this prebend on 20 March 1315, pursuant to an expectative grace of 1306, when his father was envoy to future Edward II (*MB*, I. 332–3; *CPL*, II. 14).
[64]   See *BRUO*, I. 79–80; *BMF*, p.61.
[65]   Avenel had been collated, 26 Feb. 1315, and installed three days later. He had regained possession by 17 Sept. 1316. This commission probably led him to appeal to the pope against Brugges for a second time on 19 April 1318. See *MB*, I. 309–12, 339, 344–5.
[66]   Dated 12 Aug. 1316, and confirmed, 7 Sept. 1316, on request of Neapoleo Orsini, cardinal deacon of St Adrian's, John's kinsman (*CPL*, II. 133–4).

29 Citation[67] of chapter of Beverley to archbishop's personal visitation in chapter house on 25 May 1318. Absent canons to be cited. Certification to be in letters patent. Cawood, 4 April 1318.

30 Commission to official of York, and his commissary general, and M. Thomas de Cave,[68] archbishop's receiver at York,[69] or two of them,[70] to correct crimes and defects found at archbishop's visitation of chapel of St Mary & Holy Angels, York, and contained in accompanying schedule [omitted]. Action to be certified at appropriate time. Cawood, 12 April 1318.

31 Monition to chapter of Beverley to pay archbishop, before 1 June 1318[71] revenues accruing from his corrody there since the vacancy of see.[72] He was greatly burdened by debts incurred at Curia and elsewhere, and by day-to-day expenses. Action from time monition was delivered to be certified before 4 June.[73] Cawood, 27 April 1318.[74]

32 Monition[75] to dean and chapter of York to pay spiritualities accruing during vacancy of see to M. Thomas de Cave, archbishop's receiver at York, by 1 June 1318, and to certify action by 4 June in letters patent. Byland (*Bellam Landam*), 7 May 1318.

33 [*Letters of proxy for M. John de Rocca and M. William de Otringham, archbishop's proctors at Curia.*]
CREACIO PROCURATORUM IN CURIA ROMANA. Pateat universis quod nos Willelmus [*etc.*] dilectos nobis in Christo magistros[76] Johannem de Rocca et Willelmum de Otringham,[77] clericos, procuratores nostros facimus constituimus ac eciam ordinamus[78] et quemlibet eorum in solidum, ita quod non sit melior condicio ocupantis, ad impetrandum pro nobis in sacrosancta Romana curia litteras tam simplices quam legendas gratiam seu justiciam continentes, ad contradicendum eciam et in judices atque loca consenciendum, et ad substituendum in premissis alium vel alios procuratorem[79] vel procuratores loco ipsorum vel alterius

---

[67] In almost the same form as that used in 1301 (*MB*, II. 178–9).
[68] See *BRUO*, I. 374–5.
[69] *and his . . . York* interlined.
[70] *or . . . them* interlined.
[71] *before 1 June 1318* interlined: *within eight days of receiving monition* cancelled by dots.
[72] Melton eventually received a total of 40 marks from chapter, in three instalments, 1320–2, for revenues accrued during vacancy of see, 1315–17. The corrody seems to have been received by archbishops since the first half of the 12th century. See *MB*, II. 8–9, 334.
[73] *before 4 June* interlined; *within ten days of receiving monition* scored out.
[74] Transcribed in *MB*, I. 356–7.
[75] In similar terms to *Reg. Greenfield*, I. 6, no.22 but omitting *injuste detinetis*, and substituting clause in **31** about expenses at Curia and elsewhere.
[76] MS *magistrum*.
[77] M. William de Otringham was also proctor of John Dalderby, bishop of Lincoln, at Curia in 1318 (J. Robert Wright, *The Church and the English Crown 1305–1334* (Toronto, 1980), p.77 and n.).
[78] MS *ardinamus*.
[79] MS *procuratores*.

eorundem, et substitutum vel substitutos revocandum et procuratoris officium reassumendum, et ad prestandum quodlibet genus liciti sacramenti quociens viderint vel eorum alter viderit expedire. Ratum habituri et firmum quicquid prefati magistri Johannes et Willelmus vel eorum alter aut substitutus vel substituti ab eis vel ab eorum altero nomine nostro in predictis duxerint vel duxerit faciendum. In quorum omnium testimonium hoc presens procuratorium sigilli nostri impressione fecimus communiri. [Byland, 7 May 1318.]

34 [Fo.68v; N.F. 85v] Mandate to chapter of Southwell for M. William de Barneby,[80] admitted as canon by archbishop pursuant to an expectative grace,[81] in person of his proctor. Market Weighton (*Wighton*), 3 June 1318.

35 Mandate to dean and chapter of York to do their part for M. Isambard de Longavilla, king's clerk, appointed to prebend of Apesthorpe (*Apesthorp*) by king because archbishopric [as in **12**].[82] Archbishop had admitted him, 'salvo jure cujuscumque', in person of his proctor. Bishopthorpe, 19 June 1318.

36 [*Mandate to dean and chapter of York to do their part for M. Francis de Luco, admitted to prebend of Laughton by virtue of an expectative grace, but without prejudice to Cardinal John Gaytani.*]
DECANO ET CAPITULO EBOR' PRO PREBENDA PRIMA VACATURA ETC. CONCESSA FRANCISCO ETC. Willelmus etc. dilectis filiis decano et capitulo ecclesie nostre Ebor' salutem [*etc.*]. Cum nos virtute provisionis seu gratie[83] per sanctissimum patrem et dominum dominum Johannem divina providencia papam XXII discreto viro magistro Francisco de Luco super prebenda in ecclesia nostra Ebor' prima vacante vel proximo vacatura sub certa forma facte,[84] processibusque ejusdem occasione habitis coram nobis exhibitis; salvis nobis et ecclesie nostre[85] predicte omnibus juribus et defensionibus tam contra dictam gratiam seu provisionem processusque ejusdem occasione habitos et habendos necnon contra personam prefati Francisci competentibus et competituris, jure etiam si quod competat venerabili in Christo patri domino Johanni Gaytani nunc sacrosancte Romane ecclesie cardinali cui idem sanctissimus pater dicitur consimilem fecisse gratiam vel majorem,[86] cui etiam nec quibuslibet aliis in hac parte jus habentibus si qui fuerint prejudicare nolumus nec intendimus, et hoc eciam sumus palam et publice protestati in omnibus semper salvo; prefatum magistrum Franciscum de Luco ad prebendam de Laghton in Morthing' in ecclesia nostra predicta, per mortem Ingelardi de Warlee[87] vacantem, quantum ad nos attinet admiserimus, sub protestacione prefata in personam procuratoris

---

[80] William had been at Curia in 1317 on Oxford University business, and was later to become prebendary of Beckingham in Southwell (*BRUO*, I. 112).
[81] Dated 10 July 1317 (*CPL*, II. 125). This corrects misprint in *BRUO*.
[82] See *CPR 1317–21*, pp.28, 65, 144.
[83] Granted, 7 Sept. 1316, at request of Francis Gaetani, cardinal deacon of St Mary's in Cosmedin (*CPL*, II. 125).
[84] MS *facta*.
[85] MS *nostro*.
[86] See **27**.
[87] *Keeper of Wardrobe when presented by regalian right in 1309 (*Chapters*, VI. 26; *CPR 1307–13*, p.198).

sui mandatum sufficiens ad hoc habentis; vobis mandamus quatinus circa personam dicti Francisci in hac parte ulterius exequamini quod est vestrum. Valete. [Bishopthorpe, 19 June 1318.]

37   Mandate to chapter of Ripon for Aufredonus, son of Palialogus Zacharia, admitted as canon by archbishop pursuant to an expectative grace,[88] in person of M. Thomas de Luco, his proctor. Bishop Burton (*Burton prope Beverl'*), 25 June 1318.

38   The like to chapter of Southwell for Robert de Sandale, clerk,[89] admitted as canon by archbishop pursuant to an expectative grace,[90] in person of Hugh, son of Malgerus de Stokes. Bishop Burton, 19 July 1318.

39   The like to chapter of Ripon for John de Scalangiis, admitted as canon by archbishop pursuant to an expectative grace,[91] in person of Henry de Windesore. Cawood, 16 Sept. 1318.

[Fo.69; N.F. 86]   HIC INCIPIT REGISTRUM ANNI SECUNDI

40   Letters dimissory for M. Francis de Luco, prebendary of Laughton in York, for those minor orders not possessed and all holy orders, notwithstanding his preferment in church of York. Bishopthorpe, 5 Nov. 1318.

41   Mandate to chapter of Southwell for M. Richard de Malumbris of Cremona, [D.Cn.& C.L.], admitted by archbishop to canonry and prebend [of Oxton Prima], held by [late] John Landulphi de Columpna, pursuant to his [direct] provision,[92] in person of Thomas de Luco 'sub hac protestacione prima et publice premissa, quod licet nobis de reservacione de qua sit mencio in gratia nec de morte Johannis Landulphi de Columpnia canonici et prebendarii ecclesie nostre Suwell' non constiterit, volentes tamen ob reverenciam sedis apostolice eidem indubio parere sicut de jure tenemur; salvo jure nostro et ecclesie nostre predicte ac jure regio et alterius cujuscumque; salvis eciam nobis juribus excepcionibus et defensionibus omnibus tam contra personam et gratiam quam execucionem omnimodam ac processum competentibus et competituris, admiserimus ad canonicatum et prebendam in dicta gratia nominatos si eidem domino suo debeantur et non aliter quantum ad nos attinet in hac parte, et si quamvis via juris postea detegi seu declarari contigerit eos predicto domino suo non deberi quod ista nostra admissio pro nulla et vacua habeatur'.[93] York, 24 Nov. 1318.

---

[88]   Dated 15 April 1317 (*CPL*, II. 156).

[89]   Robert was a king's clerk, and later prebendary of Norwell Tertia (*CPR 1317–21*, p.237; *CPR 1348–50*, p.475). He was a nephew of John Sandal, bishop of Winchester (*The Registers of John de Sandale and Rigaud de Asserio, Bishops of Winchester (A.D. 1316–1323)*, ed. Francis Joseph Baigent (London and Winchester, 1897), p.lxiv).

[90]   Granted, 28 March 1317, at request of Bartholomew Badlesmere (*CPL*, II. 154; *Reg. Jean XXII*, vol.1, p.306, no.3345).

[91]   Granted, 14 June 1317, at request of Philip of Savoy (*CPL*, II. 155).

[92]   Granted, 18 May 1318, at request of Peter de Colonna, cardinal deacon of St Angelo's (*CPL*, II. 174).

[93]   There was evidently no need to register acceptance of a directly provided benefice, unlike one offered by virtue of an expectative grace. See **75**n.

42   Mandate to chapter of Ripon for Richard de Schefeld,[94] admitted as canon by archbishop pursuant to an expectative grace,[95] in person of his proctor. Bishopthorpe, 28 Nov. 1318.

43   [*Unfinished letter to dean and chapter of York, enclosing royal writ dated York, 26 Nov. 1318, ordering reassessment of ravaged prebends and temporalities of church of York, not made until then because an ancient ordinance binding archbishop and dean and chapter had prevented it. So that tenth granted by pope to king could be levied, the new assessments were to be sent to collectors in diocese and to Exchequer.*]
BREVE PRO PREBENDIS ECCLESIE EBOR' PER SCOTOS VASTATIS A NOVO TAXANDIS.
Willelmus etc. dilectis filiis .. decano et capitulo ecclesie nostre beati Petri Ebor', salutem [*etc.*]. Mandatum regium die confeccionis presencium recepimus in hec verba:

Edwardus dei gratia rex Anglie dominus Hibernie et dux Aquitanie, venerabili in Christo patri W[illelmo] eadem gratia archiepiscopo Ebor' Anglie primati, salutem. Cum nuper dato nobis intelligi quod plura beneficia ecclesiastica et temporalia spiritualibus annexa in diocesi vestra per hostiles aggressus Scotorum inimicorum et rebellium nostrorum vastata fuerant et destructa, per quod de decima nobis per dominum summum pontificem nuper concessa[96] nobis de dictis beneficiis et temporalibus spiritualibus annexis respondere non poterat juxta taxacionem decime nuper currentis prout alias fieri consuevit, vobis mandaverimus quod super valore omnium beneficiorum ecclesiasticorum infra dictam diocesim vestram et etiam temporalium prelatorum que taliter fuerant vastata et que ad decimam inter spiritualia taxari consueverant quantum videlicet valerent inquireretis plenius veritatem, et beneficia et temporalia hujusmodi prout per inquisiciones predictas reperiri contingeret taxari faceretis et collectoribus decime in eadem diocesi vestra de taxacionibus hujusmodi cum facte essent constare faceretis,[97] ut ipsi decimam illam juxta taxacionem hujusmodi ad opus nostrum levare possent et nihilominus taxaciones illas cum plenius facte fuissent thesaurario et baronibus nostris de scaccario mitteretis; ac jam intellexerimus quod licet vos plura beneficia ecclesiastica et temporalia spiritualibus annexa in dicta diocesi vestra taliter destructa virtute mandati nostri predicti de novo taxari feceritis, prebendas tamen et temporalia spiritualibus annexa in ecclesia beati Petri Ebor' vastata ut premittitur et destructa, virtute cujusdam ordinacionis inter predecessores vestros et decanum et capitulum ecclesie memorate ab antiquo facte[98] pretextu mandati nostri predicti de novo taxare non potuistis, propter quod est nobis supplicatum ut prebendas et temporalia spiritualibus annexa in dicta ecclesia Ebor' que taliter sunt destructa de novo taxari facere curaremus. Nos

---

[94] In royal service in 1314 and 1317 (*CPR 1313–17*, p.85, *CPR 1317–21*, p.44).
[95] Dated 21 March 1317 (*CPL*, II. 153).
[96] On 28 March 1317 (*Reg. Melton*, III. 3, no.19).
[97] On 12 June 1318 (*CPR 1317–21*, p.160).
[98] Possibly made in 1250s. A ?decanal ordinance which seems to have contained (*inter alia*) valuations of churches and lands of Common Fund probably made for Taxation of Norwich, was apparently confirmed by Archbishop Sewal de Boville (1256–8). The Norwich assessment of prebends may also have been, and its valuations were still in use in 1318. See *Statutes of Lincoln Cathedral*, ed. H. Bradshaw and C. Wordsworth (3 vols, Cambridge, 1892–7), II (1), 122–3; *Reg. Melton*, III. 1, no.1.

supplicacioni hujusmodi condescendere volentes in hac parte, vobis mandamus quod si ita est, tunc dictas prebendas et alia temporalia spiritualibus annexa in dicta ecclesia Ebor' que taliter sunt vastata et destructa et nondum taxata iterato taxare et collectoribus decime in dicta diocesi vestra de taxacionibus hujusmodi cum facte fuerint constare faciatis, ut ipsi decimam illam juxta taxacionem hujusmodi ad opus nostrum levare possint, et nihilominus taxaciones illas cum facte fuerint thesaurario et baronibus de scaccario mittatis et hoc breve. Teste me ipso apud Ebor' xxvi die Novembris anno regni nostri duodecimo.[99]
[Archbishop's letter is unfinished.]

44 Letter collating Ralph de Fenton, priest, to canonry and [subdeacon]-prebend in chapel of St Mary & Holy Angels, York, by exchange with John de Somerhous for vicarage of Wighill (*Wighal*); with mandate to official of York or his commissary general for induction. Bishopthorpe, 14 Feb. 1319.

45 [*Mandate to dean and chapter of York, pursuant to letter of papal nuncio, dated London, 16 Feb. 1319, answerable before 25 March. They must inform archbishop when and how benefices in their gift in the diocese became vacant since previous autumn, and of their value; and of those vacated since three-year reservation of first fruits.*]
[Fo.69v; N.F. 86v] DECANO ET CAPITULO AD INQUIRENDUM DE BENEFICIIS VACANTIBUS AB AUTUMPNO CITRA ET AD CERTIFICANDUM DE EISDEM AD MANDATUM RIGAUDI. Willelmus etc. dilectis filiis .. decano et .. capitulo ecclesie nostre beati Petri Ebor' salutem [*etc.*]. Litteras discreti viri magistri Rigaudi de Asserio canonici Aurelian' domini nostri pape capellani et ejusdem in Anglia nuncii recepimus in hec verba:
Reverendo patri in Christo domino W[illelmo] dei gratia archiepiscopo Ebor' Anglie primati, Rigaudus de Asserio canonicus Aurelian' domini pape capellanus et ejusdem in Anglia nuncius, salutem in omnium salvatore. Volentes ex injuncto nobis mandato domini nostri summi pontificis de vacacione quorumcumque beneficiorum ecclesiasticorum que in vestra civitate vel diocesi ab autumpno proximo preterito citra vacaverint vel vacant in presenti per vos certiorari ad plenum, paternitatem vestram cum reverencia tamen qua decet monendam duximus et eciam exho[r]tandam quatinus citra dominicam in passione Domini [25 March 1319] nos[100] apud London' de omnibus et singulis beneficiis ecclesiasticis cujuscumque condicionis aut status existant que a dicto autumpno citra in vestris civitate vel diocesi vacaverint vel nunc vacant; et de omnibus aliis beneficiis de quibus ante dictum autumpnum nos minime certificastis, necnon de die modo et causa vacacionis eorundem quantecumque estimacionis existant distincte et aperte per vestras litteras clausas et apertas, necnon dominum abbatem beate Marie Ebor' commissarium nostrum in hac parte apud Ebor' reddere velitis cerciores. Valeat ipsa reverenda paternitas feliciter et in longum. Datum Lond', xvi die mensis Februarii anno domini M°CCC^mo XVIII.
Quarum auctoritate litterarum vobis injungimus et mandamus quatinus de vacacione quorumcumque beneficiorum ecclesiasticorum vestre jurisdiccionis que in nostris civitate vel diocesi ab autumpno proximo preterito citra vacaverint

---

[99] *CPR 1317–21*, p.244.
[100] Interlined.

vel vacant in presenti; et de omnibus et singulis beneficiis ecclesiasticis ejusdem vestre jurisdiccionis a tempore reservacionis primorum fructuum per sanctissimum patrem dominum J[ohannem] dei gratia papam XXII per triennium reservatorum[101] vacantibus, necnon de die modo et causa vacacionis eorundem beneficiorum quante estimacionis existant nos quamcito poteritis reddatis cerciores per vestras patentes litteras harum seriem continentes. Valete. [Bishopthorpe, 10 March 1319.]

46   Note that commissary general [of official of York] was ordered to hold inquiries and report on benefices in the diocese becoming vacant since the autumn.[102] Bishopthorpe, 10 March 1319.

47   [*Certificate of new valuation of prebends of Knaresborough (£20) and Masham (120 marks), Masham vicarage (40s.) and precentorship of York (£10).*]
CERTIFICATORIUM ABBATI MONASTERII BEATE[103] MARIE EBOR' DE PREBENDIS ECCLESIE EBOR' PER SCOTOS VASTATIS ET NOVITER TAXATIS. Willelmus etc. dilecto filio .. abbati monasterii beate[103] Marie Ebor' subcollectori decime domino nostro regi per sanctissimum patrem dominum Johannem divina providencia papam XXII per unum annum concesse in parte nostre diocesis deputato, salutem [*etc.*]. Mandatum domini nostri regis nuper recepimus in hec verba: Edwardus etc. ut supra ex alia[104] parte istius folii [**43**]. Cujus virtute mandati de prebendis et aliis temporalibus spiritualibus annexis in ecclesia beati Petri Ebor' que per invasionem Scotorum taliter sunt vastata et destructa, necnon de condicione valore et statu ipsorum[105] in instanti que ad decimam inter spiritualia taxari consueverant, inquisicionem fieri fecimus diligentem per quam compertum est quod prebenda de Massam in ecclesia predicta tam in spiritualibus quam temporalibus ad centum et viginti marcas, et vicaria ejusdem ad quadraginta solidos; item prebenda de Bichill cum Knaresburgh in eadem ecclesia ad viginti libras; ac precentoria ecclesie Ebor' predicte ad decem libras per viros fidedignos tantummodo sunt taxate. De quibus quidem taxacionibus ut premittitur factis, vos juxta mandati regii tenorem reddimus cerciores ut ipsam decimam secundum taxacionem predictam ad opus domini nostri regis levari sicut convenit faciatis. Dictas vero taxaciones thesaurario et baronibus de scaccario domini nostri regis transmisimus ut mandatur. Valete. [Bishopthorpe, 23 March 1319.]

48   Certificate for treasurer and barons of Exchequer containing valuations above. Bishopthorpe, 23 March 1319.

HIC INCIPIT ANNUS GRATIE XIX[us]

49   Mandate to chapter of Beverley for Francis, son of Lord Odo de Frigiapenatibus of Rome,[106] admitted as canon by archbishop pursuant to an

---

[101] Imposed on 8 Dec. 1316 (W.E. Lunt, *Financial Relations of the Papacy with England to 1327* (Cambridge, Mass., 1939), pp.494–501).

[102] Lists were certified to nuncio and abbot of St Mary's York, on 18 March 1319 (*Reg. Melton*, III. 7–8, nos 28, 29).

[103] MS *beati*.

[104] Interlined.

[105] MS *ipsarum*.

[106] A nephew of Cardinal Neapoleo Orsini (*Reg. Jean XXII*, vol.1, p.82, no.810).

expectative grace,[107] in person of Peroctus de Merevall, clerk. Bishopthorpe, 26 March 1319.

50 [*Mandate to pay archbishop's clerk, William de Sothill, full proceeds from his prebend [of St Katherine] in Beverley though he would be absent from Rogationtide processions on 14–16 May.*]
UT CANONICUS BEVERL' RESIDENCIALIS ABESSE POSSIT IN ROGATIONIBUS CELE-BRANDIS. Willelmus etc. dilectis filiis .. capitulo ecclesie nostre beati Johannis Beverl', salutem [*etc.*]. Cum personaliter residentes in collegiatis ecclesiis aliosque confratres de prelatorum precepto ecclesiarum negociis alibi insistentes et illos presertim qui prelatorum assistunt lateribus jura non immerito reddant pares, ac carissimus clericus noster vesterque confrater et concanonicus dominus Willelmus de Sothill[108] cotidianam nostri hospicii curam gerens, nostro assistat lateri obsequio adeo speciali astrictus quod hiis instantibus solempniis processionum occasione delacionis recolende glebe sacrosancti confessoris Johannis apud Beverl' per dei gratiam habenda,[109] suam nequeat presenciam exhibere; devocioni vestre firmiter injungimus et mandamus quatinus dictum nostrum clericum et vestrum concanonicum in hac parte premissorum pretextu habentes benevole excusatum, eidem vel procuratoribus suis pro ipso, de prebenda sua ac omnibus aliis ad eam spectantibus secundum quod eam plenius et integrius percipere consuevit faciatis sine diminucione qualibet responderi, ista sua absencia non obstante. Valete. [Bishopthorpe, 13 May 1319.]

51 Mandate to dean and chapter of York for [M.] John de Solerio (*Solariis*),[110] admitted as canon by archbishop pursuant to an expectative grace for a canonry and prebend, [dignity, parsonage, administration, or office],[111] in person of M. Bertrand de Asserio, clerk. Bishopthorpe, 12 June 1319.

52 The like to the same for Richard de Cammel, clerk,[112] admitted as canon by archbishop pursuant to an expectative grace,[113] in person of M. Richard de Tang'. Bishopthorpe, 19 June 1319.

53 [*Unissued mandate to dean and chapter of York for installation of M. Henry de Cliff' as prebendary of Apesthorpe by exchange with M. Isambard de Longavilla for deanery of Tamworth.*]
[Fo.70; N.F. 87] ADMISSIO[114] MAGISTRI HENRICI DE CLIFF',[115] CANONICUM ET IN FRATREM IN ECCLESIA NOSTRA EBOR'. Willelmus etc. dilectis filiis .. decano et

---

[107] Dated 7 Sept. 1317 (*CPL*, II. 156).
[108] See *BMF*, pp.102–3.
[109] The body was carried in a feretory in Rogationtide processions, and on Ascension Day held across church entrance, so that all passed under it as they came in (*Sanctuarium Dunelmense et Sanctuarium Beverlacense*, ed. James Raine (Surtees Society, vol.5, 1837), p.105).
[110] John was in papal service (*BRUO*, III. 1726; *CPL*, II. 134).
[111] Dated 10 Nov. 1316 (*CPL*, II. 135; *Reg. Jean XXII*, vol.1, p.172, no.1800).
[112] King's clerk (*CPR 1317–21*, p.144).
[113] Granted, 10 Jan. 1319, at king's request (*CPL*, II. 184).
[114] A marginal *C* indiates that this entry should follow **55**.
[115] A Chancery clerk and *keeper of Great Seal (*BRUO*, I. 438–9).

capitulo ecclesie nostre beati Petri Ebor', salutem [*etc.*]. Cum nuper inter magistrum Henricum de Cliff' decanatum ecclesie de Tamword Lych' diocesis obtinentem et magistrum Isambertum de Longavilla canonicatum et preben-dam de Aplisthorp in ecclesia nostra Ebor' predicta habentem, tractatum esset de ipsis suis beneficiis permutandis permutacionique hujusmodi certis suffi-cientibus et legitimis ex causis absque tamen fraude quatenus in eis extitit animo libero fuisset condictum, mutuoque consensu dictis suis beneficiis que alias minime resignassent hinc inde per suas litteras resignatis; nosque hujus permutacionis negotio cum singulis suis causis examinacione diligenti discusso, permutacionem ipsam quam atttendimus canonicam et deinceps dicte nostre Ebor'[116] ecclesie commodum non modicum allaturam, auctoritate ordinaria acceptantes et quantum ad nos attinet approbantes, predictum canonicatum et prebendam de Aplisthorp premissis ex causis in nostris manibus resignatos et ad nostram collationem spectantes, cum suis juribus et pertinentiis universis dicto magistro Henrico de Cliff' cujus merita probitatis et multiplicia virtutum munera fructum in dicta nostra Ebor' ecclesia oportunum speramus afferre, contulerimus intuitu caritatis; vobis mandamus quatinus ipsum magistrum Henricum in vestrum confratrem et concanonicum admittentes, sibi vel procuratori suo ejus nomine stallum in choro et locum in capitulo ratione prebende hujus debite assignetis, circa personam ejusdem[117] magistri Henrici ulterius exequentes more solito quod est vestrum. Valete. [Bishopthorpe, 5 July 1319.]

[Margin] Memorandum quod non emanavit sub forma sed sub forma sequenti ex alia parte folii [**60**].

54 [*Notarial instrument containing protestation made on 6 June 1319 by M. Isambard de Longavilla immediately before resigning prebend of Apesthorpe.*]

RESIGNACIO[118] PREBENDE DE APLISTHORP IN ECCLESIA EBOR' FACTA PER MAGISTRUM ISEMBARDUM DE LONGAVILLA. In dei nomine, Amen. Per presens publicum instrumentum cunctis appareat evidenter quod anno ab incarnacione domini secundum cursum et computacionem ecclesie Anglicane M°CCC^{mo} decimo nono, indiccione secunda, mensis Junii die sexto, in mei notarii publici infrascripti et testium subscriptorum presencia, vir reverendus et discretus magister Isambardus de Longavilla canonicus majoris ecclesie beati Petri Ebor' et prebendarius prebende de Haplisthorp in eadem personaliter consti-tutus, quamdam protestacionem legit et interposuit et ea se uti velle asseruit, formam que sequitur continentem:

In dei nomine, Amen. Ego Isembardus de Longavilla canonicus in ecclesia Ebor' et prebendarius prebende de Haplisthorp in eadem, volens dictam prebendam et canonicatum cum venerabili viro magistro Henrico de Cliff' pro decanatu ecclesie de Tamerworth Covventr' et Lych' diocesis quem possidet in eadem, de canonis licencia permutare; protestor palam et expresse quod per quamcumque resignationem dicte prebende sub quacumque forma verborum faciendam, nolo nec intendo dictam prebendam resignare dimittere aut juri

---

[116] Preceded by an erasure.
[117] Interlined.
[118] A marginal *A* indicates that this entry should precede **53**.

quod habeo in eadem quomodolibet renunciare nisi ad effectum dicte permutacionis dumtaxat, et ut illa debitum ex hoc utrobique sortiatur effectum et non aliter quovismodo.

Qua quidem protestatione lecta et interposita, dictus magister Isembardus dictam prebendam in manibus venerabilis patris domini W[illelmi] [*etc.*] dicte permutacionis causa juxta formam protestationis premisse resignavit, rogans dictum patrem humiliter et devote quod dicte permutacioni suum preberet assensum, et expedicioni ejusdem suam auctoritatem dignaretur favorabiliter impertiri. Acta sunt hec in conventuali ecclesia beate Marie Ebor' coram altari[119] sanctorum pontificum Nicholai Martini Cuthberti et Willelmi, sub anno indiccione mense et die prenotatis. Presentibus: Michaele de Wath, Ada de Novahaya et Johanne de Scorby clericis, et aliis testibus ad premissa vocatis specialiter et rogatis.

Et ego Hugo de Nassington clericus Linc' diocesis apostolica et imperiali auctoritate notarius publicus premissis prout suprascribitur una cum dictis testibus presens interfui, eaque una cum suprascripto interlineari, videlicet utrobique, scripsi publicavi et in hanc publicam formam redegi, signumque meum consuetum et nomen apposui rogatus in testimonium premissorum.

55 Letter[120] collating M. Henry de Cliff' to canonry and prebend of Apesthorpe in York, by exchange [as in **53** *mutatis mutandis* from *Cum* to *caritatis* and spelling prebend *Aplistorp*]. York, 5 July 1319.

56 Commission of Walter, bishop of Coventry and Lichfield, to archbishop to expedite exchange [at **53**], and institute M. Isambard de Longavilla and have him inducted to deanery of Tamworth (*Tameworth*); patron for that turn, Alexander de Fryvill, knight, because Joan, his wife, was one of heirs of late Philip, lord Marmyon, whose letters of presentation, dated Tamworth, 12 June 1319, are rehearsed. Sealed with his seal. Eccleshall (*Eccleshal'*), 7 July 1319.

57 Letter admitting and instituting M. Isambard de Longavilla, clerk, to deanery of Tamworth by virtue [of **56**], two copies being provided; [Fo.70v; N.F. 87v] with mandate to archdeacon of Stafford for his induction. Bishopthorpe, 11 July 1319.

58 [*Mandate to dean and chapter of York to hold an inquiry into goods of Geoffrey de Gippesmere, parishioner of their [peculiar] of East Drayton, killed and dying intestate, to publish day for creditors to appear (30 July 1319), and to warn any holding his goods to deliver them to sequestrator.*]

PROCLAMACIO FACIENDA IN ECCLESIIS ET MERCATIS PRO CREDITORIBUS GALFRIDI DE GIPPESMERE INTERFECTI QUOD VENIANT INFRA CERTUM DIEM AD EXIGENDUM DEBITUM ALIOQUIN EXCLUDANTUR. Willelmus etc. dilectis filiis .. decano et capitulo nostro, salutem [*etc.*]. Cum Galfridus de Gippesmere parochianus[121]

---

[119] MS *altare.*

[120] A marginal *B* indicates that this entry should follow **54**.

[121] Appears as *clericus* in *Reg. Melton*, II. 54–5, no.96 which contains same common forms.

ecclesie de Drayton nostre diocesis, que domino Johanni de Markyngfeld[122] vestro concanonico ut dicitur jam assignatur in firmam, abintestato decesserit interfectus per quod dispositio bonorum suorum ad nos jure ordinario et consuetudinario dinoscitur devoluta; nos volentes diligenciori studio quo poterimus pie intencioni prospicere decedentis et nos in dispositione bonorum que reliquit ipsius desiderio quantum cum deo possumus conformare, ea que salubriter pro salute sue anime erogare; vobis mandamus quatinus de qualitate et de quantitate bonorum que habuit infra dictam parochiam de Drayton die quo obiit, et in quorum manibus ac quibus rebus consistant per viros fidedignos non suspectos sed eorum noticiam pleniorem habentes, juratos et diligencius examinatos veritatem exactius inquirentes; in ecclesiis et mercatis ac locis aliis evicinis proclamando, denunvietis publice et solempniter seu denunciari faciatis quod omnes illi qui dictum defunctum ex quacumque causa sibi obnoxium extimant vel astrictum die lune proximo [post] festum sancti Jacobi apostoli coram nobis ubicumque tunc fuerimus in nostra civitate seu diocesi com-pareant, peticiones suas precise et peremptorie proposituri suasque probationes quas super hiis se habere crediderint producturi et exhibituri; quem diem eis peremptorium assignamus ultra quem in suis peticionibus minime audientur; omnesque detentores et concelantes bona aliqua ejusdem defuncti infra dictam parochiam monentes sub pena excommunicationis quam eos incur[r]ere volumus si huic mandato non paruerint in premissis quod de bonis hujusmodi sequestratori nostro satisfaciant et ea restituant integraliter sine fraude. Nos de omni eo quod feceritis in premissis certificantes distincte citra diem predictum per vestras patentes litteras que harum seriem representent. Valete. [Bishopthorpe, 18 July 1319.]

59 [*A letter of collation ?superseding* **55**.]
COLLATIO PREBENDE APLISTHORP IN EBOR'. Willelmus etc. dilecto filio magistro Henrico de Cliff', salutem [*etc.*]. Canonicatum et prebendam de Aplisthorp in ecclesia nostra Ebor' quos magister Isambertus de Longavilla nuper obtinuit in ecclesia nostra Ebor' predicta ex causa permutacionis cum decanatu ecclesie de Tamworth quem tu nuper obtinuisti coram nobis resignatos et sic vacantes, tibi quem sufficientem ac multiplicibus virtutum donis ornatum invenimus, conferimus cum suis juribus et pertinentiis universis. Valete. [York, 5 July 1319.]

60 [*A later mandate superseding* **53** *and sealed with pendent seal.*]
INDUCCIO EJUSDEM PREBENDE ET SUB ISTA FORMA EMANAVIT CUM SIGILLO PENDENTE DE GRATIA DOMINI SPECIALI, AD ROGATUM DOMINI ELIEN' EPISCOPI ET ALIORUM MAGNATUM CUM PROTESTACIONE SEQUENTI IN DEI ETC. Willelmus etc. dilectis filiis .. decano et capitulo ecclesie nostre beati Petri Ebor' salutem [*etc.*]. Quia canon-icatum et prebendam de Aplisthorp quos magister Isambertus de Longavilla nuper obtinebat in ecclesia nostra Ebor' predicta ex causa permutacionis cum decanatu ecclesie[123] de Tamworth quem magister Henricus de Cliff' nuper

---

[122] Presented to prebend of Warthill by regalian right in 1307; latterly * chancellor of Exchequer (*CPR 1301–7*, p.525; *Edward II*, p.308).
[123] Interlined.

obtinuit coram nobis resignatos et sic vacantes, dicto magistro Henrico de Cliff'
contulimus cum suis juribus et pertinenciis universis; vobis mandamus quatinus
eidem magistro Henrico vel procuratori suo ipsius nomine stallum in choro et
locum in capitulo ratione canonicatus et prebende predictorum debita assignetis, quod vestrum est modo consueto ulterius exequentes. Valete. [Cawood,
15 Aug. 1319.]

61 Another mandate for same [differing from **60** only in mandatory clause]:
vobis mandamus quatinus quod vestrum est modo consueto ulterius exequentes, eidem magistro Henrico vel procuratori suo ejus nomine stallum in
choro et locum in capitulo ratione canonicatus et prebende predictorum debita
assignetis. Cawood, 15 August 1319. With marginal note that [**60**] was issued
instead because of differently worded mandatory clause.

62 [*Protestation by archbishop of his right to collate to any York canonry, dignity, and
prebend and to demand under any form of letter, however sealed, installation of those he
had examined and collated; denying that dean and chapter might institute or admit those
collated, or examine them; and stating that* **60** *was sealed with pendent seal in green wax
only at request of Chancellor of England and his clerk, M. Henry de Cliff'.*]
PROTESTACIO DOMINI FACTA SUPER INDUCCIONE PREBENDE DE APLISTHORP IN
ECCLESIA EBOR' CUM LITTERA PATENTE ET SIGILLO PENDENTE NE PER HOC
PREJUDICETUR DOMINO IN FUTURUM CONTRA DECANUM ET CAPITULUM EJUSDEM
ECCLESIE. In dei nomine, Amen. Cum collaciones omnium et singulorum
canonicatuum ac omnium et singularum dignitatum et prebendarum majoris
ecclesie beati Petri Ebor' in eadem ecclesia ipsa quandocumque qualitercumque et ubicumque existencium et in quibusque rebus consistencium ad
Ebor' archiepiscopum Anglie primatem notorie pertineant et pertinere debeant,
fuissentque Ebor' archiepiscopi qui pro temporibus fuerant in plena pacifica
canonica et sufficienti possessione vel quasi juris omnes et singulos canonicatus
ac omnes et singulas predicte ecclesie dignitates et prebendas, videlicet
singulariter singulas, singulis temporibus vacacionum earundem dignitatum
et prebendarum personis quibus iidem archiepiscopi ex sua mera spontanea et
libera voluntate eas conferre voluerant, ipsis personis prius per eosdem
archiepiscopos virtute sue jurisdiccionis et penitus suo jure examinatis per se
et in solidum conferendi; et jura per ipsas collationes in eos quibus ipsas
dignitates et prebendas contulerant in ipsis prebendis per ipsos archiepiscopos
sic collatis tribuendi; ipsasque dignitates et prebendas ex dictis collationibus
suis et earum recepcionibus seu admissionibus per eos quibus per dictos
archiepiscopos conferebantur de jure plenas reddendi constituendi et sic eos
prebendarios faciendi; et subsequenter mandandi per suas litteras videlicet
quandoque per clausas sigillo tunc archiepiscopi signatas, et quandoque per
patentes sigillo .. archiepiscopi in dorso signatas, et quandoque per litteras
archiepiscopi patentes sigillo .. archiepiscopi pendente signatas, quando et prout
archiepiscopis placuit pro ipsorum archiepiscoporum mera et spontanea et
libera voluntate; et injungendi per easdem litteras .. decano et capitulo predicte
Ebor' ecclesie quod hujusmodi prebendariis scilicet eorum singulis stallum in
choro et locum in capitulo assignarent ac eisdem prebendariis per predictos ..
decanum et capitulum dicta mandata archiepiscoporum exequentes, stalla et
loca hujusmodi assignari faciendi; ac omnia et singula premissa ut supradicuntur

exercendi tam per seipsos archiepiscopos pro voluntate sua quam per suos vicarios generales et alios potestatem seu mandata specialia ab ipsis archiepiscopis eis concessa habentes fieri faciendi a tempore et per tempus cujus contrarii memoria non existit; sicque omnia et singula predicta per prefatos archiepiscopos canonice optenta sunt hactenus optineri eciam et fer[r]i consueverunt per omnia et singula tempora memorata et sic optenta sunt canonice et consuete[124] publice et notorie in presenti.

Nos Willelmus de Melton permissione divina Ebor' archiepiscopus Anglie primas, protestamur expresse et publice in hiis scriptis nos velle inherere et quantum possumus inniti juri et possessioni nostris predictis, et nos nolle unquam futuris temporibus aut aliquo [tempore] in futurum per aliqua facta nostra seu quandocumque per nos metipsos alium aut alios nomine nostro seu ex parte nostra qualitercumque dicenda et facienda juri aut possessioni nostris predictis prejudicare aliqualiter tacite et expresse. Et nominatim protestamur expresse et publice quod si contingat nos litteras nostras impressione sigilli nostri pendente concedere facere seu fieri mandare aut qualitercumque et quandocumque dirigere decano et capitulo predicte ecclesie nostre Ebor' mandatum nostrum continentes, ut iidem decanus et capitulum magistro Henrico de Cliff' illustris domini regis Anglie clerico cui canonicatum et prebendam de Aplistorp cum suis juribus et pertinentiis universis quam dominus Isambertus de Longavilla nuper obtinuit in ecclesia nostra Ebor' predicta ex causa permutacionis cum decanatu de Tamword quem[125] dictus magister Henricus nuper obtinebat contulimus stallum in choro et locum in capitulo assignent, et predictum Henricum vel procuratorem suum in corporalem possessionem predicte prebende cum suis pertinentiis inducant seu induci faciant predictum mandatum nostrum debite exequendo, quod nunquam intendebamus nec aliqualiter intendimus in presenti nec pro aliquo tempore in futurum per appensionem impressionis sigilli nostri qualicumque forma aut modo [Fo.71; N.F. 88] litteris patentibus qualitercumque factis aut quandocumque faciendis cujuscumque tenoris existant, sive in predicto casu pro predicto magistro Henrico sive alias seu vicibus aliis pro constitutis in dignitatibus aut pro canonicis et prebendariis aliis quibuscumque, quandocumque et quocienscumque sic litteras nostras patentes et sigilli impressione pendente signatas per nos aut nostro nomine seu ex parte nostra dirigi contigerit, aliquem ad dignitatem nec ad canonicatum nec ad aliquam prebendam predictis decano et capitulo ad formam vim seu effectum admissionis seu institutionis auctorizabilis per ipsos faciende quod absit aliqualiter presentare, nec ut aliquis hujusmodi canonicus aut prebendarius seu in dignitate constitutus qualiscumque aut cujuscumque status seu condicionis extiterit examinacionem coram ipsis decano et capitulo aut per eos subeat aliqualem, sive persone ejusdem sive de jure ipsius in dignitate constituti aut[126] canonici et prebendarii quoad jus suum in hujusmodi dignitate aut prebenda sua aut qualitercumque ad eam seu ad corpus dignitatis aut prebende cum presentatum sit; manifestum et notorium quod omnimode et omnes hujusmodi examinaciones tam personarum quorumcumque canonicorum quam preben-

---

[124] MS *consueta*.
[125] MS *quam*.
[126] Interlined.

dariorum, ac omnium canonicatuum collationes auctorizabiles que ipso facto jus in re tribuunt et ipsas[127] prebendas ipso jure plenas de personis hujusmodi canonicorum et prebendariorum constituunt, nec ad ipsos .. decanum et capitulum aliqualiter pertineant, sed ad nos archiepiscopum in solidem et totaliter pertinent et pertinere noscuntur ac semper ad Ebor' archiepiscopos pertinuerunt et pertinere consueverunt continue, pacifice, et inconcusse a tempore et per tempus cujus contrarii memoria non existit et prout superius plenius exprimuntur.[128]

Protestamur etiam ut supra quod litteris nostris quas pro magistro Henrico canonico et prebendario predicto prefatis decano et capitulo dirigi faciemus, quarum tenor superius[129] continetur, sigilli nostri impressione pendente signari mandamus et facimus ad presens dumtaxat precario, scilicet ad preces venerabilis patris domini Johannis dei gratia Elien' episcopi serenissimi principis domini E[dwardi] dei gratia regis Anglie illustris cancellarii nobis pro predicto magistro Henrico ipsius clerico humiliter supplicantis, de gratia nostra facienda et exhibenda in ipsarum litterarum consignacione hujusmodi sigilli impressione pendentis, et ad preces assiduas partis ejusdem Henrici, ipsas litteras sigilli nostri impressione in cera viridi pendente signari, jure et possessione nostris de quibus premittitur nobis et quibuscumque nostris futuris successoribus in omnibus et per omnia semper salvis. Item protestamur expresse ut supra quod quocienscumque et quandocumque nos seu alios quoscumque ex parte nostra, hujusmodi litteris predictis decano et capitulo pro quibuscumque qualitercumque et quandocumque impressionem nostri sigilli quomodolibet contigerit appendere, quod per hujusmodi appensionem nostri sigilli non intendimus ad aliquem alium effectum quam si eis per litteras nostras clausas aut qualitercumque impressione sigilli nostri indorsatas, in quibuscumque hujusmodi casibus scriberemus prout nobis placuerit, etiam et nobis licet tam de jure quam de consuetudine, ut superius plenius continetur.[130]

Tenor vero predictarum litterarum ut predicitur precario signandarum et pro prefato magistro Henrico predictis .. decano et capitulo dirigendarum superius scribitur, videlicet supra proximum mediate precedens. [Place and date probably as in **60**.]

63 VISITATIO CAPITULI SUWELL'.[131] Citation[132] of chapter of Southwell to archbishop's personal visitation in their chapter house on 15 Oct. 1319 [in

---

[127] MS *ipsos.*

[128] However, in 1106, dean and chapter claimed that no canon could be appointed without their counsel and assent, and in 1290 Archbishop le Romeyn accepted procedures in case of their initial refusal to admit and install his nominees (*Visitations and Memorials of Southwell Minster*, ed. A.F. Leach (Camden Society, NS, vol.48, 1891), p.193; *The Historians of the Church of York and its Archbishops*, ed. James Raine (Rolls Series, 3 vols, 1879–94), III. 219).

[129] MS *inferius.*

[130] Cf. **255, 257**. In late 1330s dean and chapter claimed that Melton's mandates about minster personnel and property should all bear his great seal ('Dispute', pp.118, 119). Some of last installation mandates did so (**508, 514, 523**).

[131] Illegible marginal note below.

[132] Later revoked (**68**).

similar form to **29** but] requiring names of canons and ministers to be certified. Cawood, 10 Sept. 1319.

64   VISITATIO COMMUNE SUWELL'. Mandate[133] to chapter of Southwell or its auditor or locum tenens, to cite vicars, priests, and clerks serving in each Southwell prebend and on common property of [minster], to appear before archbishop or his household clerks in church of Norwell on 26 Nov. 1319 for visitation; and also three or four trustworthy men from each prebendal vill and from common property of [minster], who were tenants of same. Action to be certified in letters patent before visitation with names of those cited attached. Cawood, 10 Sept. 1319.

65   VISITATIO DECANATUS SUWELL'. Mandate[134] to [rural] dean of Southwell, to cite all clergy and others ministering in churches and chapels of his deanery to appear before archbishop or his household clerks in Southwell [Minster] on 28 Nov. 1319 for visitation; and also two, three, or four trustworthy men from each parish, and two or three from each street in town of Southwell. Cawood, 10 Sept. 1319.

66   [*Letter providing William de la Mare to a York prebend then or next becoming vacant, by virtue of a provisory faculty, dated Avignon, 28 Oct. 1317, rehearsed, granted to archbishop by John XXII.*]
COLLATIO PROXIME VACANTI IN ECCLESIA EBOR' FACTA WILLELMO DE LA MARE CUJUS EXECUTORIA REGISTRATUR INFRA IN SECUNDO FOLIO SUBSEQUENTI [**76.**] Willelmus permissione divina etc. provisor seu executor ad infrascripta a sede apostolica delegatus, dilecto filio Willelmo de la Mare clerico canonico ecclesie nostre Ebor', salutem [*etc.*]. Litteras sanctissimi patris nostri et domini domini Johannis divina providencia pape XXII recepimus tenorem qui sequitur continentes:

Johannes episcopus servus servorum dei, venerabili fratri Wille..10 archiepiscopo Ebor', salutem et apostolicam benedictionem. Sincere devotionis affectus quem erga nos et apostolicam sedem gerere comprobaris nostrum inducit et excitat animum ut personam tuam illa speciali gratia prosequamur per quam te aliis reddere valeas graciosum. Hinc est quod nos tuis supplicationibus inclinati fraternitati tue faciendi recipi ex nunc in tua ecclesia Eboracen' unam personam ydoneam de qua tibi videbitur auctoritate apostolica in canonicum et in fratrem, stallo sibi in choro et loco in capitulo cum plenitudine juris canonici assignatis, ac providendi ei de prebenda nulli alii de jure debita si qua in eadem ecclesia vacat ad presens vel quamcito ad id obtulerit se facultas, inducendi quoque personam illam cui de hujusmodi prebenda provideris vel procuratorem ipsius per te vel per alium seu alios in corporalem possessionem prebende prefate ac jurium et pertinenciarum ipsius, et defendendi inductam, ac faciendi eidem de ipsorum canonicatus et prebende fructibus redditibus proventibus juribus et obvencionibus universis integre responderi, contradictores quoque per censuram ecclesiasticam appellatione postposita compescendi; non obstantibus de certo canonicorum numero et quibuslibet aliis statutis et consuetudinibus dicte ecclesie contrariis juramento confirmatione apostolica

---

[133] Later revoked (**69**).
[134] Later revoked (**69**).

vel quacumque firmitate alia roboratis, aut si aliqui apostolica vel alia quavis auctoritate in canonicos in dicta ecclesia sint recepti, vel ut recipiantur insistant, seu si super provisionibus sibi faciendis de canonicatibus et prebendis in dicta ecclesia speciales vel de beneficiis ecclesiasticis in illis partibus generales nostras vel predecessorum nostrorum Romanorum pontificum aut legatorum dicte sedis litteras impetrarint etiam si per eas ad inhibicionem reservationem et decretum vel alias [Fo.71v; N.F. 88v] quomodolibet sit processum, quibus omnibus preterquam auctoritate nostra in ecclesia ipsa receptis et prebendas inibi expectantibus, personam eandem in assecucione dicte prebende volumus anteferri, set nullum per hoc eis quoad assecutionem aliarum prebendarum prejudicium generari; seu si dilectis filiis .. decano et capitulo ejusdem ecclesie vel quibusvis aliis communiter et divisim a prefata sit sede indultum quod ad receptionem vel provisionem alicujus minime teneantur et ad id compelli, aut quod interdici suspendi vel excommunicari non possint, quodque de canonicatibus et prebendis ejusdem ecclesie vel beneficiis ecclesiasticis ad eorum collacionem provisionem vel quamcumque aliam dispositionem conjunctim vel separatim spectantibus nequeat alicui provideri per litteras apostolicas non facientes plenam et expressam ac de verbo ad verbum de indulto hujusmodi mentionem, et qualibet alia dicte sedis indulgencia generali vel speciali cujuscumque tenoris existat per quam presentibus non expressam vel totaliter non insertam effectus hujusmodi gratie impediri valeat vel differri de qua cujusque toto tenore habenda sit in nostris litteris mentio specialis; aut si dicta persona alia beneficia ecclesiastica obtinere noscatur, seu si eadem persona presens non fuerit ad prestandum de observandis statutis et consuetudinibus ejusdem Eboracen' ecclesie solitum juramentum dummodo in absencia sua per procuratorem ydoneum et cum ad ecclesiam ipsam accesserit corporaliter illud prestet, plenam et liberam concedimus tenore presentium facultatem. Datum Avinion', v kalendas Novembris pontificatus nostri anno secundo.[135]

Nos itaque de fama tue conversacionis gratum gustantes odorem, considerantesque te cursum tuum dirigere ad virtutes per laudabilia exercicia meritorum que ad tui status promotionem merito nos invitant ut tanto ferventius de cetero cultui bonitatis intendas quanto uberiori provisione ecclesie senseris te promotum, canonicatum ipsius ecclesie nostre Ebor' cum plenitudine juris canonici necnon et prebendam nulli alii de jure debitam si qua in ipsa ecclesia vacat ad presens cum omnibus juribus et pertinenciis suis tibi auctoritate apostolica suprascripta conferimus et providemus de illis. Si vero nulla talis prebenda nunc vacat in ecclesia supradicta, nos prebendam proximo in eadem ecclesia vacaturam que similiter de jure nulli alii debeatur conferendam tibi cum vacaverit donationi nostre ymo verius apostolice reservamus, districtius inhibentes omnibus et singulis ne contra hanc nostram collationem et reservationem quicquam quomodolibet attemptare presumant, ac decernentes ex nunc irritum et inane si secus super hoc a quoquam quavis auctoritate scienter vel ignoranter contigerit attemptari. In cujus rei testimonium presentes litteras tibi fieri fecimus et sigilli nostri munimine[136] roborari. [Cawood, 12 Jan. 1320.]

---

[135] *CPL*, II. 166.
[136] MS *munimime.*

67 LITTERA EXECUTORIA DECANO ET CAPITULO EBOR' PRO WILLELMO DE LA MAR'. Executorial letters,[137] not issued, for William de la Mare, addressed solely to dean and chapter of York, [being a shorter version of **76**, omitting papal bull and reference to notarial attestation, and drawn up over three months earlier]. Market Weighton, 26 Sept. 1319.

68 Letter[138] to chapter of Southwell postponing visitation [**63**] because of Scottish invasion and king's imminent arrival in York.[139] Cawood, 3 Oct. 1319.

69 Note that similar letters to chapter of Southwell, or its auditor or locum tenens were issued revoking [**64**] and [**65**]. Place and date above.

70 [Fo.72; N.F. 89] Commission revoking [**7**] and granting official of York and M. Thomas de Cave, archbishop's receiver in York, [its same powers], jointly and severally, to continue proceedings begun between M. William de Seton, king's clerk, and Richard de Hennay, for prebend of Stanwick in Ripon. Cawood, 16 Oct. 1319.[140]

71 [*Indented notarial instrument containing: (1) instrument, dated Avignon, 6 Nov. 1318, containing letters of proxy for two proctors appointed by Pandulph de Sabello to act for him about prebend of North Newbald; (2) legal and financial settlement with damages of 20 marks reached before archbishop at Bishopthorpe, 15 Oct. 1319, between Pandulph's proctor and Richard de Cornubia, from whom Pandulph had recovered prebend of North Newbald in Curia.*]
COMPOSICIO SEU CONCORDIA FACTA INTER DOMINUM[141] PANDULPHUM DE SABELLO ET DOMINUM RICARDUM DE CORNUBIA SUPER PREBENDA DE NEUBALD AC SUPER EXPENSIS FACTIS CIRCA EANDEM. In nomine domini, Amen. Per presens instrumentum indentatum constet omnibus evidenter quod anno domini millesimo CCC^{mo} decimo nono, indiccione tercia, decimo quinto die mensis Octobris, accesserunt ad presenciam venerabilis patris domini Willelmi dei gratia Ebor' archiepiscopi Anglie primatis, discreti viri magister Ricardus de Cornubia et magister Johannes Berardi de Ponticill', procurator reverendi viri domini Pandulphi de Sabello, in manerio predicti venerabilis patris apud Thorp juxta Ebor', presentibus magistro Ricardo de Melton, dominis Johanne de Brantingham rectore ecclesie de Hugate, Johanne de Guthmundham, Willemo de Cliff', et Waltero dicto Yole, testibus ad hoc vocatis et rogatis. Et predictus Johannes exhibuit in medio quoddam procuratorium sub manu publica confectum et signo Johannis Silvestri de Spello notarii puppplici ut dicebatur signatum cujus tenor est talis:
In nomine domini, Amen. Anno ejusdem a nativitate millesimo CCC^{mo} octavodecimo, indiccione prima, pontificatus sanctissimi patris et domini domini Johannis divina providencia pape XXII anno tercio, die sexta mensis Octobris, Avinion' in hospicio habitacionis infrascripti domini Pandulphi, presentibus domino Theobaldo de Brusatis preposito Novarien' et domino

---

[137] Crossed out: marginal note locates **76**.
[138] Similar in form to *Reg. Melton*, IV. 24, no.124.
[139] Probably by 5 Oct. (*CPR 1317–21*, p.392).
[140] Date partly interlined above cancellation. For further developments see **82**.
[141] Interlined.

Petro [nato] domini Oddonis Sanguini de [Sezze, diocesis] Terracen', testibus vocatis et rogatis. Venerabilis vir dominus Pandulphus de Sabello domini pape notarius subdecanus et canonicus Ebor', non revocando propter hoc alios procuratores suos olim per eum in suis Anglicanis beneficiis constitutos nec potestatem eis super infrascriptis et quibuscumque suis aliis negociis in illis partibus attributam, sed pocius per constitucionem presencium procuratorum illos innovando et confirmando, fecit constituit et ordinavit et ceravit prout de jure et de facto melius fieri potuit et debuit ex nunc postquam tamen habuerit corporalem possessionem et liberam per se vel alium prebende sue Ebor' que dicitur de Neubald, magistrum Johannem Berardi de Ponticill' clericum Sabinen' diocesis presentem et sponte recipientem, et magistrum Franciscum de Luco canonicum Ebor' licet absentem, et utrumque ipsorum in solidum et per se ita quod non sit melior condicio occupantis et quod unus eorum inceperit alter prosequi valeat et finire, suos veros et legitimos procuratores actores factores et nuncios speciales specialiter ad componendum compromittendum transfigendum et paciscendum super quibuscumque fructibus proventibus juribus et obvencionibus universis eidem domino Pandulpho subtractis et debitis de predicta prebenda sua de Neubald quam habet seu obtinet in ecclesia Ebor', necnon et super expensis dampnis et interesse que sustinuit occasione ipsius prebende et questionis habite super ea; dans et concedens eisdem procuratoribus suis in solidum et eorum cuilibet in predictis liberam potestatem et ad faciendum fieri super predictis litteras et publica instrumenta penis stipulacionibus obligacionibus et promissionibus renunciacionibus pactis et sacramentis firmata, secundum quod melius de jure fieri poterit et debebit; alium procuratorem unum vel plures loco ipsorum et cujuslibet eorum constituendi et substituendi ac revocandi et in se readsumendi quotiens eis videbitur expedire, promittens ratum et firmum habere quicquid per dictos suos procuratores vel ipsorum alterum seu substituendos ab ipsis aut eorum altero factum fuerit seu gestum sub obligacione suorum bonorum.

Et ego Johannes Silvestri de Spello, apostolica et imperiali auctoritate notarius, predictis omnibus interfui rogatus [instrumentum] scripsi[142] et publicavi meoque solito signo signavi.

Idemque Johannes procuratorio nomine cum dudum inter predictum dominum Pandulphum dominum suum ex parte una et predictum magistrum Ricardum ex altera super prebenda de North Neubald in ecclesia Eboracen' questio seu contencio orta fuisset,[143] habitoque super ea processu diutino in Romana curia, ipsoque domino Pandulpho ad possessionem predicte prebende sentencialiter restituto quibusdam insuper mandatis apostolicis[144] per predictum dominum archiepiscopum pro memorata sentencia exequenda ut dicebatur receptis, recognovit pure et eciam sponte et simpliciter fatebatur quod predictus

---

[142] Repeated.

[143] Pandulph's title dated from his provision about 1286. Dispute with Richard, a clerk and kinsman of king, arose from latter's presentation in 1310, the king having recovered right to present by virtue of vacancy of see in Edward I's reign. See *Reg. Greenfield*, I, pp.54, 291–2.

[144] Dated 23 Aug. 1318, three years after sentence had been given in favour of Pandulph (*CPL*, II. 175). Subsequently, on 8 June 1319, king collated Pandulph to prebend, at pope's request, and Richard was said to have resigned, at request of king (*CPR 1317–21*, pp.343–4).

venerabilis pater personaliter accesserat apud Neubald[145] pro predicto mandato apostolico exequendo et tam ibidem quam alibi mandatum apostolicum in premissis sibi directum juxta traditam sive formam et continenciam litterarum apostolicarum exequebatur et eidem quatenus potuit paruit plenarie cum diligencia merito commendanda, quod que idem procurator tunc habuit possessionem corporalem plenariam et liberam ejusdem prebende de Neubald, et quod suos habuit suo procuratorio nomine antedicto in predicta prebenda. Habitoque postea aliquali tractatu inter predictos procuratorem et magistrum Ricardum in presencia ejusdem venerabilis patris super fructibus medio tempore videlicet dicta briga durante perceptis, dampnis interesse et expensis partis predicti domini Pandulphi, super quibus discencio seu discordia fuerat inter eosdem procuratorem et Ricardum et de quibus sit mencio in litteris apostolicis memoratis. Demum ipsa discencio ad modum transaccionis seu composicionis prout melius secundum qualitatem ipsius negocii fieri posset conquieverat in hunc modum, videlicet:

Quod prefatus magister Ricardus remisit parti predicti domini Pandulphi et suis procuratoribus quibuscumque quocumque nomine senseantur omnem et omnimodum rancorem, et renunciavit sponte et pure omnibus accionibus querelis peticionibus et inquietacionibus qualitercumque sibi competentibus si que sibi competierant ad predictam prebendam seu causa discordie memorate contra partem predicti Pandulphi. Item idem Ricardus concessit et se obligavit predicto domino Pandulpho et prefato procuratori procuratorio nomine ejusdem in XX[ti] marcis sterlingorum pro omnibus fructibus redditibus et proventibus ad predictam prebendam qualitercumque pertinentibus, et pro toto tempore quo idem Ricardus prefatam prebendam qualitercumque tenuit undecumque provenientibus et qui poterant quomodolibet provenire, seu quos pars predicti domini Pandulphi de eadem prebenda poterat aliqualiter percepisse, ac pro omnibus dampnis que pars dicti domini Pandulphi qualitercumque sustinuit et pro omnibus expensis partis ejusdem domini Pandulphi qualitercumque aut quandocumque factis, necnon et pro interesse totali ejusdem domini Pandulphi pro toto tempore antedicto.[146] Item concessit idem Ricardus exonerare et ab obligacione liberare predictam prebendam de omnibus oneribus tam ordinariis quam extraordinariis que ipsa prebenda infra Ebor' provinciam quomodolibet incurrebat pro toto tempore quo idem Ricardus tenuit prebendam eandem, et eciam predictas viginti marcas parti predicti domini Pandulphi solvere citra festum Paschalis proximo futurum [30 March 1320] apud Ebor' predictam.

Et predictus magister[147] Johannes prefato procuratorio nomine renunciavit sponte pure simpliciter et absolute omnibus et singulis accionibus peticionibus querelis inquietacionibus et officii cujuscumque judicis aut executoris promocionibus seu excitacionibus et eciam penis et censuris litteris et execucionibus quibuscumque quandocumque et qualitercumque habitis et omni juri parti dicti domini sui qualitercumque competentibus aut competituris ad quales-

---

[145] Before 28 Sept. 1319 (*Reg Melton*, III. 21–2, no.45).

[146] A major concession by Pandulph since by judgment in Curia Richard was to forfeit 160 marks gained whilst in possession, and pay 200 florins for Pandulph's expenses (*CPL*, II. 175).

[147] Interlined.

cumque fructus redditus et proventus memoratos et causa ipsorum, et eciam ad quecumque damp[Fo.72v; N.F. 89v]na interesse et admemoratas expensas qualescumque aut eciam qualitercumque causa predicte prebende occupacionis detencionis et dissensionis cujuscumque super ea et causa cujuslibet de eisdem contra prefatum Ricardum. Ac idem procurator omnia supradicta tranfigendo seu paciscendo[148] quantum in eo fuit dicto nomine procuratorio remisit eidem Ricardo; salvis semper predicto Pandulpho domino suo prefata sua prebenda ac jure et possessione suis in eadem ac viginti marcis predictis prout ex causa composicionis superius exprimuntur. Promisit eciam bona fide idem procurator de permittendo absque onere et eciam de consentiendo et procurando absolucionem predicti Ricardi a quibuscumque suspensionum et excommunicacionum sentenciis si quas qualitercumque aut quandocumque incurrebat occasione premissorum aut cujuscumque de eisdem.

Quibus omnibus et singulis coram predicto venerabili patre et testibus memoratis publice recitatis et dictis expresse ut supra notantur, predicti magister Ricardus et procurator in signum concordie et pacis reformande et perpetuo observande osculabantur adinvicem ut est moris. In quorum omnium et singulorum testimonium predicti Ricardus et Johannes procuratorio nomine presentibus litteris indentatis ad modum cyrographi indentati confectis alternatim sua apposuerunt sigilla, et utramque[149] partem earundem mandarunt per me infrascriptum notarium subscribi et signo meo consueto signari in plenius testimonium eorundem. Acta sunt hec sub anno die mense indiccione et in loco predictis. Illa verba Berardi interlineavi et quibuscumque in undecima linea in rasura, et promissionibus in terciadecima linea descendendo scripsi et transposui manu mea propria ante sigillorum dictarum parcium apposicionem.

Et ego Willelmus Alani de Westerdal' dictus de Carleton clericus Ebor' diocesis publicus auctoritate imperiali notarius premissis omnibus et singulis per suprascriptas partes dictis habitis et gestis ut suprascribuntur coram venerabili patre antedicto una cum dictis testibus presens interfui et ea sic fieri vidi et audivi, ac presens instrumentum super hiis confectum propria manu mea scripsi, signoque meo et nomine solitis signavi rogatus.

Et ego Thomas Petri de Luco publicus imperiali auctoritate notarius quia hiis que suprascribuntur per dictum Willelmum presens interfui et ea sic fieri vidi et audivi, ideo ad rogatum dictarum partium et mandatum dicti patris me subscripsi et signum meum huic instrumento apposui consuetum.

72 [*Archbishop's decree that Richard de Cornubia observe above settlement on pain of greater excommunication; with Richard's submission. Cawood, 16 Oct. 1319.*]
CONDEMPNACIO DOMINI RICARDI DE CORNUBIA DOMINO PANDULPHO DE SABEL' IN XX[ti] MARCIS NOMINE EXPENSARUM ET INTERESSE CIRCA PREBENDAM DE NEUBALD' FACTORUM. Memorandum quod sextodecimo die mensis Octobris anno domini millesimo tricentesimo decimo nono coram nobis Willelmo dei gratia Ebor' archiepiscopo Anglie primate in manerio nostro apud Cawod, magister Johannes Berardi de Ponticill' procurator domini Pandulphi de Sabello ex parte una et magister Ricardus de Cornubea personaliter ex altera de consensu eorum expresso judicialiter comparuerunt, exhibitoque

---

[148] MS *pascisendo.*
[149] MS *utrumque.*

per dictum procuratorem instrumento publico signis Willelmi de Carleton et Thome de Luco notariorum signato ac sigillo predicti magistri Ricardi in cera viridi sigillato presentibus annexo, predictus magister Ricardus sponte et pure fatebatur omnia et singula in dicto instrumento contenta prout ipsum contingunt et in eodem exprimuntur vera esse. Unde nos predictum instrumentum tunc in manu nostra tenentes prefatam confessionem secuti, ad instanciam et peticionem predicti procuratoris et sibi procuratorio nomine prefatum magistrum Ricardum per precepti nostri sentenciam condempnavimus in scriptis sub infrascripto tenore:

In dei nomine, Amen. Nos Willelmus permissione divina Ebor' archiepiscopus Anglie primas te dominum Ricardum de Cornubea ad confessionem tuam sponte et pure judicialiter coram nobis presente procuratore domini Pandulphi de Sabello et instante emissam super omnibus et singulis in presenti instrumento contentis prout te contingunt et in eodem plenius exprimuntur, ad exonerandum prebendam de North Neubald de omnibus oneribus eidem incumbentibus pro toto tempore quo tenuisti eandem et ad solvendum viginti marcas nomine fructuum dampnorum interesse et expensarum ipsius Pandulphi de quibus sit mencio et[150] prout in predicto instrumento exprimuntur, dictam confessionem secuti et de tuo expresso consensu eidem procuratori procuratorio nomine condempnamus sentencialiter et diffinitive per precepti nostri sentenciam in hiis scriptis sub pena excommunicacionis majoris quam ex nunc de consensu tuo expresso in personam tuam canonica monicione premissa proferimus in hiis scriptis, quam ipso facto te incurrere volumus si non parueris plenarie[150] predictis omnibus et singulis cum effectu.

Qua sentencia nostra ut predicitur prolata, predictus[150] magister Ricardus statim dictam sentenciam approbavit expresse et jurando tangens quemdam librum videlicet quoddam missale et desuper in manu sua quamdam cedulam tenens legit etiam et[150] juravit. Cujus cedule tenor pro omnia talis fuit:

Pater venerabilis huic vestre sentencie adquiesco expresse et eam approbo et renuncio sponte et pure omni appellationi et querele, ac omni impetracioni per quas effectus ipsius posset impediri quomodolibet seu differi, et juro ad sancta dei evangelia corporaliter per me tacta quod omnia et singula de quibus sit mencio in instrumento composicionis, de quo in dicta vestra sentencia sit mencio aliqualis quatenus et prout me contingunt, fideliter perficiam et complebo, et quod huic vestre sentencie non contraveniam per me nec per alium quoquomodo.

In quorum actorum prout in presenti cedula scribuntur testimonium presentibus sigillum nostrum duximus apponendum.

73 Letter collating Hervey de Staunton, king's clerk[151], to prebend of Husthwaite (*Hustewait, Hustwayt*) in York by exchange[152] with John de Hustweyt[153] for prebend of Flixton in Lichfield (*Lich'*), two copies being

---

[150] Interlined.
[151] Then * chancellor of Exchequer (*Edward II*, p.329).
[152] Prompted by royal grant to Staunton when prebend was held by John (*Fasti*, VI. 58).
[153] Keeper of Great Wardrobe when presented by regalian right in 1297 (*Chapters*, VI. 35; *CPR 1292–1301*, p.248).

provided; with mandate to dean and chapter of York for induction and installation of Staunton. Bishopthorpe, 25 Oct. 1319.

74 Note of letters dimissory to M. Henry de Cliff', prebendary of Apesthorpe in York, deacon, for priest's orders. Bishopthorpe, 30 Jan. 1320.

75 [*Mandate to dean and chapter of York to do their part for William de Ayrmynne, on whom a prebend had been conferred by sub-executor of his papal provision.*]
[Fo.73; N.F. 90] ADMISSIO DOMINI WILLELMI DE AYRMYNNE[154] AD PREBENDAM DE FRYDAYTHORP IN ECCLESIA EBOR'. Willelmus etc. dilectis filiis .. decano et capitulo ecclesie nostre beati Petri Ebor', salutem [*etc.*]. Presentatis nobis litteris religiosi viri .. abbatis beate Marie Ebor' ordinis sancti Benedicti subexecutoris in negotio provisorio[155] domini Willelmi de Ayrmyn in ecclesia nostra Ebor' predicta auctoritate apostolica deputati, quibus inspectis nobis per ipsas apparuit eundem subexecutorem auctoritate commissionis sibi facte prebendam de Fridaythorp in ecclesia nostra Ebor' predicta [per mortem] recolende memorie domini Roberti de Cotingham dudum prebendarii ejusdem prebende[156] vacantem prefato domino Willelmo ejusdem ecclesie nostre Ebor'[157] canonico contulisse in personam magistri Willelmi de Brampton procuratoris ejusdem dum tamen sibi de jure dicta prebenda et non alii debeatur; nos itaque volentes mandatis apostolicis obedire humiliter ut tenemur, prefatum dominum Willelmum de Ayrmynne in personam domini Thome de Brayton rectoris ecclesie de Rishangles procuratoris substituti magistri Willelmi de Brampton procuratoris principalis domini Willelmi predictorum, et ipsum procuratorem substitutum nomine domini Willelmi de Ayrmynne domini sui predicti secundum formam litterarum apostolicarum et processuum executorum provisionis et gratie sibi factarum, quantum ad nos attinet et de jure tenemur, ad prebendam de Fridaythorp admisimus memoratam;[158] salvis nobis et ecclesie nostre Ebor' exceptionibus et defensionibus omnibus competentibus et competituris contra processus et execucionem omnem in hac parte habitam et habendam; salva eciam nobis potestate conferendi canonicatus prebendas ac dignitates et personatus quoscumque necnon et officia ac beneficia quecumque cum in ecclesia nostra[159] predicta vacaverint et eciam in presenti vacantes et vacancia qui et que prefato domino Willelmo de Ayrmynne debiti debite seu debita non fuerint virtute predicte gratie sibi facte; salvo insuper jure cujuslibet alterius in hoc casu. Quocirca vobis mandamus quatinus in premissis ulterius exequamini quod est vestrum. Valete. [Cawood, 10 Nov. 1319.]

---

[154] Currently * keeper of rolls of Chancery (*Edward II*, p.295).
[155] Provision dated 28 March 1317 (*CPL*, II. 141).
[156] Presented by regalian right five days before becoming controller of Wardrobe (*CPR 1301–7*, p.378; *Chapters*, VI. 28).
[157] Interlined.
[158] Unlike the other entries showing that executors or sub-executors had collated provisors (except **153**), this fails to record provisor's acceptance of prebend, without which matters could not proceed, but for brevity it is usually omitted from calendared entries. Three common forms used: *sub certa forma ut asserit(ur) acceptantis; sub certis formis et condicionibus acceptatam* (**241**, **363**, **370**); *sub certis formis et protestacionibus acceptatam* (from **371**).
[159] Interlined.

76 [*Executorial letters, the originals in public form, to dean and chapter of York to admit William de la Mare, provided by archbishop to a prebend then or next becoming vacant, by virtue of a provisory faculty (rehearsed). Any who obstructed William were canonically warned that they would,* ipso facto, *incur excommunication after six days and the minster be put under interdict. Copies of letters might be made at the chapter's expense.*]

LITTERA EXECUTORIA DECANO ET CAPITULO EBOR' PRO WILLELMO DE LA MARE ET PRO PRIMA VACATURA IN EADEM CUJUS COLLATIO REGISTRATUR SUPRA IN SECUNDO FOLIO PRECEDENTI [**66**]. Willelmus permissione divina Eboracen' archiepiscopus Anglie primas dilectis filiis decano et capitulo ecclesie nostre beati Petri Eboracen' ac omnibus et singulis in eadem ecclesia dignitates personatus administrationes seu officia quecumque habentibus quocumque nomine censeantur, necnon omnibus et singulis quos infrascripta contingunt seu contingere poterunt quoquomodo, salutem et mandatis apostolicis efficaciter obedire. Litteras sanctissimi patris et domini nostri domini Johannis divina providentia[160] pape XXII non viciatas non cancellatas non abolitas non abrasas nec in earum aliqua parte corruptas, set sanas et integras ac omni vicio et suspicione carentes, cum cordula canapis et vera bulla plumbea ipsius domini pape, nos cum ea qua decuit reverencia recepisse noveritis, cujus tenor talis est [as in **66**].[161] Nos igitur de fama conversacionis Willelmi de la Mare clerici [as in **66** *mutatis mutandis* to] [Fo.73v; N.F. 90v] contigerit attemptari.

Quocirca vos decanum et capitulum et singulos canonicos dicte ecclesie nostre Eboracen' ac omnes et singulos in ipsa ecclesia dignitates personatus administrationes seu officia quecumque habentes, auctoritate apostolica qua fungimur in hac parte, pro primo secundo et tercio ac peremptorio monitionis edicto tenore presentium requirimus et monemus communiter et divisim vobis nichilominus et cuilibet vestrum in virtute sancte obedientie et sub pena excommunicationis districte precipiendo, [et] mandamus quatinus infra sex dies a presentatione insinuatione seu notificatione presentium vobis facta immediate sequentes, quorum duos pro primo duos pro secundo et reliquos duos vobis universis et singulis pro tercio et peremptorio termino et monicione canonica prefigimus et etiam assignamus, prefatum Willelmum vel procuratorem suum ejus nomine juxta vim et continenciam predictarum auctoritate nostra immo verius apostolica recipiatis et recipi faciatis quantum ad vos et vestrum quemlibet pertinet in nostra ecclesia Eboracen' predicta in canonicum et in fratrem, sibique vel ejus procuratori pro ipso stallum in choro et locum in capitulo cum plenitudine juris canonici assignetis et assignari faciatis, ac ipsum Willelmum vel procuratorem suum pro eo in corporalem possessionem hujusmodi prebende jurium et pertinenciarum ipsius, si qua in eadem ecclesia tempore hujusmodi collationis ei facte de ipsa nulli alii de jure debita vacabat, ponatis inducatis et defendatis inductum ac induci et defendi faciatis, admittendo ipsum vel procuratorem suum ejus nomine libere ad predictam ac facientes eidem Willelmo vel procuratori suo ejus nomine de hujusmodi prebende tunc vacantis nulli alii de jure debite fructibus redditibus proventibus juribus et obventionibus universis integre responderi, et vos etiam respondeatis quantum ad vestrum quemlibet pertinet communiter vel divisim, inhibentes et interdicentes vobis omnibus et singulis ne de hujusmodi

---

[160] Interlined.
[161] But reading *presentandum* for *prestandum*.

prebenda collata vel[162] ut supra premittitur reservata, quavis auctoritate aliquid aliud disponere ad ipsam[163] ve quemquam alium recipere, aut quicquam aliud contra predictum factum nostrum immo verius apostolicum facere quomodolibet presumatis.

Si vero nulla talis prebenda videlicet que sibi et nulli alii debeatur de jure tempore dicte collationis vacavit, mandamus vobis decano et capitulo ac omnibus et singulis canonicis et personis dicte nostre Eboracen' ecclesie ac omnibus aliis et singulis personis cujuscumque status ordinis gradus preeminencie vel condicionis existant, ne predicto Willelmo aut ejus procuratori quominus prebendam sibi debitam secundum qualitatem et tenorem predictorum cum omnibus juribus et pertinenciis suis integre et pacifice assequatur, et in eventu valeat possidere et ipsorum fructus redditus vel[164] proventus libere cum integritate qua convenit percipere, aut impedimentum perturbationem seu contradiccionem aliquam prestetis seu prestari [faciatis] per vos vel alium seu alios publice vel occulte, aut impedientibus ipsum in aliquo detis auxilium consilium vel favorem; quod si feceritis seu contraveneritis quoquomodo vos omnes et singulos ac alios quoslibet superius nominatos iterato requirimus et monemus communiter et divisim quod infra sex dierum spacium a presentatione seu denuntiatione presentium computandum, quem terminum vobis omnibus et singulis et aliis supradictis pro primo secundo et tercio monitionum edictis et termino peremptorio assignamus, a contradictione molestia turbatione et impedimento hujusmodi super premissis et eorum singulis penitus desistatis, obedientes plene et integre premissis nostris immo verius apostolicis monicionibus et mandatis; alioquin tam in dantes seu dantem alteri quam recipientes scienter prebendam hujusmodi eidem Willelmo debitam, necnon et in omnes et singulos de dicto capitulo, et generaliter in omnes et singulos contradictores et rebelles ac impedientes ipsum Willelmum super premissis aut in aliquo premissorum, aut impedientibus contradicentibus seu turbantibus ipsum in aliquo de premissis dantes scienter consilium auxilium vel favorem publice vel occulte, nisi a contradictione molestia turbacione rebellione impedimento auxilio consilio et favore hujusmodi, infra terminum supradictum a die scientie computandum omnino destiteritis aut destiterint et mandatis nostris immo verius apostolicis cum effectu parueritis et paruerint, ex nunc prout extunc in hiis scriptis singulariter in singulos predicta monitione canonica premissa, excommunicationis in capitulum vero dicte nostre Eboracen' ecclesie suspensionis et in ipsam ecclesiam interdicti sentencias promulgamus; absolucione omnium et singulorum qui prefatas nostras sententias vel earum aliquam[165] incurrerint quoquomodo nobis specialiter reservata.

Prefatas quoque litteras apostolicas et hunc nostrum processum apud eundem Willelmum vel procuratorem suum volumus remanere, et non per vos vel aliquem vestrum seu quemvis alium contra ipsius Willelmi vel ipsius procuratoris voluntatem quomodolibet detineri. Mandamus tamen predicto Willelmo et procuratori suo ut vobis faciant copiam de premissis si eam petieritis et habere volueritis, vestris tamen sumptibus et expensis, ita quod facta vobis

---

[162] Interlined.
[163] *ad ipsam* interlined.
[164] Interlined.
[165] MS *aliqua*.

copia premissorum, prefatas litteras apostolicas ac presentem nostrum processum ac omnia et singula instrumenta hujusmodi negocium tangencia omnino
integra et illesa prout idem Willelmus vel procurator suus ea vobis ostendiderit
vel assignaverit restituatis eisdem vel alteri eorundem per quem ipsorum super
hoc[166] fueritis requisiti, alioquin ipsos quoscumque contrarium facientes prefatis
sententiis per nos latis predicta monitione premissa ipso facto volumus subjacere. De die vero presentationis presencium vobis facte et quid in premissis
feceritis et faciendum duxeritis nos cum ex parte dicti Willelmi congrue requisiti
fueritis distincte et aperte sub pena supradicta certificare curetis per litteras
vestras patentes harum seriem continentes. In cujus processus nostri testimonium presentes per magistrum Ricardum de Snoweshill notarium publicum
subscribi et signo ejus consueto signari mandavimus, et ipsas sigilli nostri
impressione muniri. [Cawood, 12 Jan. 1320.]

77   Note that M. William de Barneby, canon of Southwell, acolyte, obtained
usual letters dimissory for all holy orders. Bishopthorpe, 1 Feb. 1320.

78   [*Mandate to chapter of Beverley to cite named persons to appear before archbishop or
his commissaries on 19 March 1320 for correction of faults disclosed at recent visitation.
Circumstances demanded short notice and specified personal attendance.*]
[Fo.74; N.F. 91] PREMUNICIO FACTA CAPITULO BEVERL' PRO CORRECCIONIBUS
FACIENDIS SUPER VISITATIONE PRIUS FACTA. Willelmus [*etc.*] dilectis filiis .. capitulo
ecclesie nostre beati Johannis Beverl', salutem [*etc.*]. Citamus vos peremptorie per
presentes vobis etiam nihilominus firmiter injungendo mandamus quatinus citetis
seu citari faciatis peremptorie dominos Willelmum de Sothill et Bernabonem de
Mala Spina ac magistrum Henricum de Carleton[167] canonicos ecclesie nostre
beati Johannis Beverl' quod per se vel per procuratores suos, necnon .. sacristam
ecclesie nostre predicte, Johannem de Swyna vicarium ejusdem ecclesie,[168]
magistrum Robertum de Betham cancellarium,[169] [Johannem de Risindon]
camerarium ecclesie, Thomam de Grayngham,[170] magistrum Ricardum de
Lyle precentorem,[171] magistros Willelmum Anlanby et Ingelramum de Linc',
dominos Johannem de Amcotes et Ricardum de Harpham, et cementarium
ecclesie ac omnes Berfellarios et ceteros clericos ministrantes in ecclesia eadem, et
magistrum scolarum Beverl', necnon Thomam le Hird et Willelmum de la
Wodhall quod videlicet vos . . . capitulum compareatis, ac ceteri omnes et singuli
superius nominati personaliter compareant coram nobis vel commissario nostro
uno vel pluribus, x°ix° die mensis Marcii in predicta ecclesia Beverl' super
articulis compertis in visitacione[172] quam nuper exercuimus in capitulo et ecclesia
antedictis prout vos et ipsos ac vestrum et eorum singulos contingunt, responsuri

---

[166] *super hoc* interlined.
[167] Prebendary of St Stephen probably by provision (*The Register of John le Romeyn, Lord
Archbishop of York, 1286–1296*, ed. W. Brown (Surtees Society, vol.123, 1913), 381,
no.1085; *BMF*, p.91, where date of death should be 1326).
[168] See *BMF*, pp.131–2.
[169] See *BMF*, pp.119–20.
[170] Vicar in Beverley Minster (*BMF*, p.131).
[171] See *BMF*, p.124.
[172] On 25 May 1318 (**29**).

ac nostra salubria monita correcciones et injuncta humiliter subituri, ac ea que vobis et eis ex parte nostra injungi contigerint secundum qualitatem premissorum facturi quod justum fuerit et etiam consuetum. Terminum[173] vero et personalem comparicionem de quibus premittitur cum rerum agendarum qualitates id exposcant, et pre ceteris superius specialiter nominatis [qui] super hiis melius noverint veritatem sic duximus moderanda. Super porreccione autem presencium latori earundem nuncio nostro in hac parte jurato dabimus plenam fidem. Vos etiam .. capitulum antedictum ad probationem citacionis ut predicitur facte exhibeatis seu exhiberi faciatis nobis aut dicto commissario nostro uni vel pluribus ad dictum diem presentes sigilli vestri impressione pendente signatas. [Bishop Burton, 4 March 1320.]

79 [*An indulgence for a friend's Easter Mass.*]

INDULGENTIA[174] OMNIBUS AUDIENTIBUS MISSAM DOMINI ROBERTI DE BARDELBY DIE PASCHE CANONICI EBOR'. Universis sancte matris ecclesie filiis ad quorum noticiam pervenerit hec scriptura, Willelmus [*etc.*] salutem in sinceris amplexibus redemptoris. Cum pia mater ecclesia de animarum salute sollicita devotionem fidelium per quedam munera spiritualia remissiones videlicet et indulgencias invitare consueverit ad debitum famulatus honorem deo et sacris suis edibus et ministris salubriter impendenda, nos de dei omnipotentis misericordia et gloriosissime virginis matris sue beatorum apostolorum Petri et Pauli necnon sanctissimi confessoris Willelmi ac omnium sanctorum meritis confidentes, omnibus parochianis nostris et aliis quorum diocesani hanc nostram indulgenciam ratam habuerint, de peccatis suis vere contritis penitentibus et confessis, qui reverendi filii nostri et amici in Christo carissimi domini Roberti de Bardelby domini nostri illustris regis Anglie clerici[175] ac nostre Eboracen' ecclesie canonici pia devotione hac instanti die pasche [30 March 1320] missam devote audierint et pro salubri statu ejusdem domini Roberti ac animabus patris ac matris ejusdem ac sue cum ab hoc seculo migraverit, necnon animabus omnium fidelium defunctorum, orationem dominicam cum salutatione beate virginis dixerint fida mente, triginta dies de injuncta sibi penitencia, deo propicio, misericorditer relaxamus. In cujus rei testimonium sigillum nostrum presentibus est appensum. [Bishop Burton, 18 March 1320.]

80 [*Commission on behalf of a poor priest provided to a benefice in gift of abbey of Aumale.*]

COMMISSIO SUPER PROVISIONE STEPHANI FAIRBARN DE HEDON. Willelmus [*etc.*], provisor et executor unicus super provisione seu gratia per sanctissimum [*etc.*] Johannem divina providencia papam vicesimum secundum domino Stephano Fayrbarn de Hedon nostre diocesis pauperi presbytero facta de beneficio ecclesiastico spectante communiter vel divisim ad collationem vel presentationem dilectorum in Christo filiorum .. abbatis et conventus[176] monasterii sancti Martini Dauchy juxta Albam Malliam ordinis sancti Benedicti Rothomagen'

---

[173] Preceded by a caret.
[174] First letter is large and decorated.
[175] A Chancery clerk and keeper of Great Seal (*Chapters*, VI. 7–10).
[176] *et conventus* interlined. For churches in the gift of the abbey in archdeaconry of East Riding see *Reg. Melton*, III. 135, no.227.

diocesis, dilecto filio .. officiali nostro Ebor', salutem [*etc.*]. De vestris circum-speccione et industria plenius confidentes, ad inquirendum super articulis de quibus in litteris apostolicis sit mencio quas vobis mittimus intuendas et ad cognoscendum procedendum decernendum pronunciandum exequendum et providendum secundum qualitatem et naturam dictarum litterarum apostoli-carum et contentorum in eis, vobis vices nostras committimus cum cohercionis canonice potestate donec eas ad nos duxerimus revocandas. Valete. [Cawood, 3 April 1320.]

81   Mandate to chapter of Beverley to admit John de Harpham, priest,[177] who had long lived among them, and whom archbishop had collated to his sinecure vicarage in [minster]. Scrooby (*Scroby*), 25 May 1320.[178]

82   Letter collating M. Thomas de Cave,[179] archbishop's clerk, to canonry and prebend of Stanwick (*Sanwegges*) in Ripon, by exchange for church of Fewston (*Foston*). Invested by biretta. Also mandate to chapter of Ripon for induction and installation. Basford (*Baseford*), 15 June 1320.[180]

83   [Fo.74v; N.F. 91v] ADMISSIO QUESTORUM[181] ECCLESIE NOSTRE SUWELL'. Licence[182] for Robert de Sprotburgh and Elias de Lumby,[183] proctors for fabric of towers of Southwell [Minster], to seek alms throughout the province for one year, notwithstanding archbishop's previous inhibition.[184] Cotham (*Cotum*), 9 July 1320.

84   Commission to T[homas], bishop of Worcester (*Wygorn'*), at request of king,[185] to examine and approve causes for proposed exchange between M. Thomas de Berton, rector of Bishop's Cleeve (*Clyve*), diocese of Worcester, and Robert de Valoynes, precentor of York. Elston (*Eylston*), 11 July 1320.

85   Second part of certificate of Thomas, bishop of Worcester, showing that he had approved [above] exchange, finding that Berton was not strong enough to serve cure of such a large parish which had no perpetual vicarage, whilst Valoynes was young and strong, and with help of friends could so serve, and defend rights of church.[186] Kempsey (*Kemeseye*), 15 Aug. 1320.[187]

---

[177]   See *BMF*, pp.132–3.

[178]   Transcribed in *MB*, I. 380–1.

[179]   Previously appointed to settle claims to this prebend (**70**).

[180]   Beneath, on left-hand side of bottom edge of folio: *Robertus de Pagula de a. sancti J. solvit [? j] marc' ad sinod' et Joh' Sa* . . . (rest trimmed and illegible).

[181]   MS *questoris*.

[182]   Similar in form to *Reg. Melton*, III. 116, no.196.

[183]   Proctor for Beverley Minster, 1306–1313 (*MB*, I. 112, 306).

[184]   *Reg. Melton*, III. 23–4, no.51.

[185]   King presented Robert to Bishop's Cleeve on 8 June 1319, but Berton, the sitting incumbent, appealed. Subsequently, this exchange was arranged, Robert undertaking to pay prior of Worcester 100 marks a year during lifetime of Thomas. See E.H. Pearce, *Thomas de Cobham, Bishop of Worcester 1317–1327* (London, 1923), pp.9–12.

[186]   Bracketed with **84** and **89**. Marginal note locates **89**.

[187]   Calendared in *Register of Thomas de Cobham*, p.94.

86 Quitclaim of archbishop for five marks received from chapter of Southwell by hand of William de Hokerton, vicar there, for customary procurations following his visitation. Sealed with his seal. Fledborough (*Fledburgh*), 21 July 1320.

87 Mandate to dean of Christianity of York to warn M. John Bush,[188] sacrist of chapel of St Mary & Holy Angels, York, that within eight days, on pain of suspension and excommunication promulgated from day to day, he must pay M. Adam de Spiriden 20s. from his prebend in chapel, and 10s. for daily commons due on 18 May 1320. Archbishop had already condemned him to pay [**92**]. Certification of action taken and Bush's response to be made in letters patent on Spiriden's request. Sturton le Steeple (*Stretton*), 24 July 1320.

88 Mandate[189] to chapter of Beverley or its locum tenens, to publish when requested by John de Pykering', chaplain, his absolution by archbishop from greater excommunication incurred for poaching fish from a close in Beverley in manor of M. Denis Avenel, canon of Beverley, and archbishop's clerk. Sturton le Steeple, 24 July 1320.

89 Letters[190] collating M. Thomas de Berton, clerk, to precentorship of York by exchange, approved [as in **85**], with Robert de Valoignes for church of Bishop's Cleeve. Bishopthorpe, 22 Aug. 1320.

90 [*Summary ex officio process, in public form, against prebendary of [Normanton] in Southwell, arising from findings at recent visitation. Archbishop ordained that prebendary's vicar be released from all payments to his master, and that his vicarage be augmented by 20s. a year, subject to future review. Laneham, 23 July 1320.*]
[Fo.75; N.F. 92] AUGMENTACIO VICARIE PREBENDE PAROCHIALIS DE SUWELL IN EADEM ECCLESIA. In dei nomine, Amen. Tenore presencium pateat universis quod nuper in visitatione quam nos Willemus permissione divina Ebor' archiepiscopus Anglie primas in capitulo ecclesie nostre Suwell' exercuimus, compertum extitit quod portio perpetue vicarie que dicitur altaris sancti Vincencii que est prebende parochialis Suwell' fuit insufficiens, licet eidem vicarie iminebat cura non modica animarum. Unde volentes juxta statuta canonica adhibere remedium oportunum, dominum Johannem de Sandale prebendarium prebende predicte[191] mandavimus et fecimus super hiis ex nostro officio ad judicium legitime et peremptorie evocari, quo coram nobis in capitulo Suwell' personaliter comparente, presente domino Roberto dicto Scot' vicario ejusdem prebende, oblato dicto prebendario articulo intencionem nostram continente cujus tenor talis est:

---

[188] King's clerk (probably in Wardrobe) when presented (unsuccessfully) by regalian right in 1300; admitted on royal presentation in 1304 (*CPR 1292–1301*, p.512; *Chapters*, II. 24; *CPR 1301–7*, p.227). One of Melton's parliamentary proctors later in 1320, and again in 1321 (Reg. Melton, fo.llv; n.f. 18v, fo.557; n.f. 694). For later recidivism see **237**, **237A**; for other financial failures see **216**, **238**, **238A**. See also A. Hamilton Thompson, 'The Chapel of St Mary and the Holy Angels, otherwise known as St Sepulchre's Chapel at York' (*Yorkshire Archaeological Journal*, vol.36, 1944–7), pp.73–4, 216, 217).
[189] See also **97**.
[190] Entry bracketed with **84** and **85**. Marginal note locates **93**.
[191] i.e. prebend of Normanton. For Sandale see **A1**.

In dei nomine, Amen. Nos Willelmus [*etc.*] tibi Johanni de Sandale qui te geris pro prebendario prebende parochialis Suwell' ex officio nostro obicimus per modum notorii summarie et de plano, quod in visitatione nostra quam in capitulo Suwell' exercuimus est compertum quod porcio vicarie perpetue predicte prebende cui cura animarum est annexa est insufficiens, unde vicarius ejusdem non potest nec poterit congrue sustentari nec onera eidem notorie incumbencia supportare, super quibus contra te ad augmentacionem dicte porcionis procedere intendimus ex officio ut premittitur pronunciare statuere diffinire et exequi que secundum qualitatem premissorum dictaverint canonica instituta. Hec dicimus conjunctim et divisim. Factaque contestacione per ipsum prebendarium ad prefatum articulum verbis negativis, idem prebendarius licet requisitus sepius et jussus demum respondit expresse se nolle de calumpnia et veritate secundum ipsius cause qualitatem jurare, sed insuper fatebatur ipsam porcionem esse insufficientem ac dixit expresse quod placuit sibi quod nos sufficientem porcionem ordinaremus pro ipsa vicaria et congrua sustentacione vicarii ejusdem. Unde nos premissa attendentes porcionem ipsius vicarie augmentandam fore et congruam porcionem de fructibus et proventibus ipsius prebende perpetuo vicario ejusdem assignandam pronunciavimus sententialiter et diffinitive. Et subsequenter, die mercurii proximo post festum beate Marie Magdalene apud Lanum, dicto prebendario coram nobis personaliter comparente, presente etiam vicario antedicto, ac de expresso consensu eorundem, augmentacionem dicte[192] porcionis sic duximus ordinandam et etiam in hiis scriptis.

Invocato dei nomine presencialiter ordinamus quod prefata vicaria decetero imp[er]petuum sit omnino libera et quieta ac perpetuus vicarius ejusdem qui pro tempore fuerit liber penitus et quietus a prestacione seu qualibet solucione cujuscumque pensionis que in pecunia numerata dicto prebendario nomine sue prebende dicebatur debita seu quomodolibet consueta, quem vicarium ab obligatione et prestacione ipsius pensionis de consensu et assensu ipsius prebendarii eximus et quantum in nobis est per presentem nostram ordinacionem penitus liberamus, necnon et dicto prebendario super predicte pensionis exaccione perpetuum silencium imponimus per decretum. Ordinamus etiam quod predictus prebendarius qui pro tempore fuerit nomine dicte sue prebende solvat annis singulis in festis sancti Martini et Pentecostes imperpetuum vicario predicte vicarie xx solidos per portiones equales quodque eidem vicario rata maneat tota porcio quam de fructibus proventibus oblacionibus et obventionibus dicte prebende nomine sue vicarie ante hanc ordinationem nostram percepit. Hanc vero nostram ordinationem statuimus de consensu prebendarii et vicarii predictorum et decernimus perpetuis futuris temporibus inviolabiliter observandam, servata tamen nobis facultate si casu seu causa contingente rursus dictam porcionem futuris temporibus insufficientem esse contigerit ipsam augmentandi iterum secundum canonica instituta.[193] Hanc etiam ordinacionem nostram per Ricardum de Snoweshill notarium publicum subscriptum scribi et publicari ac signo ejus solito signari mandavimus et nostri fecimus sigilli appensione muniri. Actis et datis apud Lanum die mercurii supradicto, videlicet xxiii die mensis Julii anno gratie M°CCC°XX° et pontificatus nostri tercio.

---

[192] Repeated.
[193] See **214**.

[There follows] notarial attestation of Richard de Snoweshill, clerk of diocese of Worcester (*Wygornien'*), apostolic and imperial notary, and scribe of archbishop, to all the abovesaid. Present: M. William de Stanes, M. Richard de Melton, John de Sutton, Thomas de Barneby, Richard de Otringham, and Nicholas de Eton, archbishop's household clerks.

91 Mandate to dean and chapter of York for John Gaytani, cardinal deacon of St Theodorus, on whom, in person of M. Thomas de Luco, clerk, substituted proctor of M. Francis de Luco, principal proctor, the prior of Warter (*Wartr'*),[194] as sub-executor of a provision,[195] had conferred prebend of Riccall (*Rykhal'*, *Rykhale*), vacant by consecration outside Curia of Henry de Burghash[196] as bishop of Lincoln. Archbishop had admitted Gaytani in person of M. Thomas. [Saving clauses similar to **75** with following protestation]: Protestantes in hiis scriptis quod per hanc nostram admissionem dicti domini cardinalis ad dictam prebendam de Rykhal' nolimus nec intendimus reservacioni provisioni seu collationi si qua per dominum nostrum papam de dicta prebenda pretextu istius vacacionis facta fuerit seu sit imposterum facienda[197] in aliquo derogare. [Cawood, 2 Aug. 1320.]

92 [*Summary* ex officio *process, in public form, against sacrist of chapel of St Mary &* *Holy Angels, York. Archbishop sentenced sacrist to pay canons their stipends and commons at four usual terms. Leeds, 16 April 1320.*]
[Fo.75v; N.F. 92v] CONDEMPNACIO SACRISTE CAPELLE BEATE MARIE ET SANCTORUM ANGELORUM EBOR' AD SOLVENDUM CANONICIS EJUSDEM PORCIONES SUAS AD CERTOS TERMINOS ANNI. In dei nomine, Amen. Rimatis et intellectis meritis cause que ex officio nostro vertebatur contra magistrum Johannem Bussh sacristam seu procuratorem cetus canonicorum capelle nostre beate Marie [*etc.*], parte ejusdem sacriste peremptorie et legitime coram nobis Willelmo permissione divina [*etc.*], citata et coram nobis comparente, oblato judicialiter sibi libello ex officio nostro predicto, cujus libelli tenor talis est:

In dei nomine, Amen. Nos Willelmus [*etc.*] tibi magistro Johanni Bussh qui te geris pro sacrista seu procuratore cetus seu collegii canonicorum et preben-dariorum capelle nostre beate Marie [*etc.*] et cuicumque pro te legitime comparenti ex officio nostro obicimus per modum notorii summarie et de plano, quod nuper dictam capellam visitantes[198] comperimus quod tu, tue salutis immemor et in anime tue periculum, porciones canonicis et prebendariis memoratis et eorum singulis de porcionibus eis debitis nomine corporum prebendarum suarum prout eos contingunt non solvisti ac de cotidianis dis-tribucionibus eis qui horis canonicis in dicta capella interfuerint et eorum singulis certis terminis debitis et consuetis, videlicet annis singulis ad festa Pentecostes, beati Petri advincula, sancti Martini in yeme, et purificationis beate Marie, non

---

[194] Reference to prior underlined: 16th-century marginalia: *Warter prior ordinis sancti Augustini.*
[195] See **27**.
[196] King's clerk when presented by regalian right in 1316 (*CPR 1313–17*, p.559).
[197] On 4 Feb. 1323, pope notified dean and chapter that he had reserved prebend of Riccall to his collation (*CPL*, II. 227). See also **175**.
[198] On 21 March 1318 (**23**).

satisfecisti nec satisfacere curasti secundum ordinationes archiepiscoporum Ebor' predecessorum nostrorum super hiis habitas set earum solutiones indebite distulisti, et de eis integraliter ut convenit satisfacere recusasti absque causa rationabili et recusas, fructus et proventus ipsius capelle in aliis usibus illicitis pro tue voluntatis libito indifferenter dissipas et dilapidas notorie, ordinaciones predictas usum etiam consuetudinem et libertatem ipsius capelle temere infringendo, in divini cultus in dicta capella devocionis et status ipsorum detrimentum nostreque dignitatis et officii nostri prejudicium manifestum. Super quibus secundum qualitatem eorundem contra te ex officio nostro summarie et absque figura judicii ut predicitur procedere intendimus statuere diffinire et exequi quod est justum juri etiam et consuetudini predicte nostre capelle conveniens ac consonum rationi. Hec dicimus detegere et declarare absque strepitu et figura judicii quatenus de jure permittitur intendimus conjunctim et divisim ut quatenus constiterit de premissis eatenus fiat quod convenerit in hoc casu; protestantes nos per presentem objectum aut processum habitum aut habendum nolle nec aliqualiter intendere prejudicare dignitati et jurisdiccioni nostris aut successorum nostrorum quin quandocumque nobis aut successoribus nostris videbitur expedire de plano et absque omni strepitu et judicii figura etiam extrajudicialiter ordinare et statuere valeamus, et nostri successores valeant, de capella statu canonicorum et tui et omnium pertinencium ad eandem quatenus et prout de jure et consuetudine nobis unquam licuit licet aut licere poterit seu debet, et[199] omni alio juris beneficio nobis in omnibus et per omnia semper salvo.

Lite ad eundem et contenta in eo legitime contestata, prestitis etiam tam a predicto magistro Johanne quam a procuratore ejusdem de calumpnia et de veritate secundum ipsius cause qualitatem juramentis, factisque posicionibus et interrogatoriis ex dicto nostro officio contra ipsum Johannem, et secutis responsionibus ad ipsas et ad ea, productibus etiam testibus ex nostro officio sepedicto juratis examinatis et eorum dictis publicatis, quibusdam etiam instrumentis in subsidium probationis invocatis et exhibitis, factaque renunciatione expressa per[199] partem ejusdem sacriste de dicendo in ipsos testes et eorum dicta et de proponendo omnia in facto consistencia dicentemque expresse se nolle quicquam in facto proponere nec ulterius probare in causa predicta, conclusoque ex eadem parte in causa eadem, ad peticionem et de expresso consensu procuratoris ejusdem ad diffinitivam sentenciam processimus in hunc modum, videlicet:

Quia invenimus intencionem nostram ex officio nostro ut predicitur contra predictum sacristam intentatam sufficienter et legitime esse probatam, prefatum sacristam in personam magistri[199] Willelmi de Seton sui procuratoris et ipsum procuratorem procuratorio nomine ejusdem domini sui ad solvendum canonicis et prebendariis de quibus in dicto libello sit mencio et eorum singulis de porcionibus eis debitis nomine corporum prebendarum suarum prout eos contingunt ac de cotidianis distribucionibus prout horis canonicis in dicta capella secundum ordinationes archiepiscoporum Ebor' predecessorum nostrorum interfuerint certis terminis debitis et consuetis, videlicet annis singulis ad festa Pentecostes [*etc.* as above] efficaciter obligari et etiam ex vi consuetudinis legitime super hiis obtente teneri et compelli debere perpetuo juxta consuetudinem antedictam pronunciamus et declaramus sentencialiter et diffinitive in

---

[199] Interlined.

hiis scriptis. Lecta lata et in hiis scriptis pronunciata fuit ista sententia apud Ledes nostre diocesis sextodecimo die mensis Aprilis anno gratie millesimo CCC^{mo}XX° pontificatus nostri tercio. Quam quidem sentenciam per Ricardum de Snoweshill notarium publicum subscriptum scribi et publicari ac signo ejus consueto signari mandamus et nostri sigilli impressione fecimus communiri in testimonium premissorum.

[There follows] notarial attestation of Richard de Snoweshill [as in **90**]. Present: M. Giles de Redemere, D.D.,[200] M. William de Stanes, M. Richard de Melton, John de Sutton, John de Guthemundham, Thomas de Barneby, and Richard de Otringham, archbishop's household clerks.

93 Mandate[201] to dean and chapter of York for induction of M. Thomas de Berton as precentor, collated by exchange with Robert de Valoignes for church of Bishop's Cleeve. Bishopthorpe, 22 Aug. 1320.

94 Mandate to dean of Christianity of York [in similar terms to **87**], to warn sacrist of chapel of St Mary & Holy Angels, York, to pay revenues and commons due to all canons on 11 Nov. 1320 within eight days, on pain of suspension and excommunication. Bishop Monkton (*Munketon juxta Rypon'*), 16 Nov. 1320.

95 [Fo.76; N.F. 93] Mandate to dean and chapter of York for John de Arundell,[202] son of late Richard, earl of Arundel, admitted as canon by archbishop pursuant to an expectative grace,[203] in person of John de Rothewell, rector of Astrop (*Asthorp*), diocese of Lincoln. Bishopthorpe, 25 Nov. 1320.

96 CAPTIO CONTRA JULIANAM KNOTTE DE WETEWANG' EXCOMMUNICATAM POST XL DIES. Letter requesting king to arrest Juliana Knotte, who had remained under greater excommunication for more than 40 days. Bishopthorpe, 26 Nov. 1320.

97 ABSOLUTIO DOMINORUM JOHANNIS DE PYKERING' ET RICARDI DE DRAX PRESBYTORUM. Letter dispensing John de Pikering' and Richard de Drax, pursuant to commission of Berengar [Fredoli], bishop of Tivoli (*Tusculan'*), papal penitentiary, dated Avignon, 20 Sept. 1320, and rehearsed, from irregularity incurred by officiating at divine service whilst excommunicated.[204] Berengar had absolved them, subject to restitution being made, from general sentence of excommunication promulgated by the legate Ottobono,[205] under which they had fallen by poaching fish from a prebendal close belonging to Beverley [Minster], instigated thereto by their fellows. They had done penance and been temporarily suspended from priestly office. Bishopthorpe, 20 Dec. 1320.

[200] See *BRUO*, III. 1561.
[201] Caption locates **89**.
[202] King's clerk by 1323. See *BRUO*, I. 48.
[203] Granted, 20 April 1320, at request of kings and queens of England and France, John being kinsman of both kings (*CPL*, II. 201).
[204] Chapter had previously absolved both from greater excommunication, and John had also been absolved by archbishop (**88**), but in neither instance was mention made of the irregularity incurred (*MB*, I. 381–2).
[205] By constitution *Ad tutelam* (*Councils & Synods with other documents relating to the English Church A.D. 1205–1313*, ed. F.M. Powicke, and C.R. Cheney (Oxford, 1964), II. 763–4).

98 Mandate to dean and chapter of York for Richard de Cornub', clerk,[206] admitted as canon by archbishop pursuant to an expectative grace,[207] in person of Robert Frankeleyn. Bishopthorpe, 19 Jan. 1321.

99 Mandate to chapter of Beverley for Richard de Feriby,[208] admitted[209] as canon by archbishop pursuant to an expectative grace,[210] in person of M. Thomas de Cave, canon of Ripon. Bishopthorpe, 27 Feb. 1321.

100 Mandate to chapter of Ripon or its locum tenens, to provide speedy justice to Robert de Rypon, O.P., permitted by archbishop to preach and hear confessions in accordance with constitution [*Super cathedram*[211]], whom Andrew de Kirkeby, vicar of church of Ripon, had obstructed and was falsely accusing of shameful things; otherwise archbishop would intervene. Action and findings to be certified at request of Robert. Bishopthorpe, 10 March 1321.[212]

101 [Fo.76v; N.F. 93v] INDULGENCIA PRO CONFERENTIBUS AD FABRICAM ECCLESIE BEATI PETRI EBOR'. Licence,[213] valid until revoked, for John de Bristoll, clerk, proctor of chapter of York,[214] to seek alms throughout province for work on York [Minster]. He should be given priority over all others. Indulgence of 40 days granted to those contributing or urging others to do so. Sealed with archbishop's seal. Huntington (*Huntington juxta Ebor'*), 23 Jan. 1321.

102 Form of admission of Robert de Nova Villa, clerk, as canon of Southwell, pursuant to an expectative grace,[215] in person of Robert de Beliou; with mandate to chapter of Southwell, dated Bishopthorpe, 14 March 1321.

103 Letter[216] collating Maurice de Pissiaco, priest,[217] to canonry and prebend in church of Gerberoy (*Gerborreden'*, *Gerborredo*, *Gerborrend'*, *Gorborreden'*), diocese of Beauvais (*Balvacen'*, *Belvacen'*), in person of William de Bilton, chaplain, on commission of John, bishop of Beauvais, sealed and dated ?Thiers (*Tercium*), 26 May 1321, rehearsed, which had been requested by Queen Isabella of

---

[206] Clerk and kinsman of Edward II (**71**n).
[207] Dated 10 Sept.1319 (*CPL*, II. 201).
[208] Then *cofferer of Wardrobe (*Chapters*, VI. 31). See also *BMF*, pp.81–2.
[209] Saving clauses omitted.
[210] Granted, 8 June 1320, at king's request (*CPL*, II. 202).
[211] Reissued in *Clementines*, III. 7.2.
[212] Transcribed in *MR*, II. 89.
[213] Almost identical in form to *Reg. Greenfield*, I. 4–5, no.20.
[214] For John, a married freeman of York, see Rosalind M.T. Hill, 'Fund-raising in a Fourteenth Century Province', in *Life and Thought in the Northern Church, c.1100–c.1700: Essays in Honour of Claire Cross*, ed. Diana Wood (Woodbridge, 1999), pp.34–5. For his other agencies see *Reg. Melton*, III. 62, no.137; 142, no.245; 144, nos 253–4; 152, no.276.
[215] Dated 19 April 1319 and possibly granted at request of John de Neville, knight, who seems to have been at Curia in week following grant (*CPL*, II. 185, 188).
[216] Caption locates **105**.
[217] King's clerk when presented by regalian right, and probably in Isabella's service in 1327 (*CPR 1301–7*, p.290; *CPR 1327–30*, p.26).

England; by exchange with M. Theobald de Trecis,[218] for prebend of Ampleforth (*Ampelford*) in York. Invested by biretta. York, 18 June 1321.

104 [Fo.77; N.F. 94] Letter collating M. Theobald de Trecis as prebendary of Ampleforth by above exchange; with mandate for installation to dean and chapter of York. York, 18 June 1321.

105 Mandate[219] to dean and chapter of church of Gerberoy to admit and install Maurice de Pissiaco as canon and prebendary by virtue of commission [in **103**]. York, 18 June 1321.

106 Commission to J[ohn], bishop of Chichester (*Cicestren'*), to expedite exchange between M. Gilbert de la Bruere, prebendary of Chichester,[220] and Robert de Bardelby, prebendary of Dunnington (*Donington, Donyngton*) in York,[221] patron the archbishop. Power reserved to archbishop to order Gilbert's induction, etc. Bishop Wilton (*Wylton*), 8 July 1321.

107 Letter instituting Simon de Boynton, priest, with obligation of personal residence, to vicarage of Bilton-in-Ainsty (*Bilton*), patron, Adam de Blida,[222] prebendary of Bilton; with note of mandate to official of archdeacon of York for his induction. Bishop Burton, 30 July 1321.

108 Mandate to dean and chapter of York, on certificate of John, bishop of Chichester, for induction and installation of M. Gilbert de la Bruere as prebendary of Dunnington, by exchange [at **106**]. Nafferton (*Naffreton*), 6 Aug. 1321.

109 Note that archbishop received 40s. from chapter of Beverley by hand of John de Swyna, vicar, for reconciling its churchyard, polluted by blood. Bishop Burton, 14 Aug. 1321.

110 [*Admission of Cardinal Peter de Prés as archdeacon of York by provision, and canon of York by expectative grace.*]
[Fo.77v; N.F. 94v] ADMISSIO DOMINI PETRI TITULI SANCTE POTENCIANE PRESBYTERI CARDINALIS IN ARCHIDIACONUM EBOR' ET IN PREBENDARIUM IN EADEM ECCLESIA. In nomine dei, Amen. Nos Willelmus permissione divina etc. Inspectis litteris sanctissimi in Christo patris et domini nostri domini Johannis divina providentia pape XXII gratie[223] et executoriis venerabili patri domino Petro tituli sancte Potenciane presbytero cardinali, de canonicatu et prebenda in ecclesia nostra

---

[218] Isabella's physician (Wright, *The Church and English Crown*, p.237), there named Theobald of Troyes.

[219] Caption locates **103**.

[220] Occurs as king's clerk in 1329, but was in service of cardinals before and after (*CPR 1327–30*, p.360; *CPL*, II. 264, 282, 346).

[221] Presented by regalian right in 1305 (*CPR 1301–7*, p.381).

[222] King's clerk when presented by regalian right; occurs as Exchequer clerk in 1298–9 (*CPR 1301–7*, p.414; *Chapters*, II, 142, n.1).

[223] Dated 1 June 1321 (*CPL*, II. 213).

Ebor' ac de archidiaconatu Ebor'[224] factis seu concessis ac processu venerabilis patris domini Rigaudi miseracione divina Wynt' episcopi executoris, una cum quibusdam certis collegis suis super hiis deputatis de quibus sit mencio in litteris apostolicis et executoriis earundem nobis presentatis, volentes itaque mandatis apostolicis obedire humiliter ut tenemur, prefatum venerabilem patrem dominum Petrum in personam magistri Arnaldi Johannis de Villanova clerici procuratoris sui et te magistrum Arnaldum procuratorem ejusdem domini Petri procuratorio nomine ipsius auctoritate et virtute litterarum apostolicarum et processus predictorum, ac secundum formam vim et effectum eorundem in canonicum et in fratrem ejusdem ecclesie nostre Ebor' necnon in archidiaconum Ebor' admittimus et recipimus prout moris est et ad nos attinet, et per alios quantum in nobis est admitti et recepi facere volumus juxta predictarum litterarum apostolicarum et memorati processus tenorem. Salva nobis potestate conferendi canonicatus prebendas ac dignitates et personatus quoscumque necnon et officia ac beneficia quecumque cum in ecclesia nostra predicta vacaverint et etiam in[225] presenti, si que sint vacantes et vacancia qui et que prefato domino cardinali debiti debite seu debita non fuerint virtute predicte gratie sibi facte; juribusque aliis omnibus nobis et ecclesie nostre Ebor' competentibus et competituris quomodolibet nobis salvis. [Undated.]

111   LITTERA EXECUTORIA DECANO ET CAPITULO EBOR' SUPER EODEM. Mandate to dean and chapter of York for Cardinal Peter [de Prés], admitted as canon by archbishop pursuant to an expectative grace, in person of M. Arnold de Villanova. [Undated.]

112   Mandate, rehearsing first part of [**111**], ordering clergy and people of archdeaconry of York to obey Cardinal Peter as archdeacon, and the mandates of his vicar and official. Bishop Burton, 14 Sept. 1321.

113   [*Inhibitions and injunctions to limit scope and duration of visitations held by deputy of the archdeacon of York, which must be conducted in accordance with canon law. Ripon, 28 Sept. 1321.*]
Memorandum quod xxviii die mensis Septembris anno gratie M°CCC^mo^XXI°, indictione quinta apud Rypon, venerabilis in Christo pater et dominus dominus Willelmus de Melton Ebor' archiepiscopus Anglie primas fecit interius scriptas inhibiciones et injuncciones magistro Radulpho de Coningesburgh vicario seu procuratori archidiaconi Ebor', presentibus magistris Ada de Heselbech[226] et Henrico de Wilton.[227]
In dei nomine, Amen. Nos Willelmus [*etc.*] inhibemus tibi magistro Radulpho de Coningesburgh vicario seu procuratori archidiaconi Ebor' in virtute sancte obedientie et sub pena districcionis canonice ne aliqua monasteria vel loca religiosa virorum aut mulierum dicti archidiaconatus ingrediaris causa exer-cende visitationis vel jurisdictionis alterius cujuscumque. Item inhibemus tibi ut

---

[224] Archdeaconry granted on departure of Aymo of Savoy, pursuant to constitution *Execrabilis* (*Reg. Jean XXII*, vol.3, p.313, no.13706).
[225] Interlined.
[226] See *BRUO*, II. 883.
[227] Marginalia to this point.

supra ne in aliqua visitatione quam in predicto archidiaconatu nomine et vice prefati archidiaconi facere te contigerit in futurum quovismodo te intromittas nec jurisdictionem seu correccionem aliquam exerceas in casibus episcopis reservatis. Item injungimus tibi ut supra quod cum ad visitacionem faciendam in dicto archidiaconatu durante tempore gratie dicto archidiacono a sede apostolica concesse[228] accedere te contingat, visitacionem hujusmodi non nimium protrahas ita quod in nostrum et subditorum nostrorum cedat aliquale prejudicium vel etiam detrimentum. Item injungimus tibi ut supra quod in visitacione quam nomine dicti domini archidiaconi te exercere contigerit sacros canones et sanctorum patrum statuta cures inviolabiliter observare.

114 Letter collating M. William de Alburwyk', priest[229] as precentor of York on death of M. Thomas de Berton; with mandate to dean and chapter of York for his induction. Bishopthorpe, 11 Nov. 1321.

115 [Fo.78; N.F. 95] Mandate to dean and chapter of York for Elias Talayrandi of Périgord (*Petragoris*),[230] admitted as canon by archbishop pursuant to an expectative grace,[231] in person of John de Thresk', clerk. York, 14 Feb. 1322.

116 Letter collating William de la Mare, clerk,[232] kinsman of archbishop, to canonry and [deacon]-prebend in chapel of St Mary & Holy Angels, York, vacant by death of William de Clere; with mandate to official of York or his commissary general for induction. York, 3 March 1322.

117 Mandate to dean and chapter of York for Poncius de Podio Barsaco admitted as canon by archbishop pursuant to an expectative grace for a canonry and prebend [and dignity],[233] in person of Raymond Pelogrini, clerk. [Undated.]

118 Commission[234] appointing Thomas de Horneby, vicar of Ripon, penitentiary in [rural] deanery of Ripon until Whitsunday, to hear confessions in reserved cases of old, poor, or sick, clergy and laity, unable to come to archbishop or his penitentiary in York, with exception of those poaching in archbishop's parks, assaulting clerks, and raping or having intercourse with nuns. Sealed with archbishop's seal. York, 3 March 1322.

119 COMMISSIO AD ABSOLVENDUM COMITEM HERFORD' DEFUNCTUM. Commission to dean of York, so far as archbishop's power canonically extended thereto, to absolve late Humphrey de Bohune, earl of Hereford (*Hereford'*), from any sentences of suspension and excommunication, if he remained bound therewith, provided he had shown [some] signs of contrition before his death, that being

---

[228] For indult allowing him to visit by deputy for five years see *CPL*, II. 213.
[229] See *BRUO*, I. 18.
[230] Son of Elias, count of Périgord, and in 1320 intending to study law for five years (*CPL*, II. 208, 210).
[231] Dated 3 June 1317 (*Reg. Jean XXII*, vol.1, p.367, no.4012).
[232] Followed by an erasure, ruled through. Similar erasure occurs in mandate.
[233] Dated 21 Oct. 1316 (*CPL*, II. 124; *Reg. Jean XXII*, vol.1, p.151, no.1575).
[234] Save for exceptions, identical to *Reg. Melton*, II. 41–2, no.83.

absolved, he might more safely be granted ecclesiastical burial.[235] Cawood, 25 March 1322.[236]

120   Dispensation to M. Alan de Cotum, chancellor of Beverley [Minster],[237] to be non-resident for two years. Cawood, 25 March 1322.

121   Dispensation to same to be non-resident during archbishop's pleasure. Southwell, 25 March 1324.

122   [Fo.78v; N.F. 95v] Letter collating M. Robert de Rypon to canonry and prebend of Stanwick (*Stanweges*) in Ripon by exchange [with M. Thomas de Cave] for church of Ripley (*Ryppeleye*); with mandate to chapter of Ripon for his induction and installation. Bishopthorpe, 8 May 1322.

123   Mandate to dean and chapter of York for John Giffard,[238] on whom prior of Holy Trinity, York, as sub-executor of a provision,[239] had conferred prebend of Grindale (*Grendal'*, *Grendale*), vacant by entry into religion and profession of M. Peter de Dene,[240] as was said. Archbishop had admitted him with protestation [as in **91**]. Bishopthorpe, 2 June 1322.

124   Licence for two years to M. John de Everdon, canon of Ripon [and prebendary of Givendale],[241] to sell the fruits of his prebend before the separation out of [tithes], provided they were planted on prebendal land, notwithstanding the synodical constitution.[242] Bishopthorpe, 24 May 1322.

125   Letters collating M. Richard de Eryom, D.Cn. & C.L.,[243] to prebend of Ulleskelf (*Ulskelf'*) in York, by exchange [with Richard de Osgodeby[244]] for prebend of Saltmarshe (*Saltemersk'*) in Howden; with mandate to dean and chapter for his induction and installation. Bishopthorpe, 5 June 1322.

126   Mandate to dean and chapter of York for M. John de Stretford,[245] admitted[246] as canon by archbishop pursuant to an expectative grace.[247] Bishopthorpe, 6 June 1322.

[235] The earl, killed at Boroughbridge, 16 March, was buried in church of Dominicans at York (G.E. Cokayne, *The Complete Peerage of England, Scotland, Ireland* . . ., ed. V. Gibbs et al., 13 vols in 14 (London, 1910–59), VI. 469–70.

[236] Transcribed in *Historical Papers and Letters from the Northern Registers*, ed. James Raine (Rolls Series, 1873), p.315.

[237] See *BMF*, p.120.

[238] A clerk of Queen Isabella by 1312, who long remained in her service (*CPL*, II. 97; *Chapters*, III. 34, n.2; V. 276, 285).

[239] Not in papal registers, but granted previous to 6 June 1318 (*CPL*, II. 177).

[240] He entered St Augustine's Abbey, Canterbury on 30 March 1322. See *BRUO*, III. 2169.

[241] Baron of Exchequer on collation in 1313 and still in 1322 (*BRUO*, I. 654–5).

[242] Diocesan statute *Decimas* of 1241x1255 (*Councils and Synods*, II, p.491).

[243] In 1324 he was part of a diplomatic mission to French king (*CPR 1324–7*, p.1).

[244] King's clerk when presented by regalian right in 1316 (*CPR 1313–17*, p.534).

[245] King's clerk by 1320, and at Curia when provided. See *BRUO*, III. 1796–8.

[246] Saving clauses omitted.

[247] Granted, 27 April 1322, *motu proprio* (*CPL*, II. 220; *Reg. Jean XXII*, vol.4, p.85, no.15329).

127 Licence to M. Richard de Insula, precentor of Beverley [Minster], to be non-resident for three years. Bishopthorpe, 3 July 1322.

128 [*Judicial warning to precentor of Beverley to observe terms of agreement to farm his benefice, on pain of greater excommunication.*]
CONDEMPNACIO EJUSDEM PRECENTORIS. In dei nomine, Amen. Nos Willelmus [*etc.*] confessionem tuam magister Ricarde de Insula precentor in ecclesia nostra beati Johannis Beverl' coram nobis judicialiter emissam secuti, te ad observandum omnes et singulos articulos contentos in indentura inter te et Ricardum de Snoweshull clericum confecta super dimissione ejusdem precentorie ad firmam cum suis juribus et pertinenciis universis, prout in dicta indentura plenius continetur, per nostri precepti sententiam condempnamus sub pena excommunicationis majoris quam si in convencione hujusmodi defeceris in personam tuam ex nunc prout ex tunc proferimus in hiis scriptis.[248] [Undated.]

129 [Fo.79; N.F. 96] Letters collating John de Founteneye, chaplain of Queen [Isabella], to canonry and [subdeacon]-prebend in chapel of St Mary & Holy Angels, York, vacant on death of Ralph de Fenton; with mandate to official of York, or his commissary general, for induction. Bishopthorpe, 7 July 1322.

130 Mandate to dean and chapter of York for Peter [de Prés], formerly cardinal priest of St Pudenciana, presently cardinal bishop of Palestrina (*Penestrini, Penestrino*), on whom, in person of M. Arnold, son of John de Villanova, clerk, his proctor, M. Denis Avenel, canon of Beverley and official of court of York, as sub-executor of a provision,[249] had conferred prebend of Wistow (*Wystowe*), vacant by consecration of Roger de Northburgh[250] as bishop of Coventry and Lichfield (*Coventr' et Lych'*), and reserved to apostolic see, and conferred *motu proprio*. Archbishop had admitted Peter in person of his proctor. Bishopthorpe, 6 July 1322.[251]

131 Dispensation to M. William de Alburwyk', precentor of York, to be non-resident for three years. Bishopthorpe, 19 July 1322.

132 Dispensation to Nicholas, son of William Malton of Huggate (*Hugate*), clerk, sacrist of Beverley [Minster],[252] to be non-resident for seven years. Bishopthorpe, 19 July 1322.

133 Note of letters dimissory for same Nicholas for minor orders not yet received and for holy orders. Place and date above.

---

[248] On 4 July, archbishop relaxed his sequestration of precentorship. Snoweshull was to farm it for three years (*MB*, II. 11).
[249] Made to Peter as cardinal of St Pudenciana on 13 March 1322, when his previous expectative grace (**110**, **111**) was revoked (*Reg. Jean XXII*, vol.4, p.72, no.15189).
[250] *Keeper of Privy Seal when presented by regalian right in 1315 (*Chapters*, VI. 50; *CPR 1313–17*, pp.302, 375).
[251] Marginalia in large later hand below: *Notatur Ebor'*.
[252] See *BMF*, p.115.

134   Note that same Nicholas had similar dispensation [as in **132**] for three years from 19 July 1329. Bishop Wilton (*Wilton*), 14 Sept. 1329.

135   Letter collating Richard de Otringham, priest, archbishop's clerk,[253] to canonry and [subdeacon]-prebend in chapel of St Mary & Holy Angels, York, vacant on death of John de Founteney; with mandate to commissary general of official of York and dean of Christianity of York for his induction. Bishop Burton, 4 Sept. 1322.

136   Commission [with powers as in **7**] to M. Thomas de Sancto Leonardo, rector of Egmanton, and M. William de Hundon, rector of Barnburgh (*Barneburgh*) to hear cause between Henry Ketell, priest and minister of South-well [Minster], plaintiff, and John Boson of Morton (*Morton prope Suwell*), defendant, 'quatenus ad ecclesiam et cognitionem nostram pertinet in hoc casu'. Bishopthorpe, 17 Nov. 1322.

137   [Fo.79v; N.F. 96v] Mandate, not issued, to official of York or his commissary general to cite sacrist, canons, [*etc.* as in **23**], of chapel of St Mary & Holy Angels, York, to appear in their chapel on 26 Oct. 1322 before archbishop or his household clerks for visitation. Certification [as in **23**]. C[awood]. [Undated.]

138   [*Commission pursuant to papal bull, dated 6 Oct. 1322, rehearsed, to inquire into suitability of priest ordained by archbishop Corbridge without sure title, on presentation of chapter of York, and into the benefice the chapter should offer him.*]
COMMISSIO AD PROVIDENDUM AUCTORITATE APOSTOLICA DOMINO GAUFRIDO LE GRAUNT, PRESBYTERO, ORDINATO AD PRESENTATIONEM CAPITULI EBOR', DE ALIQUO BENEFICIO SPECTANTE AD PRESENTATIONEM SEU COLLATIONEM DICTORUM[254] CAPITULI. Willelmus etc. dilecto filio .. priori monasterii de Bridelington ordinis sancti Augustini nostre diocesis, salutem et mandatis nostris immo verius apostolicis firmiter obedire. Litteras sanctissimi patris et domini nostri domini Johannis divina providencia pape vicesimi secundi recepimus tenorem qui sequitur continentes:

Johannes episcopus servus servorum dei venerabili fratri archiepiscopo Ebor' salutem et apostolicam benedictionem. Cum dilectus filius Gaufridus le Graunt presbyter tue diocesis lator presencium a bone memorie Thoma archiepiscopo Ebor' predecessore tuo ad presentationem dilectorum filiorum capituli ecclesie Ebor' fuit sicut asserit in presbyterum ordinatus nec ullum sit ecclesiasticum beneficium assecutus, nos felicis recordacionis Innocencii pape predecessoris nostri qui ordinatis sine certo titulo per ordinatores vel presentatores seu successores eorum provideri voluit[255] vestigiis inherentes, eisdem capitulo nostris damus litteris in mandatis ut si tu cui examinacionem ipsius presbyteri duximus committendam eum ydoneum esse repereris et ecclesiastico beneficio non indignum, tam diu ei vite necessaria congrue subministrent donec per eos

---

[253] Mentioned only in mandate.
[254] *Sic.* The treatment of *capitulum* as plural in both bull and mandate has been retained throughout.
[255] By constitution *Quum secundum Apostolum qui* (*Extra*, III. 5. 16).

fuerit competens ecclesiasticum beneficium assecutus. Quocirca fraternitati tue per apostolica scripta mandamus quatinus eisdem capitulo citatis legitime ut per seipsos vel ydoneum responsalem intersint et tam super ydoneitate persone quam etiam super qualitate et quantitate beneficii proponere eis liceat quicquid rationabiliter duxerint proponendum inquiras que circa personam et ydoneitatem ipsius fuerint inquirenda. Et si eum ad obtinendum ecclesiasticum beneficium repereris non indignum, dictos capitulum ad providendum ei juxta formam mandati apostolici diligenter moneas et inducas. Quod si monitis tuis acquiescere forte noluerint, quod super hiis inveneris tuis nobis litteris intimare procures, ut eos ad provisionem ipsius presbyteri si dignus fuerit compelli sicut expedit faciamus. Datum Avinion', ii nonas Octobris pontificatus nostri anno septimo.

Harum igitur auctoritate litterarum vobis mandamus firmiter injungentes quatinus dictis capitulo citatis legitime ut per seipsos vel ydoneum responsalem intersint, et tam super ydoneitate persone quam super qualitate et quantitate beneficii proponere eis liceat quicquid rationaliter duxerint proponendum in forma juris inquiratis que circa personam et ydoneitatem ipsius fuerint inquirenda. Et de omni eo quod in premissis duxeritis faciendum ac qualiter presens mandatum fueritis executi, nos tempore oportuno reddatis cerciores per vestras patentes litteras harum seriem una cum attestacionibus et nominibus eorum per quos in hac parte inquiri contigerit in quadam cedula sigillo vestro clausa vestroque certificatorio annexa fideliter redactis plenius continentes, ut quod nobis est ulterius in premissis et circa ea demandatum perficere seu exequi valeamus, ad que omnia et singula vobis vices nostras quousque eas duxerimus revocandas committimus cum cohercionis canonice potestate. Valete. [Cawood, 9 Dec. 1322.]

139 Note of similar commission to same pursuant to similar bull for Walter de Osmund, priest, concerning chapter of Howden. [Undated.]

140 [*Confirmation of out-of-court settlement augmenting vicarage of Axminster by seven marks.*]
COMPOSICIO SEU CONCORDIA INTER PREBENDARIOS PREBENDARUM DE WARTHILL ET GRENDAL' AC VICARIUM DE AXMYNSTR' SUPER AUGMENTACIONE DICTE VICARIE. Universis quorum interest Willelmus [*etc.*] salutem in auctore salutis. Ex parte dominorum Johannis de Markyngfeld et Johannis Gyffard canonicorum ecclesie nostre beati Petri Ebor' et prebendariorum prebendarum de Warthill et Grendale in ecclesia nostra predicta nobis supplicando extitit intimatum quod cum inter vicarium ecclesie de Axmynstre Exonien' diocesis, que dictis prebendis fuerat et est pro indiviso annexa,[256] actorem ex parte una, et dictum dominum Johannem de Markyngfeld canonicum et prebendarium predictum et magistrum Petrum de Deene tunc canonicum et prebendarium dicte ecclesie nostre et prebende Grendale, quos quidem canonicatum et prebendam dudum[257] ejusdem magistri

---

[256] Probably in the late 11th century. The abbot of Newenham gained possession 1258–93, but prebendal rights were vindicated at law, 1333–5. See *York Minster Fasti*, ed. C.T. Clay (Yorkshire Archaeological Society, Record Series, vols 123–4, 1958–9), II. 153–5.
[257] Repeated: repetition cancelled by dots.

Petri dictus dominus Johannes Gyffard obtinet in presenti, coram magistris Thoma de Retford et Thoma de Dilington[258] cancellario et cantore ecclesie Wellen', ad impetrationem dicti vicarii super augmentatione dicte vicarie sue judicibus in hac parte a sede apostolica delegatis, materia litis et contentionis fuisset suborta. Demum in causa seu negotio augmentationis hujusmodi judices predicti pro dicto vicario et contra predictos canonicos sententiam tulerunt diffinitivam, a qua cum ex parte dictorum canonicorum fuisset ut pretenditur appellatum, pendente hujus causa seu negotio appellacionis, ut litium amfractus vitarentur et ut hinc inde parceretur laboribus et expensis, communi interventu amicorum omnis materia litis et contencionis de qua premittitur inter vicarium predictum et dominos Johannem de Markingfeld et Johannem Gyffard prebendam de Grendale prefatam quam predictus magister P[etrus] obtinuit nunc canonice obtinentem, in forma infrascripta penitus conquievit videlicet: quod dictus vicarius et successores sui habeant et percipiant perpetuis futuris temporibus septem marcas annui redditus de certis tenentibus et locis dicte ecclesie de Axmynstre nomine augmentationis predicte et pro ea, de quo quidem augmento dictus vicarius nomine vicarie sue pro se et successoribus suis reputat se contentum.[259] Nos vero dictam composicionem ad bonum pacis et ecclesie nostre predicte quietem tendere perpendentes, ipsam composicionem predictam sicut legitime procedit, salvis nobis et ecclesie nostre predicte ac successoribus nostris jure et jurisdiccione libertatibus privilegiis consuetudinibus universis nobis ac ipsis competentibus seu quomodolibet competituris quatenus ad nos pertinet in hoc casu, ad supplicationem et instantiam canonicorum predictorum ratificamus approbamus et tenore presentium confirmamus, quas sigilli nostri impressione volumus communiri. [Cawood, 28 Dec. 1322.]

141 Letter[260] collating Thomas de Stayngrave, priest, as succentor of York [Minster] on resignation of Edmund le Brun [by exchange for church of Rossington (*Rosington*)[261]]; with mandate to dean and chapter for his induction and installation. Cawood, 10 Jan. 1323.

142 [*Certificate of dean and chapter of York, that pursuant to archbishop's mandate, dated Bishopthorpe, 21 Oct. 1323 and rehearsed, they had paid 60s. to his receiver at York from goods of M. Richard de Havering'.*]
[N.F. 97[262] inserted between Fos 79v and 80] Venerabili in Christo patri ac domino domino W[illelmo] [*etc.*], sui humiles et devoti R[obertus] decanus et .. capitulum ecclesie beati Petri Ebor', salutem cum omni reverencia et honore debitis tanto patri. Mandatum vestrum reverendum nuper recepimus in hec verba:
Willelmus [*etc.*] dilectis filiis .. decano et .. capitulo ecclesie nostre beati Petri Ebor', salutem [*etc.*]. Quoniam propter contumaciam pariter et offensam

---

[258] See *BRUO*, I. 578.
[259] Compromise was probably reached on or before 26 June 1322, when two prebendaries (re)gained possession of Axminster's rectorial revenues (*The Register of John de Grandisson, Bishop of Exeter A.D. 1327–1369,* ed. F.C. Hingeston-Randolph (3 vols, London and Exeter, 1894–9), I. 47).
[260] Above caption in later hand: *nota.*
[261] Shown only in mandate.
[262] Measures 23.5cm × 8cm.

magistri Ricardi de Haverhing'[263] clerici nostri coram justiciariis domini nostri regis ad terminum sancti Michaelis anno regni ejusdem regis ?[septimodecimo] contractas, amerciati sumus coram justiciariis memoratis in lx solidis sterlingorum quos eciam solvimus pro eodem, quod eidem magistro Ricardo satis est notum et manifestum; vobis mandamus firmiter injungentes vosque specialiter rogamus quod de bonis ecclesiasticis dicti magistri Ricardi dictos lx solidos ad opus nostrum citra festum sancti Martini proximo futurum per vendicionem sequestracionem et distraccionem eorundem bonorum levari faciatis et receptori nostro Ebor' plenarie liberari, adeo in hac parte vos habentes [nisi] quod in vestri defectum seu negligenciam manus ad premissa nos apponere non opporteat, quod revera facere intendimus si presens mandatum nostrum eciam et rogatum non fueritis cum diligencia qua decet plenarie executi. Et nos de omni eo quod feceritis in premissis citra dictum diem certificetis distincte et aperte per vestras patentes litteras harum seriem continentes. Valete. Datum Thorp prope Ebor', xii kalendas Novembris anno domini millesimo CCC^{mo} vicesimo tercio et pontificatus nostri septimo.

Cujus auctoritate mandati predictos lx solidos de bonis dicti magistri Ricardi levari fecimus et eos receptori vestro Ebor' plenarie liberari. Vestra valeat reverenda paternitas per tempora longiora. [York, 4 Nov. 1323.]

143 [Fo.80; N.F. 98] PRO FUGIENTIBUS AD VILLAM BEVERL' PRO LIBERTATE ECCLESIASTICA IBIDEM OBTINENDA. Monition to Symon de Hugate, seneschal of provost of Beverley, to restore rights of sanctuary to Symon de Beltoft', Thomas de Parys of Swinton (*Suynton*) and Thomas de Parys of Mexborough (*Mekesburgh*), whom he allegedly removed from the liberty of Beverley, where they sought sanctuary, and imprisoned. He thereby incurred greater excommunication for infringing the liberties granted to church of Beverley by King Athelstan,[264] confirmed by the apostolic see, and affirmed by successive kings of England, and especially by King Edward [II],[265] whereby any person, party to any crime, who, before he is apprehended, enters the liberty – i.e. within one league of the church on all sides – is allowed security of life and limb. Unless Symon obeyed monition, archbishop would proceed against him by all legitimate ways and means. Cawood, 11 Jan. 1323.[266]

144 Note that letter identical to [**143**] was sent to chapter of Beverley on same day.[267]

145 Letter collating Walter de Yarwell (*Yarewell*), priest, to canonry and prebend of Barnby (*Barneby*) in York by exchange [with William de Boudon[268]] for canonry and prebend of Chrishall (*Cristeshale*) in free chapel of

[263] He was constable of Bordeaux when presented to prebend of Langtoft by regalian right in 1305. See *BRUO*, III. 2181–2.
[264] For King Athelstan's liberties, which the original monition briefly quotes, see *Sanctuarium . . . Beverlacense*, pp.97ff.
[265] For Edward's charter of confirmation see *Calendar of the Charter Rolls preserved in the Public Record Office*, 6 vols (HMSO, 1903–27), III. 140–2.
[266] Transcribed in *Historical Papers and Letters from Northern Registers*, pp.362–3.
[267] Transcribed in ibid. p.363.
[268] Mentioned only in mandate. William had long been in service of Queen Isabella, and was her treasurer in 1324 (*Chapters*, III. 9, n.1; V. 242; *CPL*, II. 237).

St Martin le Grand, London; with mandate to dean and chapter of York for his induction and installation. Cawood/York, 26 Jan.1323.

146 Letter collating William de Boudon to canonry and prebend of Chrishall in St Martin le Grand, London, by exchange [as in **145**], on commission of Richard de Ellesfeld, dean of St Martin's,[269] sealed with deanery seal and dated Wansford (*Walmesford*), 6 Jan. 1323, rehearsed, reserving to himself right to induct and receive oath of obedience, etc. Archbishop had conferred prebend on William in person of John . . . [omitted], clerk, his proctor. York, 26 Jan. 1323.

147 Mandate to dean and chapter of York for J[ohn] Gaitani, cardinal deacon of St Theodorus, on whom, in person of M. Thomas de Luco, clerk, his principal proctor, the prior of Warter (*Wartria*), as sub-executor of a provision,[270] had conferred prebend of Laughton (*Laghton, Laghton in Morthingh, Laghton in Morthyng'*), vacant by death of M. Francis de Luco. Archbishop had admitted him in person of M. Thomas, with protestation [as in **91**], and saving rights of John Morel,[271] then in possession, and of any other. Cawood, 29 Jan. 1323.

148 [Fo.80v; N.F. 98v] Mandate to chapter of Beverley for M. Wilfrid de Gropo Sancti Petri, D.Cn.L.,[272] admitted by archbishop to canonry and prebend [of St Michael], vacant by consecration of Barnabo [de Mala Spina] as bishop of Luni (*Lunen'*), pursuant to a provision.[273] Cawood, 7 April 1323.[274]

149 [*Letters of proxy, the originals in public form, authorising M. Richard de Solbury to oppose the intended exchange*[275] *to be made at Curia by sacrist of St Mary & Holy Angels, York. Cawood, 15 April 1323.*]
PROCURATORIUM AD AGENDUM ET DEFENDENDUM ETC. CONTRA JOHANNEM BUSSH GERENTEM SE PRO SACRISTA CAPELLE BEATE MARIE ET SANCTORUM ANGELORUM EBOR' AC VOLENTEM DICTAM SACRISTIAM PERMUTARE IN CURIA ROMANA. Noverint universi presentes litteras inspecturi quod nos Willelmus etc. In negocio permutacionis quam facere intendit magister Johannes Bussh qui se gerit pro sacrista capelle nostre beate Marie et sanctorum angelorum Ebor', de sacristia ejusdem capelle quam de facto tenet cum quibusdam beneficiis que obtinet magister Radulphus de Wyndesore,[276] seu si hujusmodi permutacionem facere intendat cum alio quocumque; dilectum nobis in Christo magistrum Ricardum

---

[269] Constable of Bordeaux between 1318 and 1320 (*Chapters*, VI. 68).

[270] See **27, 36**.

[271] For his expectative grace for a canonry and prebend, dignity, parsonage, or office, granted, 7 Nov. 1316, at request of Joan, countess of Poitou, see *CPL*, II. 125; *Reg. Jean XXII*, vol.1, p.166, no.1727.

[272] See *BRUO*, III. 2179; *BMF*, pp.71–2.

[273] Directly provided, 15 Jan. 1323, at request of Luke de Fieschi, cardinal deacon of St Mary's in Via Lata. Wilfrid (wrongly called Geoffrey), was his chaplain and auditor (*CPL*, II. 227).

[274] Transcribed in *MB*, II. 28–9.

[275] No exchange took place and sacrist retained benefice until death.

[276] Probably a kinsman of Archbishop Reynolds. See J. Robert Wright, 'The Testament or Last Will of Archbishop Walter Reynolds of Canterbury, 1327' (*Mediaeval Studies*, vol.47, 1985), p.469.

de Solbury clericum[277] absentem tamquam presentem procuratorem nostrum facimus constituimus et eciam ordinamus, dantes et concedentes eidem plenam et liberam potestatem nomine nostro et ecclesie nostre Ebor' in sancta Romana curia agendi defendendi excipiendi replicandi ponendi posicionibus respondendi, tam de calumpnia quam de veritate dicenda jurandi et quodlibet genus liciti sacramenti in animam nostram prestandi, beneficium restitucionis in integrum tam nostro quam ecclesie nostre predicte nomine quociens opus fuerit ac eciam expensas petendi easque recipiendi et super eisdem jurandi, a quibuscumque gravaminibus interlocutoriis seu sententiis per quoscumque judices seu auditores in hac parte latis vel ferendis appellandi, appellationem prosequendi, crimina et defectus irregularitates et excommunicationum sententias super quibus mandatum sibi concedimus speciale opponendi et probandi, alium procuratorem loco sui ad premissa omnia substituendi et substitutum quociens sibi visum fuerit [expedire] revocandi et procuratoris officium reassumendi, et omnia alia faciendi que in premissis necessaria fuerint vel eciam oportuna. Ratum et gratum habentes et habituri quicquid dictus procurator noster vel substitutus ejusdem fecerit in premissis, pro eodem vero procuratore nostro et ejus substituto in hac parte rem ratam haberi et judicatum solvi sub ypotecha rerum nostrarum promittimus et exponimus caucionem. In quorum omnium testimonium hoc presens procuratorium per infrascriptum notarium publicum et publicatum nostri fecimus sigilli appensione muniri. Actum et datum apud Cawode, vii idus Aprilis anno gratie millesimo CCC^{mo} vicesimo tercio et pontificatus nostri sexto.
Et ego Ricardus Snou' etc.

150 COMMISSIO AD INQUIRENDUM DE CAUSIS PERMUTACIONIS INTER DOMINUM WALTERUM DE BEDEWYND' CANONICUM HOUED' ET MAGISTRUM WALTERUM PRODHOM ETC. CUJUS INDUCCIO REGISTRATUR IN QUATERNO DE HOUEDENSHIR'.[278] Commission to Walter, bishop of Exeter (*Exon'*), to expedite exchange between Walter de Bedewynde, prebendary of Barmby on the Marsh (*Barneby*) in Howden (*Houedene*),[279] patrons, prior and convent of Durham (*Dunolm'*); and M. Walter Prodhomme,[280] prebendary [of Shortacombe] in church of Holy Cross, Crediton (*Criditon*). Archbishop reserved right to order Prodhomme's induction, and receive his oath of obedience, *etc.* Cawood, 17 June 1323.

151 Certificate of Walter, bishop of Exeter, pursuant to [**150**], showing that he had expedited exchange and instituted Prodhomme to prebend of Barmby on the Marsh in person of Roger de Buddelegh, clerk, and invested Bedwynde by biretta, and ordered his induction at Crediton. York, 20 June 1323.

---

[277] Richard was a king's clerk, and still at Curia in 1325 (T. Rymer, *Foedera, conventiones, literae et cuiusque generis acta publica . . .*, 3rd edn, 10 vols (The Hague, 1739–45), II. part 2, p.135).
[278] *Reg. Melton*, I. 128, no.415.
[279] Bedwynde became prebendary in 1305 when cofferer of Wardrobe. The exchange resulted from dispute caused when Prodhomme claimed prebend. See *The Register of Thomas Corbridge, Lord Archbishop of York, 1300–1304*, transcribed by W. Brown, ed. A. Hamilton Thompson (Surtees Society, vol.141, 1928), p.174, no.1175; *Chapters*, VI. 30; *Reg. Melton*, I. 127–8, no.412; 139, no.443.
[280] See *BRUO*, III. 1521.

Tenores vero procuratorii et resignationum de quibus premittitur tales sunt: Pateat etc. Venerabili etc.

152 [Fo.81; N.F. 99] Commission to official of court of York and his commissary general, jointly and severally, to hear cause about vicarage of Norwell (*Northwell*), 'cum suis appendiciis, articulis, et circumstanciis quibuscumque', so far as it belonged to ecclesiastical jurisdiction, between Robert le Happer, priest, plaintiff, presented thereto, as was said, and chapter of Southwell. They must join their acts to those of archbishop. Certification by letters patent with process attached. Bishopthorpe, 10 July 1323.

153 Mandate to dean and chapter of York for Robert de Valoyns, on whom Nicholas de Sandwyco,[281] rector of Cropthorne (*Croppethorn*), diocese of Worcester, but rector of Otham (*Ottheham*) when granted commission as sub-executor of provision,[282] had conferred the prebend of Warthill, vacant by death of John de Markyngfeld. Archbishop had admitted Robert in person. Bishop Burton, 31 July 1323.

154 SECUNDA VISITACIO CAPITULI BEVERL'. Citation of chapter of Beverley to archbishop's personal visitation in chapter house on 24 Oct. 1323.[283] [Similar in terms to **29** but also] requiring exhibition of letters of orders and titles to prebends and benefices in [Minster], the citation of absent canons and the vicars, and certification of names of canons, vicars, clerks, and all ministering in church.[284] Southwell, 17 Sept. 1323.

155 Citation of chapter of Beverley for visitation before archbishop or his household clerks on 16 May 1324. [Form almost identical to **154**] but clerks and other ministers specifically cited. Cawood, 19 April 1324.[285]

156 SECUNDA VISITATIO CAPELLE BEATE MARIE ET SANCTORUM ANGELORUM. Mandate to official of court of York or his commissary general, to cite sacrist, canons, [*etc.*], of chapel of St. Mary & Holy Angels, York, to archbishop's personal visitation[286] in chapel on 8 Oct. 1323. [Similar form to **23** but] all clergy were required to exhibit letters of orders and titles to benefices in chapel. Southwell, 16 Sept. 1323.

157 [*Quitclaim of two knights who had kept a boat at Hazelford Ferry in contravention of archiepiscopal rights. Southwell, 17 Sept. 1323.*]
QUIETA CLAMACIO DOMINORUM WALTERI DE GOUSHILL ET JOHANNIS DE ANNESLEY MILITUM SUPER PASSAGIO DE HESELFORD. Omnibus hoc scriptum visuris vel

---

[281] See *BRUO*, III. 1639, which omits his living of Oddington, to which Valoyns presented him in 1318 (*The Register of Thomas de Cobham*, p.228).
[282] See **11**. For three letters of Thomas Cobham, bishop of Worcester, in support of Robert's claim to a York prebend in 1323 see *Register of Cobham*, p.156.
[283] Visitation was postponed from Bishopthorpe on 10 Oct. 1323 (*MB*, II. 39).
[284] Marginal note beneath locates **166**.
[285] Registered by making interlineations to **154** as marginal note explains.
[286] Actually conducted by commissaries. See **158**.

audituris Walterus de Goushill et Johannes de Annesley milites, salutem in domino. Cum nos Walterus et Johannes predicti nuper posuissemus quamdam navem in aqua in passagio de Heselford', quod quidem passagium est domini .. archiepiscopi Ebor' et jus ecclesie sue, clamantes ibidem habere passagium et proficuum proveniens de predicto passagio; noveritis nos tamquam jus non habentes in passagio predicto, predictam navem spontanea voluntate nostra penitus amovisse et deposuisse. Volumus etiam ac concedimus pro nobis et heredibus nostris quod jus seu calumpnia aliqua nobis seu heredibus nostris per posicionem navis predicte aliqualiter accrescere non possit, nec apposicio navis predicte seu proficuum inde receptum tempore quo navis ibidem per nos sic extitit injuste apposita predicto domino .. archiepiscopo seu successoribus suis neque ecclesie sue in prejudicium cedere possit quoquomodo in futurum. In cujus rei testimonium sigilla nostra presenti scripto sunt appensa. Hiis testibus: dominis Edmundo Deyncourt Ricardo Grey Willelmo filio Willelmi Roberto Pirpont Johanne Mounteneye Bertramo de Moubochs militibus; Ricardo de Whatton Nicholao de Wydmerpole Willelmo de Dogmersfeld et aliis. Datum apud Suwell die sabbati proximo post festum exaltationis sancte crucis, anno regni regis Edwardi filii regis Edwardi septimodecimo.

158 Commission to M. Denis Avenel, M. W[illiam] de Stanes, M. J[ohn] de Wodehous, and M. Adam de Heselbech, household clerks, jointly and severally, to visit chapel of St Mary & Holy Angels, York, on 8 Oct. 1323, and subsequently if necessary. Obedience to them by sacrist, canons *etc.* enjoined. Action and findings to be certified in writing at suitable time. Bishopthorpe, 7 Oct. 1323.

159 [Fo.81v; N.F. 99v] Mandate to chapter of Beverley to admit and install John de Benyngholm, priest,[287] as archbishop's vicar. Southwell, 8 Nov. 1323.

160 Note that Benyngholm had received letters of collation in same form *mutatis mutandis* as in [**159**] on same day; with marginal note that personal residence was enjoined together with cure of souls of archbishop's servants on [his] manor.[288]

161 [*Letter inhibiting auditor of dean and chapter of York from exercising secular jurisdiction over tenants of archbishop at Cawood, they being subject only to archbishop's bailiff or, in spiritual matters, to archbishop's court.*]
INHIBITIO FACTA .. AUDITORI CAPITULI EBOR' NE COGNOSCAT INTER TENENTES DOMINI. Willelmus etc. dilecto filio .. auditori decani et capituli ecclesie nostre beati Petri Ebor' salutem [*etc.*]. Conquesti sunt nobis Symon dictus Carter de Cawode et Matilda uxor sua, tenentes nostri ibidem, quod vos ad instanciam et prosecutionem Roberti de Raysebeck' similiter tenentis nostri de Cawod, in contentione mere civili que coram .. ballivo nostro deberet tractari, trahitis coram vobis in judicium minus juste, que si esset etiam causa spiritualis in curia nostra deberet tractari.[289] Quocirca vobis inhibemus ne deinceps prefatos

---

[287] See *BMF*, p.133.
[288] Three years before, vicarage was treated as a sinecure (**81**).
[289] Conflict arose since dean and chapter had jurisdiction in certain parts of Cawood (Adrian Leak, *The Liberty of St Peter of York, 1800–1838* (University of York, Borthwick Paper, no.77, 1990), p.33).

Symonem et Matildam coram vobis ad instanciam prefati Roberti modo quo premittitur impetatis seu molestetis, seu ab ipso Roberto coram vobis impeti permittatis contra juris ordinem et exigenciam rationis cum in tenentibus nostris nullam penitus habeatis jurisdictionem, quod si quicquam in contemptum seu prejudicium juris nostri in contrarium attemptaveritis contra vos prout justum fuerit procedemus. [Cawood, 30 Nov. 1323.]

162 Mandate to chapter of Ripon to pay John le Warener, bailiff of archbishop's manor of Ripon, 20 marks which they had sequestrated on archbishop's orders from goods of late William le Lyster of Ripon. Bishopthorpe, 9 Dec. 1323.

163 [*Commission to impose two penances on priest's clerical killer, then in sanctuary at Beverley: the first (fustigation at church doors as priests said penitential psalm) in form required by papal penitentiary in letter, dated Avignon, 20 Oct. 1323, rehearsed, but to be performed at Minster, for his own safety, not at, or near scene of crime. Archbishop reserved to himself power to impose other penances, one elsewhere, as penitentiary directed, when safe to do so.*]
CAPITULO BEVERL' PRO PENITENTIA ROBERTI DE CHIRESTON IBIDEM PERAGENDA. Willelmus etc. dilectis filiis .. capitulo ecclesie nostre beati Johannis Beverl', salutem [*etc.*]. Litteras fratris Johannis de la More domini nostri pape penitentiarii recepimus in hec verba:

Venerabili in Christo patri dei gratia archiepiscopo Ebor' vel ejus vicario in spiritualibus, frater Johannes de la More domini pape penitentiarius, salutem in domino. Robertum de Chireston clericum vestre diocesis latorem presentium, qui olim prout vobis exponet quendam presbyterum interfecit diabolo instigante, ab excommunicatione quam propter hoc incurrit et hujusmodi homicidii reatu, ad vos auctoritate domini pape remittimus juxta formam ecclesie absolutum; executione sacrorum ordinum si quos habeat et ad superiores ascensu sibi perpetuo interdictis; mandantes ei inter alia sub debito prestiti juramenti ut per omnes majores ecclesias illius loci ubi tantum fuit facinus perpetratum nudus et discalciatus, braccis dumtaxat retentis, virgam ferens in manibus et corrigiam circa collum si secure poterit incedat, et ante fores ipsarum ecclesiarum a presbyteris earundem psalmum penitentialem dicentibus se faciat verberari quando major in eis[290] aderit populi multitudo suum publice confitendo reatum. Ecclesie autem si cui interfectus presbyter serviebat satisfaciat competenter. Et si aliquod feudum ab ipsa tenet ecclesia vel jus patron[at]us optinet in eadem, ipse ac ejus heredes illis perpetuo sint privati; vos autem culpa considerata ipsius injungatis inde sibi auctoritate predicta penitentiam que sibi sit ad salutem et aliis ad terrorem. Ceterum si que mandantur facere forte contempserit ipsum in eandem excommunicationis sententiam recidisse nuncietis. Datum Avinion', xiii kalendas Novembris, pontificatus domini Johannis-pape XXII anno octavo.

Quarum auctoritate litterarum cum idem Robertus de Chireston nuper ut intelleximus ad villam nostram Beverlaci pro immunitate tanti excessus juxta consuetudinem libertatis nostre Beverl' consequenda fugiens inibi jam moretur, ita quod injunctam sibi penitentiam in loco commissi facinoris vel locis

---

[290] *in eis* interlined.

circumvicinis secure proficere adhuc nequeat propter metum mortis qui merito cadere poterit in constantem, vobis mandamus firmiter injungentes quatinus dictum Robertum ad penitentiam juxta formam in dictis litteris traditam et contentam humiliter peragendam per majorem ecclesiam Beverlaci convocetis moneatis[291] et salubriter inducatis, sibique considerato tante temeritatis excessu aliam penitentiam salutarem auctoritate nobis in hac parte commissa quam de vestris circumspeccione et industria plenius confidentes vobis committimus et in vos tran[s]ferimus per presentes salubriter injungatis, quas si forte facere contempserit ipsum in dictam excommunicationis sententiam auctoritate predicta recidisse nuncietis. Potestatem injungendi dicto Roberto hujusmodi penitentiam in locis aliis ac aliam que sit sibi ad salutem et aliis ad terrorem, cum facultas et securitas se obtulerint juxta formam et effectum litterarum predictarum nobis tenore presentium expressius reservantes. Et nos de omni eo quod feceritis in premissis tempore oportuno reddatis certiores distincte et aperte per vestras clausas litteras harum seriem continentes. Valete. [Bishopthorpe, 9 Feb. 1324.]

164 [*Appointment of M. Robert de Ripplingham as vicar general.*]

CREACIO VICARII GENERALIS DOMINO EXTRA DIOCESIM SUAM AGENTE. Willelmus etc. dilecto filio magistro Roberto de Ripplingham cancellario ecclesie nostre beati Petri, salutem [*etc.*]. De vestris circumspeccione et industria plenius confidentes vos, nobis extra nostram Ebor' diocesim et provinciam agentibus,[292] nostrum constituimus vicarium generalem: dantes et concedentes vobis specialem potestatem presentationes ad beneficia cum cura et sine cura nostre diocesis vacantia nostro nomine recipiendi et super vacacionibus eorundem ac articulis consuetis in hac parte inquiri faciendi, personasque idoneas in eisdem instituendi ac etiam induci faciendi; eleccionionesque quas in religiosorum monasteriis nobis subditis fieri contigerit examinandi et canonice confirmandi vel etiam infirmandi; ac alia omnia et singula faciendi et exercendi que ad hujusmodi officium vicarii pertinent cum cohercionis canonice potestate; necnon confessiones parochianorum nostrorum vobis confiteri volencium audiendi eos etiam a peccatis suis absolvendi eisque penitentiam salutarem injungendi etiam in casibus nobis a jure reservatis, parcorum nostrorum fractoribus dumtaxat exceptis; ac etiam personis beneficiatis et religiosis nostre diocesis quibuscumque litteras dimissorias ad quoscumque ordines concedendi; vobis tenore presencium committimus vices nostras donec eas ad nos duxerimus revocandas. Et hiis omnibus et singulis quorum interest seu poterit interesse tenore presencium intimamus, quibus sigillum nostrum apponi fecimus in testimonium premissorum. [Bunny (*Boney*), 25 Feb. 1324.]

165 Letter revoking [**164**] on day archbishop re-entered diocese. Elton, 24 March 1324.

---

[291] MS *moniatis*.

[292] Melton was in London by 5 March (*Reg. Melton*, III. 53, no.119), and at Westminster on 13 March (**168**). He presumably attended the Parliament called for 23 Feb. 1324 (*Handbook of British Chronology*, ed. E.B. Fryde, D.E. Greenway, S. Porter, and I. Roy (London, 1986), p.555).

166 VISITATIO COMMUNE ET TENENTIUM PREBENDARIORUM ECCLESIE BEVERL'. Mandate to chapter of Beverley or its auditor of causes, to cite vicars, if any, chaplains and clerks on prebendal estates and common property (*in locis exterioribus prebendarum et commune predictarum*) to appear before archbishop or his household clerks in [minster] on 18 May for visitation; and also three or four trustworthy men from each prebend and the common property, from whom truth could best be known in accordance with the customary articles and other visitation inquiries. Certification before 18 May in letters patent with schedules attached containing names of those cited. Archbishop had complete confidence in bearer who was under oath concerning delivery of mandate. Ellerton, 8 May 1324.[293]

167 [N.F. 100[294] – inserted between Fos 81v and 82] [Common Pleas] writ *Pone per vadium* to sheriff of Nottingham (*Notingham*), returnable, Westminster (*Westm'*), 17 June 1324, against archbishop for not admitting king's presentee to prebend of Oxton Prima (*Oxton et Crophull*) in Southwell,[295] formerly held by John Landulphi de Columpnia, after king had recovered right to present against M. Richard de Malu[mbris] de Cremona, by default, the archbishopric having been formerly vacant and in his hands.[296] *Teste* W[illiam] de Bereford. Westminster, 15 May 1324.

168 [Fo.82; N.F. 101] Commission[297] to prior of Thurgarton and M. Elias de Couton, canon of Southwell,[298] pursuant to [Common Pleas] writ *Admittatis*, rehearsed, attested by W[illiam] de Bereford, Westminster, 18 Feb. 1324, to summon Robert de Notingham, king's presentee to prebend of Oxton Prima in Southwell,[299] and M. Richard de Malumbris de Cremona (*Cromon'*), said to be in possession,[300] and to expedite cause arising between them, 'etiam si ad amocionem dicti magistri Ricardi et ad admissionem predicti domini Roberti ad dictam prebendam necnon et inductionem in corporalem possessionem ejusdem, quas in eo eventu per vos fieri volumus si et quatenus de jure fuerit faciendum in hac parte et procedi debeat quatenus ad nos et nostram jurisdiccionem pertinet'. Certification by letters patent. Archbishop's inn near Westminster, 13 March 1324.

169 [*Commission to inquire into ownership of Southwell prebendal tithes on assarted land in Norwood.*]
COMMISSIO SUPER QUADAM PLACEA DE NOVO REDACTA IN CULTURAM IN NORTH-WODE, VIDELICET UTRUM DECIME PROVENIENTES EX EA PERTINERE DEBEANT AD

[293] MS *millesimo CCC°XXIII°*.
[294] Measures 18cm × 7cm. Some words at end of first three lines are lost.
[295] For archbishop's action see **168**.
[296] However, John, a papal chaplain, seems not to have died until May 1318, six months after see was filled (*CPL*, II. 174).
[297] Revoked by **193**.
[298] Prebendary of Norwell Overhall by provision (*The Registers of John le Romeyn, Lord Archbishop of York, 1286–1296, and of Henry of Newark, Lord Archbishop of York, 1296–1299*, ed. W. Brown (Surtees Society, vol.128, 1917), pp.12, no.1139, 23, no.1168).
[299] Presented 1 June 1323 and 28 May 1324 (*CPR 1321–4*, pp.293, 417). Robert was then *king's remembrancer in Exchequer (*Edward II*, p.311).
[300] See **41**.

PREBENDARIUM DE NORTHWELL SEU DE BEKINGHAM. Willelmus etc. ut supra dilectis filiis .. priori monasterii de Thurgarton nostre diocesis ac magistris Elie de Couton et Symoni de Courtemaiour[301] canonicis ecclesie nostre Suwell', salutem [*etc.*]. De vestris fidelitate et industria plenius confidentes, ad inquirendum in forma juris per viros fidedignos juratos rei infrascripte noticiam plenius obtinentes nullis quorum interest suspectos de quadam placea in Northewode de novo redacta in culturam, videlicet [utrum] infra fines seu limites cujus parochie ipsa placea continetur, et an decime provenientes ex eadem ad prebendam de Northwell seu ad prebendam de Bekingham aut alium locum ecclesiasticum, et si sic ad quem et quo jure debeant pertinere, ac de ceteris omnibus et singulis circumstanciis que in hac parte requiruntur ac quibus poterimus inde plenius informari; vobis vices nostras committimus cum cohercionis canonice potestate. Quidem si non omnes vos hiis exequendis interesse contigerit, duo vestrum qui presentes fuerint ea nichilominus exequantur. Et nos de omni eo quod feceritis et inveneritis in premissis tempore oportuno reddatis aut duo vestrum reddant certiores distincte et aperte per vestras litteras clausas et patentes, harum seriem et nomina eorum per quos inquisieritis et eorum depositiones plenarie continentes.[302] Valete. [Bishopthorpe, 8 April 1324.]

170 Commission to J[ohn], bishop of Winchester (*Wynt'*), to expedite exchange between Richard de la Lee, prebendary of Studley (*Stodeley, Stodeleye, Stodlay*) in Ripon,[303] and John le Smale, rector of Bletchingley (*Bletchinglegh*).[304] Power reserved for ordering induction of Smale and receiving his oath of obedience. Certification by letters patent containing process. Cawood, 13 April 1324.[305]

171 [*Bull for sequestration of prebend of Monkton in Ripon, on petition of Richard de Shefeld, from whom Peter de Nantolio had seized it, and who later appealed against definitive sentence in favour of Richard's title given in apostolic palace.*]
BULLA AD SEQUESTRANDUM PREBENDAM DE MUNKETON AC FRUCTUS ET PROVENTUS EJUSDEM IN ECCLESIA RYPON' LITE PENDENTE AC RESTITUENDUM VINCENTI IN CAUSA. Johannes episcopus servus servorum dei venerabili fratri .. archiepiscopo Ebor', salutem et apostolicam benedictionem. Peticio dilecti filii Ricardi de Shefeld asserentis se canonicum ecclesie de Rypon Ebor' diocesis nobis exhibita continebat quod orta dudum inter ipsum et Petrum de Nantolio, qui pro canonico ejusdem ecclesie se gerit, super prebenda de Munketon que in ecclesia ipsa vacavit per mortem quondam Gilberti de Stapelton canonici ejusdem ecclesie,[306] de qua uterque ipsorum sibi dicebat canonice fore

---

[301] Prebendary of Woodborough.
[302] As part of a wider agreement made 3 Oct. 1340, Robert de Woodhouse, prebendary of Norwell Palishall, John de Sandal, prebendary of Normanton, John de Norwell, prebendary of Norwell Overhall, and M. William de Barnby, prebendary of Beckingham, each received a quarter of tithes from this land (Southwell Minster: The White Book, pp.238–9).
[303] King's clerk in 1317 (*CCR 1313–18*, p.560). He probably gained this prebend by provision in succession to John de Markingfield (**A4**; *Reg. Greenfield*, I. p.296).
[304] King's clerk in 1326 (*CCR 1323–7*, p.471).
[305] Transcribed in *MR*, II. 92.
[306] Died on 28 May 1321 (*CCR 1323–7*, p.416).

provisum,[307] dictusque Ricardus eam fuisse assecutum ipsamque aliquamdiu pacifice possedisse, et de ipsa per eundem Petrum injuste spoliatum fuisse asserebat materia contestationis, et causa hujusmodi per appellationem ipsius Ricardi ad sedem apostolicam legitime devoluta. Nos causam appellationis hujusmodi et negocii principalis dilecto filio magistro Hermanno de Praga perpetuo custodi ecclesie Pragen' capellano nostro et auditori causarum nostri palacii audiendam commisimus et fine debito terminandam, qui cognatis ipsius cause meritis, et consilio et assensu coauditorum suorum dicti palacii quibus super hoc relacionem fecit fidelem, sententialiter pronunciavit decrevit et etiam declaravit prout hec omnia fuerant petita etiam in peticione ipsius Ricardi exhibita coram eo, dictum Ricardum ad possessionem dicte prebende cum fructibus inde perceptis restituendum et reintegrandum fore, ipsumque quantum in eo fuit ad possessionem dicte prebende restituit ac etiam reintegravit; dictum Petrum in expensis in hujusmodi causa factis dicto Ricardo solvendis exigente justicia condempnando, expensarum ipsarum taxatione sibi imposterum reservata, prout in instrumento publico inde confecto, dicti auditoris sigillo munito plenius dicitur contineri. A qua quidem sententia dictus Petrus ad sedem appellavit eandem. Quare dictus Ricardus nobis humiliter supplicavit ut cum dictus Petrus nondum per triennium canonicatum et prebendam possederit antedictos, et pro eodem Ricardo sit ut predicitur diffinitiva sententia promulgata, sequestrari canonicatum et prebendam eosdem juxta tenorem constitutionis felicis recordationis Clementis pape quinti predecessoris nostri super hoc edite[308] mandaremus. Nos igitur ipsius Ricardi supplicationibus inclinati, fraternitati tue per apostolica scripta mandamus quatinus predictos canonicatum et prebendam per te vel alium seu alios sequestrare procures, exhibiturus id quod de fructibus ipsorum canonicatus et prebende debitis, ejusdem canonicatus et prebende supportatis oneribus superesse contigerit, illi qui finalem in causa hujusmodi victoriam obtinebit, contradictores per censuram ecclesiasticam appellatione postposita compescendo. [Avignon, 13 Dec. 1323.]

172 COMMISSIO AD COMMITTENDUM CUSTODIAM DICTI SEQUESTRI PERSONE IDONEE. Commission[309] to official of court of York pursuant to [**171**], sent with it and to be returned, to sequestrate canonry and prebend [above], to commit their custody to Richard de Grimeston, rector of a mediety of church of Goodmanham (*Guthmundham*), and to expedite all else required. Valid until revoked. Bishopthorpe, 6 April 1324.

173 Commission revoking [**172**] and granting custody of prebendal revenues [above] to M. Robert de Baldok', D.C.L., rector of Bradford (*Bradeford*),[310] who,

---

[307] For Shefeld's grace see **42**. Papal registers contain no provision to Nantolio, who probably owed his canonry to **A10**.

[308] i.e. constitution *Ad compescendas* (*Clementines*, II. 6.1): either litigant who impeded sequestration or withheld sequestrated revenues, lost his rights in respect to benefice, and appeal then pending.

[309] Revoked by **173**.

[310] By 1322, was a clerk of king's household (*BRUO*, III. xii–xiii). He was to acquire this prebend from Peter de Nantolio by exchange, 28 May 1326, for prebend of Barton St David in Wells cathedral (Reg. Melton, fo.571, n.f. 711). Commission of 11 Dec. 1326 to confer prebend of Monkton on Thomas de Louth evidently came to nothing (ibid, fo.575; n.f. 715).

when required, must deliver what remained, after necessary deductions, to whoever won cause pending at Curia. Bishopthorpe, 29 April 1324.

174 [*Bond of M. Robert de Baldok', undertaking to fulfil terms of* **173** *and to present a financial account when required to do so.*]

OBLIGATIO DICTI MAGISTRI ROBERTI AD REDDENDUM RATIOCINIUM DICTI SEQUESTRI ETC. Universis quorum interest seu interesse poterit, Robertus de Baldok' junior juris civilis professor rector ecclesie de Bradeford Ebor' diocesis, salutem in eo qui omnium vera salus. Noveritis quod cum venerabilis pater et dominus dominus W[illelmus] dei gratia Ebor' archiepiscopus etc. ad mandatum sanctissimi in Christo patris et domini nostri domini J[ohannis] divina providentia pape XXII per litteras suas apostolicas sibi directum, canonicatum et prebendam de Munketon in ecclesia Rypon', juxta tenorem constitutionis felicis recordationis Clementis pape quinti predecessoris sui super hoc edite,[311] sequestrari fecisset ac mihi ut persone in hac [parte] idonee ejusdem sequestri custodiam commisisset; ego Robertus rector predictus ejusdem sequestri custodiam admittens, obligo me sponte pure scienter et absolute ac ecclesiam meam predictam, necnon et me ac ecclesiam meam predictam efficaciter obligatum et obligatam esse fateor venerabili patri domino Ebor' archiepiscopo Anglie primati predicto, ad reddendum sibi ratiocinium seu compotum fidele de omnibus et singulis fructibus redditibus et proventibus ac quibuscumque obventionibus predictorum canonicatus et prebende et ad ipsos qualitercumque quandocumque provenientibus et proventuris, manente et durante dicto[312] sequestro, videlicet quamdiu dictam custodiam sequestri habuero pro voluntate et beneplacito ipsius domini archiepiscopi duraturam, et ad satisfaciendum sibi vel suo procuratori seu ministro quem dictus dominus archiepiscopus deputaverit in hac parte, absque dilatione cum ex parte dicti domini archiepiscopi super hiis fuero requisitus, et juxta arbitrium ejusdem domini archiepiscopi exhibiturus[313] id quod de fructibus ipsorum canonicatus et prebende debitis ejusdem canonicatus et prebende supportatis oneribus superesse contigerit, illi qui finalem in causa inter Ricardum de Shefeld asserentem se canonicum ecclesie de Rypon et Petrum de Nantolio qui pro canonico ejusdem gerit et asserit super predicta prebenda de Monkt' in curia Romana pendente victoriam obtinebit. Ad que omnia fideliter implenda et observanda obligo me ecclesiam meam predictam ac omnia bona mea ac fructus redditus et proventus ejusdem ecclesie, necnon heredes et executores meos quandocumque provenientes et proventuros, donec de premissis plenarie satisfecero et etiam competenter. In quorum omnium testimonium sigillum meum presentibus apposui. [Bishopthorpe, 20 April 1324.]

175 [Fo.82v; N.F. 101v] Mandate to dean and chapter of York for M. Hugh de Engolisma, papal nuncio in England, Scotland, Wales and Ireland, papally collated to prebend of Riccall [vacant on consecration of Henry Burghersh as bishop of Lincoln],[314] whom archbishop had admitted[315] in person of Aycius de Clarentio, diocese of Sarlat (*Sarlaten'*), his proctor. York, 4 July 1324.

---

[311] See **171**n.
[312] Interlined.
[313] MS *exhibituri*.
[314] On 15 March 1324 (*CPL*, II. 237).
[315] Saving clauses omitted.

176   Certificate of John, bishop of Winchester, pursuant to [**170**], showing that he had collated John le Smale to prebend of Studley (*Stodelaye*) [in Ripon], by exchange for church of Bletchingley (*Bletchynglegh*). Selborne (*Selebourn*), 13 July 1324.

177   Mandate to chapter of Ripon to induct and install John le Smale, priest,[316] to prebend of Studley, by exchange with Richard de la Lee for church of Bletchingley. Nostell Priory (*sanctum Oswaldum de Nostell*), 27 July 1324.

178   Quitclaim of archbishop for five marks received from chapter of Beverley by hands of John de Rysington[317] and John de Beningholm, his receivers at Beverley, as archbishop's procuration in respect of his visitation on 16 May 1324. Sealed with his seal. Bishop Burton, 11 Sept. 1324.

INCIPIT ANNUS OCTAVUS

179   Note that Nicholas de Hugate, provost of Beverley, was admitted as canon of York by archbishop pursuant to an expectative grace[318] in person of John de Ebor'; and of customary mandate sent to [dean and] chapter of York. Cawood, 1 Oct. 1324.

180   SECUNDA VISITATIO COMMUNE ET PREBENDARUM ECCLESIE SUWEL'. Mandate,[319] recipients omitted, to cite from each prebendal estate and the common property of church of Southwell, vicars if any, chaplains, and clerks; and also three or four trustworthy men from each prebend and the common property, to appear before archbishop or his household clerks on 22 Oct. 1324 in Norwell church for his visitation. Cawood, 29 Sept. 1324.

181   SECUNDA VISITATIO CAPITULI SUWELL'. Citation[320] of chapter of Southwell before archbishop or his household clerks in chapter house on 24 Oct. 1324 for his visitation. Cawood, 29 Sept. 1324.

182   Marginal note that [**180**] and [**181**] were revoked because archbishop had gone to king's council[321] in London (*Lond'*). Laneham, 14 Oct. 1324.

183   Mandate to chapter of Southwell, or its auditor, or his locum tenens, for visitation of common property and prebends on 11 May 1325 in church of Kirklington (*Kirtelington*). [Form almost identical to **180**] but vicars and chaplains must exhibit letters of orders. Laneham, 17 April 1325.[322]

184   Citation of chapter of Southwell for visitation on 8 May 1325. Scrooby, 13 April 1325.[323]

---

[316]   But see **186**.
[317]   Vicar in Beverley Minster and auditor of chapter (*BMF*, p.130).
[318]   Dated 26 April 1324 (*CPL*, II. 237).
[319]   Form identical to **166**. For postponement see **182–3**.
[320]   Form almost identical to **155**. For postponement see **182, 184**.
[321]   Called for 20 Oct. 1324 (*Handbook of British Chronology*, p.555).
[322]   Registered by interlineations to **180** as marginal note explains.
[323]   Registered by interlineations to **181** as marginal note explains.

185 Mandate to chapter of Ripon to give notice that archbishop had absolved Robert de Rypon, chaplain, having dispensed him from remaining part of three-year sentence of suspension he had imposed for officiating at clandestine marriage of Nicholas Carpentar of Ripon and Isolda de Skelton. Bishopthorpe, 23 Nov. 1324.[324]

186 Note of letters dimissory to John le Smale, prebendary of Studley in Ripon, for outstanding minor orders and all holy orders. Archbishop's manor near Westminster, 28 Oct. 1324.[325]

187 [Fo.83; N.F. 102] Letter collating M. Richard de Baldok', priest,[326] to prebend of Weighton (*Wighton*, *Wyghton*) in York by exchange with Ralph de Stoke,[327] for church of Sawbridgeworth (*Sabrichesworth*), two copies being provided; with mandate to dean and chapter for induction and installation. Hampole (*Hanepole*), 5 Oct. 1324.

188 COLLATIO ECCLESIE DE SABRICHESWORTH LOND' DIOCESIS AUCTORITATE COMMISSIONIS LOND' EPISCOPI CAUSA PERMUTACIONIS CUM PREBENDA PREDICTA. Letter instituting Ralph de Stoke, priest, [by above exchange], to church of Sawbridgeworth (*Sabri'*, *Sabric'*, *Sabricheworth*), patrons, abbot and convent of Westminster, on commission of Stephen, bishop of London, dated Fulham, 20 Sept. 1324, rehearsed; archbishop was authorised to order Ralph's induction by archdeacon of Middlesex (*Midd'*, *Middelsex*) or his official, but bishop reserved to himself oath of obedience. Archbishop had instituted Ralph in person of John de Sancto Clemente. Hampole, 5 Oct. 1324.

189 Mandate to archdeacon of Middlesex or his official, to induct Ralph de Stoke to church of Sawbridgeworth (*Sabrich'*), by virtue of commission [in **188**]. Hampole (*Hanepol*), 5 Oct. 1324.

190 Certificate pursuant to commission of Stephen, bishop of London, [in **188**], showing that archbishop had expedited the exchange. Hampole, 5 Oct. 1324.

191 [Fo.83v; N.F. 102v] Mandate[328] to diocesan clergy, religious and secular, when directed by chapter of Beverley, solemnly to publish excommunication of all those in Hull Water and elsewhere whom it had excommunicated for infringing its liberties or failing to pay thraves. Sentence to remain in force until due satisfaction. Bishopthorpe, 13 Dec. 1324.

192 Mandate to dean and chapter of York for Elias Tailarandi (*Taylarandi*) of Périgord, on whom, in person of M. Gerald de Martino, clerk, his proctor, the

---

[324] Transcribed in *MR*, II. 93.
[325] Transcribed in *MR*, II. 93.
[326] King's clerk by 1325 (*BRUO*, I. 96).
[327] Keeper of Great Wardrobe when presented by regalian right in 1305 (*Chapters*, VI. 35; *CPR 1301–7*, p.372).
[328] Form nearly identical to *MB*, I. 1, but omitting last 2½ lines after *evitari*.

prior of St Mary's Abbey, York, as sub-executor of a provision,[329] had conferred prebend of South Newbald (*Southneubald*), vacant by death of M. Robert de Pyncebek'. Archbishop had admitted[330] Elias in person of his proctor, with protestation [as in **91**]. Cawood, 3 Jan. 1325.

193 [*Commission revoking* **168** *and committing its still-unfinished business to official of archdeacon of Nottingham under constraint of royal mandates.*]
SECUNDA COMMISSIO SUPER PREBENDA DE OXTON ET CROPHILL IN ECCLESIA SUWELL'. Willelmus etc. dilecto filio magistro Johanni de Nasyngton officiali .. archidiaconi Notingham, salutem [*etc.*]. Cum in negotio super donacione et collatione prebende de Oxton et Crophill in ecclesia nostra Suwell' facta[331] domino Roberto de Notingham per dominum nostrum regem Anglie, ipsam tempore vacacionis archiepiscopatus ecclesie nostre Ebor' vacasse pretendentem et jus suum in sua curia super hoc recuperantem, quod eundem dominum Robertum amoto quocumque detentore ad dictam prebendam admitteremus, nobis per sua brevia[332] demandaverit rex predictus;[333] nosque .. priori de Thurgarton et magistro Elye de Couton canonico Suwell' sub certa forma commiserimus vices nostras [**168**], cujus commissionis auctoritate illi[334] in ipso negotio aliquamdiu procedentes ipsum tamen ut intelleximus minime terminarunt, licet ad ipsius decisionem et expedicionem per arta mandata regia multipliciter astringamur; de vestris igitur circumspeccione et industria plenius confidentes, ad assumendum processum dictorum prioris et magistri Elye vel alterius ipsorum coram vobis et continuandum acta per vos habenda ac ipsum negocium terminandum et diffiniendum et exequendum dictumque dominum Robertum in forma mandati regii si inveneritis fore faciendum admittendum,[335] amoto quolibet illicito detentore, et inducendum ut est moris, vobis vices nostras committimus cum cohercionis canonice potestate; commissionem dictis .. priori et Elye per nos factam tenore presencium revocantes. Et quid inde feceritis nobis constare faciatis per vestras litteras patentes harum seriem et totum processum vestrum in hac parte habendum plenarie continentes. Valete. [Cawood, 9 Jan. 1325.]

194 INDULGENCIA PRO CONFERENTIBUS FABRICE ECCLESIE BEATI PETRI EBOR'. Licence[336] for William de Wyverthorp, chaplain, proctor of chapter of York, to seek alms for York [Minster], with indulgence of 40 days. Sealed with archbishop's seal. Cawood, 6 Jan. 1325.

195 Licence for three years to Geoffrey del Werk', chaplain, to hear confessions of Robert de Syghelesthorn, vicar in Beverley [Minster],[337] and absolve him, even in reserved cases. Bishop Burton, 24 March 1325.

---

[329] See **115**.
[330] However, he was amoved between 22 Feb. and 11 March 1325. See **198, 200**.
[331] MS *facto*.
[332] See **167–8**.
[333] *rex predictus* interlined.
[334] Interlined.
[335] Robert occurs as prebendary of Oxton Prima in 1331 (*CPR 1330–4*, p.485).
[336] Indentical in form to **101**.
[337] See *BMF*, p.129.

196 [*Certificate of purgation and punishment of John de Hornse, vicar in Beverley Minster, which took place on 23 March 1325.*]
LITTERA PURGACIONIS DOMINI JOHANNIS DE SYGHELESTHORN [*sic*]. Noverint universi quod cum dominus Johannes de Hornse vicarius ecclesie nostre beati Johannis Beverlaci[338] in visitatione quam nos Willelmus etc. ultimo in capitulo Beverl' exercuimus, super fornicacione cum Matilda de Driffeld ac eciam super adulterio cum Matilda uxore Roberti de Swyna ut comperimus diffamatus fuisset; idem Johannes x kalendas Aprilis anno gratie millesimo CCC^{mo}XXIIII super dicto adulterio canonice se purgavit, ac super dicta fornicacione correctus extitit in forma juris. [Bishop Burton, 24 March 1325.]

197 [Fo.84; N.F. 103] Mandate to chapter of Beverley, following archbishop's visitation,[339] for citation of following before him or his commissary or commissaries in chapter house on 22 March 1325, and subsequently, to answer *comperta* articles[340] and to submit to his injunctions and corrections: M. Robert de Pykering',[341] M. Denis Avenel, M. Benedict de Paston,[342] M. Robert de Northburgh,[343] M. Henry de Carleton, Nicholas de Hugate,[344] William de Sothill, [M.] Wilfred de Gropo, canons of Beverley; the provost and his ministers of the Bedern; Richard de Boynton, Walter de Harpham Dns John de Hornse, Walter de Kelk' of the scullery, Dns John de Cave, Robert Wellewyk', Dns William de Burton, Dns John de Rymeswell, Dns Thomas de Grimesby,[345] Dns William de Swyna,[346] M. John de Hugate, Henry de Hornse, Alan de Humbleton,[347] Hugh de Otringham;[348] and the precentor, chancellor, and sacrist. Bearer had archbishop's full confidence [as in **78**]. Certification two days beforehand in letters patent under pendent seal, showing date mandate was received, and names of all cited. Laneham, 22 Feb. 1325.

198 [*Commission to amove occupier of prebend of South Newbald in York, and expedite provision of archbishop's nominee there.*]
COMMISSIO SUPER COLLATIONE FACTA MAGISTRO WILLELMO DE LA MARE DE PREBENDA DE SOUTH NEUBALD AUCTORITATE APOSTOLICA. Willelmus etc. provisor et executor ad providendum uni persone ydonee de canonicatu et prebenda in ecclesia nostra Ebor' a sede apostolica deputatus, religiosis viris .. prioribus de Bolton in Craven et sancte Trinitatis Ebor' ac .. officiali curie nostre Ebor', salutem et mandatis apostolicis firmiter obedire. De vestris et cujuslibet vestrum fidelitate et industria plenius confidentes, ad exequendum gratiam [in **66**] per sanctissimum in Christo

---

[338] See *BMF*, p.132.
[339] On 16 May 1324 (**178**).
[340] For general articles with chapter's undated responses see *MB*, II. 56–60. Others, relating to eight clerics (five of whom are included above), resulted in their citation by a mandate dated 27 March 1325 (ibid. pp.60–1). See also **205**.
[341] Prebendary of St Peter (*BMF*, pp.80–1).
[342] Prebendary of St Andrew by provision (**A16**; *BMF*, p.24).
[343] Prebendary of St Martin by papal faculty (**A13**; *BMF*, p.50).
[344] Prebendary of St James by regalian right; and also provost (*BMF*, pp.36–7).
[345] Vicar in Beverley Minster (*BMF*, p.132).
[346] Vicar in Beverley Minster (*BMF*, p.133).
[347] Vicar in Beverley Minster (*BMF*, p.128).
[348] Vicar in Beverley Minster (*BMF*, p.129).

patrem et dominum nostrum[349] dominum Johannem divina providencia papam XXII nobis ad providendum uni persone ydonee de canonicatu et prebenda in ecclesia nostra Ebor' factam et per nos concessam magistro Willelmo de la Mare clerico; procedendum et amovendum quemlibet illicitum detentorem[350] a prebenda de Southneubald de qua eidem magistro Willelmo sub certis condicionibus modis et protestacionibus providimus auctoritate gratie antedicte, ac si et quatenus dictum negocium executorium cognicionem requirit, ad cognescendum pronunciandum et ulterius exequendum gratiam eandem secundum vires et effectus ejusdem; vobis conjunctim et cuilibet vestrum per se divisim, ita quod si non omnes vos contigerit interesse quilibet vestrum quem presentem esse contigerit alterius seu aliorum presencia minime expectata procedat et premissa nichilominus exequatur, vices nostras committimus donec eas ad nos duxerimus revocandas. Valete. [Laneham, 22 Feb. 1325.]

199   Mandate to dean and chapter of York for Peter de Credonio,[351] admitted as canon by archbishop pursuant to an expectative grace,[352] in person of William Solis, clerk. Bishopthorpe, 6 March 1325.

200   [*Mandate to induct M. William de la Mare, provided to prebend of South Newbald in York, following amoval of Elias Talleyrand, who entered it after his expectative grace lapsed when he became bishop of Limoges.*]

CAPITULO EBOR' AD ADMITTENDUM MAGISTRUM WILLELMUM DE LA MARE AD PREBENDAM DE SOUTHNEUBALD. Willelmus etc. executor seu provisor secundum formam litterarum apostolicarum nobis directarum a sede apostolica [as in **66**] deputatus, dilectis filiis .. decano et capitulo ecclesie nostre Ebor', salutem et mandatis apostolicis firmiter obedire. Quia dictarum auctoritate litterarum de quibus et processu per nos earum virtute habito facta vobis alias extitit plena fides, magistro Willelmo de la Mare concanonico vestro prebendam de Southneubald vacantem in dicta ecclesia nostra per mortem magistri Roberti de Pyncebek' si sibi deberetur et non alteri, sub certis protestacionibus contulimus et sibi providimus de eadem; ac Eliam Taylerandy et Gerardum [*recte* Geraldum] de Castro procuratorem ejusdem, qui postquam prefatus Elias prebendam vacaturam expectans, antequam aliquam prebendam acceptavit vel obtinuit in episcopatum Lemovicen' per sedem apostolicam notorie promotus extitit,[353] et ipse episcopatum hujusmodi assecutus, gratia sua quam in dicta nostra Ebor' ecclesia obtinuit vacua fuit pariter et extincta, dictam prebendam de Southneubald dicitur acceptasse ingressum fuisse et occupasse,[354] ab eadem amoveri fecimus justicia id poscente; vobis firmiter injungendo mandamus et sub penis in processu contentis predicto quatinus infra tempus in eodem processu expressum,[355] predictum magistrum Willelmum vel ipsius procuratorem ad

---

[349] Interlined.
[350] See **192, 200**.
[351] Kinsman of Edward II (*CPL*, II. 237).
[352] Granted, 18 Feb. 1324, at request of king (*CPL*, II. 237–8), but said to be made *motu proprio* in *Reg. Jean XXII*, vol.5, p.117, no.19434.
[353] On 10 Oct. 1324 (*Reg. Jean XXII*, vol.5, p.238, no.20813).
[354] After 3 Jan. 1325 (**192**).
[355] Six days (**76**).

dictam admittatis prebendam ut est moris, et in corporalem possessionem ejusdem cum suis juribus et pertinentiis universis inducatis vel faciatis induci, stallum in choro et locum in capitulo ad dictam prebendam pertinentes assignetis eidem, sibique de fructibus redditibus et proventibus dicte prebende faciatis integre responderi ulteriusque faciatis que ad vos pertinent in hac parte. Valete. [Bishopthorpe, 11 March 1325.]

201   SECUNDA VISITATIO CAPITULI RYPON'. Citation,[356] not issued,[357] of chapter of Ripon to archbishop's personal visitation in chapter house on 22 [July][358] 1325. Granby (*Graneby*), 14 May 1325.

202   SECUNDA VISITATIO COMMUNE ECCLESIE RYPON'. Note of mandate issued to chapter of Ripon or its auditor of causes or locum tenens, for visitation of clergy and laymen of its prebends and the common property of the church on 27 July 1325 at Ripon. Said to be in same form [as **166**]. Bingham (*Byngham*), 16 May 1325.

203   Citation of chapter of Ripon to archbishop's personal visitation in chapter house on Monday, 22 Sept. 1326 [in same form as **201**]. Bishopthorpe, 21 Aug. 1326.[359]

204   Commission, valid until revoked, granting William de Hokerton, archbishop's receiver at Southwell, custody of revenues of treasury of York arising in archdeaconry of Nottingham (*Not*'). Archbishop had sequestrated it on authority of papal bull [in **226**], with effect from 22 June 1323. Arnold (*Arnald*), 9 June 1325.

205   [*Decree, dated Southwell, 8 May 1325, the original in public form, augmenting vicarage of St Martin's altar in Beverley Minster, to which St Mary's chapel was annexed: specifying its endowment in small tithes and offerings, together with five marks a year paid by prebendary of St Martin; defining vicar's obligations, including finding two priests, one to celebrate daily at altar of St Martin, the other in St Mary's chapel, and a suitable number of clerks; and containing text of prior submissions of prebendary and vicar, dated Whatton, 4 May 1325, who later consented to decree.*]
[Fo.84v; N.F. 103v] AUGMENTACIO VICARIE ECCLESIE[360] BEATE MARIE BEVERL' ALTARI SANCTI MARTINI IN ECCLESIA BEATI JOHANNIS BEVERL' ANNEXE. In nomine domini, Amen. Cum in visitacione nostra quam nos Willelmus [*etc.*] in visitacione nostra in ecclesia nostra beati Johannis Beverl' et capella beate Marie in Beverlaco nostre diocesis nuper exercuimus,[361] sit compertum quod vicaria altaris beati Martini in dicta ecclesia et capelle predicte eidem altari annexe pro ejusdem vicarii victu competenti ac ceteris oneribus eidem incumbentibus

---

[356]   Similar in form to that for Beverley at **155**.
[357]   According to marginal note showing that visitation did not take place.
[358]   *July* erased; *Sept.* written over later. See **203**.
[359]   Registered by interlineations and alterations to **201**. Visitation was almost certainly cancelled since one, itself aborted, was planned for 1327 (**218**, **219**).
[360]   Interlined.
[361]   On 16 May 1324 (**178**).

debite agnoscendis, nimium sit exilis nec sufficiunt pro eisdem oneribus supportandis porciones quas percipit vicarius antedictus; volentes tam dictis altari et capelle quam vicarie ejusdem propensius consulere et consulcius prospicere quantum cum deo possumus in hoc casu, super vero valore altaris capelle et vicarie predictorum in forma juris effecti plenius cerciores, de consensu magistri Roberti de Northburgh canonici ecclesie nostre Beverl' predicte et prebendarii prebende altaris sancti Martini in eadem, cui dicta capella notorie est annexa, et domini Nicholai de Syghelesthorn perpetui vicarii ejusdem[362] ac omnium quorum interest ex certis et legitimis causis nos ad hoc moventibus, quamcumque ordinacionem super dicta vicaria ante tempus date presencium editam factam aut eciam promulgatam,[363] sub-ducimus per decretum ac auctoritate nostra pontificali penitus annullamus et decernimus omnino vacuam viribus et effectu. Ac ad instantes rogatus prebendarii et vicarii predictorum se divisim super ordinatione facienda vicarie memorate, nostris ordinacioni laudo dicto et decreto sponte submittencium, quorum tenores submissionum seriosius subsequuntur.[364]

Pateat universis per presentes quod ego Robertus de Northburgh canonicus ecclesie beati Johannis Beverlaci ac prebendarius altaris beati Martini in eadem, cui capella beate Marie est annexa, audito quod dominus Willelmus de Melton' dei gratia Ebor' archiepiscopus Anglie primas nuper ecclesiam suam Beverl' ac capellam predictam actualiter visitans comperit[365] ibidem ipsorum altaris et capelle vicariam nimis exilem pro oneribus eidem incumbentibus debite supportandis; nolens quod ejusdem capelle mee predicte vicarius ad onera que eum concernunt occasione dicte vicarie intuitum dirigens debitum in hoc casu temporalibus destituatur auxiliis, qui spiritualia obnoxius est prout sibi incumbunt inibi seminare, submitto me et prebendam meam predictam cum suis juribus et pertinentiis universis quatenus me concernunt ordinationi laudo dicto pronunciacioni diffinicioni et decreto dicti patris, volens et per presentes expresse consentiens quod idem pater super dicta vicaria et porcionibus eidem assignandis de fructibus proventibus et obvencionibus dicte prebende quibus-cumque eidem ac michi ejusdem nomine pertinentibus unam congruam porcionem dicto vicario et suis singulis successoribus futuris canonice assig-nandam, subducta prius ac penitus annullata quacumque alia ordinacione edita quomodolibet in premissis, statuat decernat pronunciet dicat et laudet quicquid in hac parte ad honorem dei salutem animarum ac omnium quorum interest debitum justicie complementum viderit expedire. Ratum et gratum habens et perpetuo habiturus quicquid in premissis et eorum quolibet duxerit faciendum seu eciam ordinandum. In cujus rei testimonium sigillum meum presentibus est appensum. Datum apud Whatton iiij[to] nonas Maii anno gratie millesimo CCC[mo] vicesimo quinto.

Item: pateat universis per presentes quod ego Nicholaus de Syghelesthorn perpetuus vicarius capelle beate Marie Beverl' altari sancti Martini in ecclesia beati Johannis Beverlaci annexe, audito quod venerabilis pater dominus Willel-mus [as above with three minor variants and omitting from *nolens quod* to

[362] See *BMF*, p.138.
[363] For ordination of 1269 see *MB*, I. 194–6.
[364] MS *subsecuntur*.
[365] MS *comperiit*.

seminare, and from *de fructibus* to *pertinentibus*; and substituting after *congruam porcionem* — michi et successoribus meis vicariis qui pro temporibus fuerint in vicaria antedicta.] Datum apud Whatton, iiij^{to} nonas Maii anno gratie millesimo CCC^{mo} vicesimo quinto.

Nos archiepiscopus supradictus submissiones hujusmodi admittentes, ceterisque omnibus et singulis que in premissis de jure requiruntur concurrentibus, jurisque ordine qui in hac parte requiritur in omnibus observato, de consensu prebendarii et vicarii predictorum ac omnium et singulorum quorum interest subscripte ordinacioni nostre expresse adhibito, dei omnipotentis nomine invocato, auctoritate nostra predicta ad ordinacionem super dicta vicaria et porcionibus eidem per nos assignandis canonice faciendam et perpetuis temporibus duraturam procedimus in hunc modum:

In primis ordinamus volumus dicimus et decernimus in hiis scriptis quod dictis altari et capelle beate Marie Beverl' et locis pertinentibus ad eadem, per vicarium qui nunc est et successores suos imperpetuum deserviatur laudabiliter in divinis, et ijdem in eisdem perpetuis temporibus curam habeant animarum, qui per nos et successores nostros sede ecclesie nostre Ebor' plena, et ipsa vacante per .. decanum et capitulum Ebor', ad presentacionem dicti prebendarii et successorum ejus cum vacaverit presentandus, admittatur et instituatur canonice in eadem; que quidem vicaria predicta ex nostris ordinacione assignacione dicto pariter et decreto constat in porcionibus infrascriptis, videlicet: in decimis croftorum ortorum seu gardinorum ville Beverlaci quorumcumque spectantibus ad prebendam altaris beati Martini et capelle beate Marie predictorum; item in denariis sponsaliciis et purificacionum; item in vigiliis et oblacionibus mortuorum spectantibus ad prebendam predictam; item in decimis ovorum, aucarum, anatum, pullorum, columbarum et porcellorum; item in decimis lane, agnorum, albi, yrcorum, et vitulorum; item in oblacionibus festorum principalium quatenus ad prebendarium et vicarium pertinent antedictos; item habeat et percipiat dictus vicarius et quicumque ejus successor qui pro tempore fuerit a prebendario dicte prebende qui nunc est et ejus successoribus quibuscumque annuatim ad festa sancti Martini in yeme et Pentecostes per equales porciones quinque marcas sterlingorum in pecunia numerata. Idemque vicarius et ejus successores duos[366] inveniant capellanos cotidie celebrantes, cessante legitime impedimento, quorum unus ad altare beati Martini predictum et alius in capella beate Marie predicta divina celebrent, assistenti clericorum numero condecenti, prout fieri consuevit temporibus retroactis; qui eciam vicarius cum suis presbyteris intererit in habitu regulari processionibus prebendalibus ecclesie Beverl' diebus dominicis et festivis prout[367] hactenus fieri consuevit. Omnia vero et singula alia onera ordinaria et extraordinaria ad dicta altare et capellam pertinencia et eis incumbencia quovismodo, illi ad quos pertinere consueverant totaliter et insolidum subeant et agnoscant perpetuis temporibus successivis.

Et nos .. prebendarius et .. vicarius supradicti presentem ordinacionem et omnia ac singula in ea contenta quatenus communiter vel divisim nos concernunt sponte et ex certa scientia approbamus ratificamus et emologamus et eidem ordinacioni consensus nostros irrevocabiliter adhibemus. Et nos ..

---

[366] Number not defined in 1269 (*MB*, I. 194–6).
[367] Interlined.

archiepiscopus supradictus dictam ordinacionem nostram in porcionibus suprascriptis imperpetuum consistere ac ipsam ordinacionem ratam et stabilem sub forma prenotata perpetuis temporibus permanere ordinamus dicimus assignamus statuimus et decernimus in hiis scriptis; salvis nobis et ecclesie nostre predicte jure jurisdiccione statu dignitate pariter et honore. In cujus rei testimonium sigillum nostrum presentibus est appensum quas per R[icardum] de Snoweshull notarium publicum scribi et puplicari mandavimus et signo ejus consueto signari in plenius testimonium premissorum. Actis et datis apud Suwell', viij idus Maii anno gratie millesimo CCC^{mo} vicesimo quinto et pontificatus nostri octavo.

206 [*Undated visitation detecta from churches in peculiar of dean and chapter of York, written in a slightly later hand.*]

[N.F. 104[368] – inserted between fos 84v and 85] Parishioners of churches of St Martin, Coney Street (*in Conyngstret*); St Michael le Belfrey (*de Berefrido*); St Maurice, Monkgate (*in Munkgate*); St Andrew; St John Hungate (*in Marisco*); St Mary Layerthorpe (*in Layrethorp*); St Mary Bishopshill Junior (*Episcopi*); St Helen Aldwark (*in Werkdyk'*);[369] and St Stephen[370] do not pay Peter's Pence as they ought because chaplains do not exact it.[371] These chaplains consider themselves subject immediately to dean and chapter although they are not. It is not known by what authority chapel of St William Ousebridge (*super pontem Use*) was founded. Owing to its chantries,[372] parishioners of neighbouring churches do not attend their own churches on Sundays and festivals.

207 [*Mandate requesting dean of York to allow chancellor to exercise his customary right to appoint and remove thurifers, acolytes, subdeacons and deacons serving in Minster.*]

[N.F. 105[373] inserted between fos 84v and 85] Willelmus [*etc.*] dilecto filio magistro Roberto de Pykering', decano ecclesie nostre beati Petri Ebor', salutem [*etc.*]. Cum magister Robertus de Rypplingham cancellarius ecclesie nostre predicte, et sui predecessores cancellarii, turribularios acolitos subdiaconos et diaconos ad administrandum in dicta ecclesia in officiis ipsis congruentibus consueverint introducere et in hujusmodi officiis collocare, et eosdem quando opportunum videretur penitus amovere et in loco amotorum alios ydoneos subrogare, et eisdem disponere pro sue libito voluntatis, fuerintque dicti cancellarii ratione ipsius dignitatis cancellarie in possessione vel quasi, sic ut premittitur, de dictis clericis disponendi a tempore cujus contrarii memoria non existit, pacifice ac etiam inconcusse;[374] admiramus non modicum quod vos

[368] Measures 22cm × 10cm: space left under comperta for acta.

[369] A mediety of this church belonged to Common Fund in early 15th century, and was subject to visitation by chapter (YMA: L2(3)a, fo.15).

[370] Church said to have been annexed to St Martin's, Coney Street, in 1331 (*VCH York*, p.403).

[371] Chapter claimed, by ancient custom, to receive Peter's Pence from tenants and parishioners within their jurisdiction ('Dispute', p.113).

[372] There were already five chantries in chapel in Sept. 1321; three more were founded between 1322 and 1331 (Reg. Melton, fo.557; n.f. 694; York City Archives: G70: 1–3, 5, 8). I am indebted to Professor D.M. Smith for latter reference.

[373] Measures 23.5cm × 9cm.

[374] The minster statutes, including those made in 1325, are silent about these 'rights', but

prefatum magistrum Robertum super premissis ut intelleximus inquietare intenditis ac etiam molestare. Nos itaque attendentes quod si premissa a prefata dignitate cancellarii, cujus ad nos cum vacaverit collatio pertinet, subtraherentur hoc fieret in manifestam derogationem et diminucionem notoriam juris nostri et dignitatis predicte, ad quorum tuicionem astringimur ex debito officii pastoralis; devocionem vestram hortamur in domino mandantes vobis quatinus predictum magistrum Robertum super premissis possessione sua vel quasi prout ipse et sui predecessores ab antiquo ea uti consueverant gaudere libere permittatis, ipsum nullatenus super hoc inquietantes.[375] Valete. [Cawood, 14 March 1323.]

208 [N.F. 106[376] inserted between fos 84v and 85.] Copy of charter of Gerard de Fornevall, granting 2½ marks a year in free, pure, and perpetual alms to God, St Peter, the chapter of York and the prebend of Laughton (*Lachtona, Lacthona*) from his church of Handsworth (*Handeswrht*), so that at vacancies he and his heirs will present a suitable person to dean and chapter and canon of Laughton, if present, whom they will institute unopposed. Parson will pay the money to chapter and prebend at two terms: Whitsunday and 11 Nov. Confirmed by dean and chapter and by Gerard, and sealed with their seals. Present: M. S[imon], dean of York; A[dam], archdeacon of West Riding (*Westriding*); M. W[illiam], archdeacon of Nottingham (*Notingh'*); M. P[eter] de *Scirburne*;[377] W[illiam] de *Maleyalu*;[378] M. Michael de *Walcringham*; Dns Adam de Novomercato; Dns Simon de Campo Remigii [and] Dns Eustace, his brother; Dns Jordan de *Ranevilla*; Robert de *Darnhale*; Robert the clerk [of Blyth]; and others. [1201 × 1214].

209 [Fo.85; N.F. 107] COMMISSIO SUPER PREBENDA DE STODELEY IN ECCLESIA RYPON' AUCTORITATE APOSTOLICA. Commission appointing official of court of York to hear and determine cause between Aufredonus (Amfredus), son of Palialogus Zacharia, canon of Ripon,[379] plaintiff, and John le Smale, defendant, in possession of prebend of Studley in Ripon,[380] in accordance with apostolic

chancellor may have remained isolated in chapter and unable to defend his position after 1312, when he was the only canon not to vote for Pickering when he was elected dean. See *Reg. Greenfield*, I. 74–6, no.165.

[375] Scored through: *donec plena convocacione fratrum et canonicorum ejusdem ecclesie de jure quod dictus cancellarius super premissis habere dinoscitur discussum fuerit et eciam diffinitum.*

[376] Measures 26cm × 8cm. Hand slightly earlier than register. Dorse: *Lachtona et Himsworth rector* in late 16th-century hand. Two later copies, possibly mid-14th century, are in Great White Register of York Minster, fos 100–100v, 141–141v. Using the Farrer transcriptions of these, charter was printed, dated, and discussed in *Early Yorkshire Charters*, Vol.VI, *The Paynel Fee*, ed. C.T. Clay (Yorkshire Archaeological Society, Record Series, Extra Series, 1939), pp.213–14. The Melton copy reverses order of sixth and seventh witnesses. Variant spellings of witnesses' surnames are italicised. A much depleted version is in W. Dugdale, *Monasticon Anglicanum*, ed. J. Caley, H. Ellis and B. Badinel (6 vols in 8, London, 1846), VI. iii, 1190.

[377] Prebendary of Ulleskelf (*Fasti 1066–1300*, VI. 102).

[378] Prebendary of Apesthorpe (ibid. p.54).

[379] For his papal grace see **37**.

[380] See **177**. John retained prebend until exchanging it in 1347 (BI: Reg. Zouche, fo.223v).

letters appointing archbishop papal judge-delegate together with abbot of Fountains (*de Fontibus*), and dean of York. Westminster, 7 Aug. 1325.[381]

210   Dispensation to Richard de Grymeston, precentor of Beverley,[382] to be non-resident for three[383] years. Bishop Burton. 24 Aug. 1325.

211   Letter, dated Cawood, 9 Sept. 1325, collating M. William de Alburwyk', D.D., to prebend of [St Katherine] in Beverley, vacant by death of William de Sothill; with mandate[384] to chapter to admit and induct him, and have prebendal revenues paid to him in full. Cawood, 10 Sept. 1325.

212   COMMISSIO EXHABUNDANTI AD INDUCENDUM IN EADEM. Commission to Richard de Grymeston, precentor of Beverley, to summon and amove any person found in possession of prebend of [St Katherine] in Beverley,[385] and induct M. William de Alburwyk' [as above]. Certification on request of Alburwyk'. Cawood, 10 Sept. 1325.

213   DEPUTACIO CURATORIS MAGISTRO ELIE DE COUTON CANONICO SUWELL' PER DOMINUM. Note that archbishop had appointed M. William de Hundon, rector of Barnburgh, as tutor or coadjutor to M. Elias de Couton, canon of Southwell, then almost blind and wholly incapacitated. Present: M. Nicholas de Oxonia,[386] and John de Sandal, canons of Southwell; M. Adam de Heselborh, [arch-bishop's] chancellor; M. John Thoresby, notary;[387] and many others. Arch-bishop's manor at Southwell, 11 Aug. 1326.

214   Note that John de Sandale, prebendary of town prebend of Southwell, was, with his consent, judicially ordered to pay Robert Scot, his vicar, 10s. a year for his house.[388] Place and date above.

215   Mandate,[389] to chapter of Beverley for Robert de Riston, priest,[390] on whom prior of Holy Trinity, York, of the order of Marmoutier (*Mernstren'*), as sub-executor of provision and grace,[391] had conferred prebend [of St Stephen], vacant by death of M. Henry de Carleton.[392] Cawood, 23 Oct. 1326.

---

[381] Transcribed in *MR*, II. 93–4.
[382] He was then archbishop's receiver at York (*BMF*, pp.124–5).
[383] The chapter licensed him to be absent for two years on 23 June 1325 (*MB*, II. 70).
[384] For second mandate see **212**.
[385] For three provisors whose proctors had accepted prebend on 24 July 1325, as soon as it was known to be vacant, see *MB*, II. 73–4.
[386] Prebendary of Oxton Secunda (*BRUO*, II. 1415).
[387] In 1330, made treasurer's clerk in Exchequer under Melton; by 1336 he was king's clerk and * notary in Chancery (*Chapters*, III. 85, n.6; *BRUO*, III. 1863–4).
[388] For previous augmentation of vicarage see **90**.
[389] One saving clause only.
[390] In royal service in 1320; king's clerk by 1322 (*CPR 1317–21*, p.426; *CPR 1321–4*, p.48).
[391] Granted, 19 March 1317, at request of Aymer de Valence (*CPL*, II. 147). For disputed succession see **303**.
[392] Still prebendary on 20 June 1325 (*MB*, II. 69).

216 [Fo.85v; N.F. 107v] Commission to official of court of York and his commissary general, and each of them, to warn M. John Bussh, sacrist of chapel of St Mary & Holy Angels, York, to give the alms owed in all parishes belonging to chapel, in accordance with ordinance[393] of Archbishop Sewall [de Boville],[394] within shortest possible time they could set; with power to compel him by sequestration and other censures. Bishopthorpe, 24 March 1327.

217 [*Mandate, later revoked, to cite all clergy within jurisdiction of treasury of York, questmen from each of its vills, and interested parties, to appear in church of Acomb on first court-day after 19 April 1327 for visitation*].
VISITACIO THESAURARIE ECCLESIE EBOR'. Willelmus [*etc.*], dilecto filio .. officiali thesaurarie ecclesie nostre beati Petri Ebor', salutem [*etc.*]. Volentes de statu ipsius thesaurarie ecclesie nostre .. subditorum ejusdem et omnium pertinenciarum ad eandam ipsiusque oneribus certificari et informari prout nobis incumbit sicut satis noscis, ad ipsam declinare visitare corrigere et reformare que invenerimus reformanda; vobis firmiter injungendo mandamus quatinus citetis peremptorie subthesaurarium ecclesie nostre predicte necnon omnes rectores vicarios et alios in dicta thesauraria qualitercumque beneficiatos et etiam capellanos dicte thesaurarie officiarios ecclesiarum et capellarum ministros, ac de qualibet villa dicte thesaurarie duos vel tres viros fidedignos qui in hiis super requirendis ab eisdem melius noverint veritatem, quod compareant coram nobis vel .. commissariis nostris in hac parte, in ecclesia de Acum proximo die juridico post diem dominicam qua cantabitur officium Quasimodo geniti proximo futuram super requirendis ab eisdem in premissis et ea contingentibus veritatem, dicturi subituri recepturi percepturi et facturi quod justum fuerit et consonum rationi; denunciantes omnibus quorum interest vel interesse poterit aut ipsum negotium qualitercumque contingit seu contingere poterit, quod die et loco intersint supradictis. Et qualiter presens mandatum nostrum fueritis executi et de nominibus citatorum nos cerciores reddatis citra dictum diem per vestras litteras patentes sigillo officii vestri signatas harum seriem continentes. Valete. [Bishopthorpe, 29 March 1327.]
[Margin] Ista visitatio fuit postea revocata in forma infrascripta [**226**].[395]

218 VISITATIO CAPITULI RYPON'. Citation of chapter of Ripon before archbishop or his commissaries at his visitation in chapter house on 28 April 1327 [in similar form to **201**]. Bishopthorpe, 29 March 1327.[396]

219 Marginal note that [above] visitation was cancelled owing to 'varia et ardua domini regis et regni negocia et ex aliis causis certis et legitimis etc.'. Also

---

[393] Details in *Historians of Church of York and its Archbishops*, III. 178–80. Proceedings against Bush for, *inter alia*, failing to give alms, had been stayed, 20 June 1323, on condition that he paid 10 marks to chapel's poorest parishioners by 29 June 1323 (Reg. Melton, fo.557v; n.f. 694v). His other offences – sale of tithes and non-residence – correspond to charges against him which are contained in an undated cause paper (BI: CP.E.10; *Ecclesiastical Cause Papers at York: The Court of York 1301–1399*, ed. D.M. Smith (Borthwick Texts and Calendars, 14, 1988), pp.84–5). For further action about alms see **238**, **238A**.
[394] See *BRUO*, I. 233–4.
[395] Beneath in large later hand: *Notatur.*
[396] Space of nearly 3cm left below.

cancelled: planned [but unregistered] visitations of clergy and people of common property and prebends of Ripon; hospitals of St John and St [Mary] Magdalen, Ripon; and [rural] deanery of Ripon. Bytham, 20 April 1327.

220 [*Form of admission of John de Ellerker to canonries in York and Beverley pursuant to expectative graces.*]

FORMA ADMISSIONIS DOMINI JOHANNIS DE ELLERKER IN CANONICUM ECCLESIARUM EBOR' ET BEVERL'. In dei nomine, Amen. Nos Willelmus etc. te Johannem de Ellerker[397] in ecclesie nostre beati Petri Ebor' canonicum atque fratrem, salvis nobis et successoribus nostris et eidem ecclesie nostre exceptionibus et defensionibus omnibus et singulis tam nullitatum quam aliarum quarumcumque materiarum nobis qualitercumque et ex quibuscumque causis competentibus et competituris, tam contra personam tuam quam contra litteras gratie[398] et executorias ac processum et suggestionem in eis contentam et execucionem omnem in hac parte habitam et habendam; salva etiam nobis potestate conferendi canonicatus et prebendas quoscumque ac officia et beneficia quecumque cum in ecclesia nostra predicta vacaverint qui vel que tibi debiti debite[399] vel debita non fuerint virtute gratie et processus predictorum si et quatenus de jure ac virtute litterarum apostolicarum et processus habiti super eis tenemur et non aliter, admittimus.

Et in eadem forma et non alia fuit admissus in canonicum et in fratrem ecclesie Beverl'. [Undated.]

221 Mandate to dean and chapter of York for John de Ellerker, admitted as canon by archbishop pursuant to an expectative grace [with saving clauses as in **220**]. Bishopthorpe, 4 April 1327.

222 Note of mandate to chapter of Beverley for John de Ellerker in identical form. Place and date above.

Also noted: the York grace was the more recent, and mentioned Beverley grace[400] in such like words as 'non obstante quod nostra auctoritate prius in ecclesia Beverl' receptus in canonicum et fratrem' although he had not been received there first as stated.[401]

223 CREACIO PENITENTIARII IN PARTIBUS RYPON'. Commission appointing Richard de Thornton, prebendal vicar of Nunwick (*Nunwyk'*), penitentiary within archbishop's liberty of Ripon during pleasure, even in reserved cases except poaching in archbishop's parks, and raping or having sexual intercourse with nuns. Bishopthorpe, 1 April 1327.

224 [*Decree of 7 July 1327 dismissing appeal of dean and chapter of York and two prebendaries, against archbishop's sequestration of Treasury of York imposed pursuant to papal mandate.*]

---

[397] King's clerk who had served Edward II in Gascony and elsewhere; later chamberlain and escheator of North Wales (*CPR 1334–8*, p.547; *Chapters*, VI. 62, 64).
[398] Dated 4 Nov. 1325 (*CPL*, II. 253).
[399] Interlined.
[400] Dated 20 Dec. 1324 (*CPL*, II. 243).
[401] See **225**.

[N.F. 108[402] – inserted between fos 85v and 86] In dei nomine, Amen. Nos Willelmus [*etc.*] habentes custodiam sequestri thesaurarie ecclesie nostre cathedralis Ebor' de mandato sacrosancte sedis apostolice nobis in hac parte directo,[403] tibi Willelmo de Otteley vicario chori ejusdem ecclesie nostre ut pretenditur, procuratori .. decani et capituli ac magistrorum Johannis de Warrenna[404] et Roberti de Valoignes canonicorum ecclesie nostre predicte; attendentes appellationem alias ex parte .. decani capituli et canonicorum prenominatorum contra nos et officium nostrum in hac parte et execucionem predicti mandati ut asseris interpositam, ex causis confictis frivolis et frustratoriis et notorie non veris fabricatam compositam et de facto esse pretensam [reputamus], predicte appellationi si qua sit non duximus deferendum sed ex memoratis causis et aliis legitimis pro loco et tempore si necesse fuerit declarandis, per manum procuratoris nostri apostolos refutatorios porrigimus et tradi volumus in forma predicta. Datum Ebor' nonis Julii anno gratie M°CCC^mo XXVII°.

Memorandum quod dominus Ricardus de Grimeston fuit procurator domini in hac parte, qui eodem die istos apostolos tradit W[illelmo] predicto.

225 [*Letter of John de Risindon, dated 3 April 1327, informing archbishop that John de Ellerker had never been admitted as canon of Beverley, despite receiving provision there.*]
[N.F. 109[405] – inserted between fos 85v and 86] Venerabili in Christo patri ac domino suo reverendo domino Willelmo dei gratia Ebor' archiepiscopo Anglie primati, suus si placet humilis capellanus J[ohannes] de Risindon, ecclesie vestre Beverl' minister [submittit] seipsum humilem et devotum, cum omnimodis obedientia obsequio reverencia et honore. Vestre dominacioni notum facio reverende quod dominus Johannes de Ellerker in canonicum et confratrem vestre ecclesie Beverl' nunquam[406] tempore vestro nec predecessorum vestrorum admissus extitit quovismodo verumptamen frater ejusdem. Retulit mihi vestro quod eidem Johanni de canonicatu et prebenda in dicta ecclesia vestra per sedem apostolicam est provisum. Nec plus audivi nec scio de negocio memorato. Valeat vestra dominacio reverenda per tempora prospera et longeva. Datum Beverl' iij nonas Aprilis [1327].
[Dorse] Venerabili Christo patri et domino domino Willelmo dei gratia Ebor' archiepiscopo Anglie primati.

226 [*Mandate revoking* **217**, *but ordering dean and chapter of York to rescind any inhibitions and other obstacles to archbishop's projected and misrepresented inquiry into revenues, etc., of Treasury of York Minster, then under sequestration by virtue of papal bull, dated Avignon, 22 June 1323 and rehearsed, but said to be occupied by chapter. Bull listed curial judgments in a process initiated [in 1310] by Francis Gaytani against Walter de Bedewynde for allegedly seizing Treasury, which all found in favour of Francis. Chapter must notify subjects of Treasury without delay that they had revoked their previous action, and must not in future oppose archbishop in performance of his duties in respect of Treasury.*]

---

[402] Measures 23cm × 5.5cm.
[403] In **226**.
[404] Prebendary of Thockrington (*Fasti*, VI. 82).
[405] Measures 20cm × 5cm.
[406] MS *nuncquam*.

[Fo.86; N.F. 110] MONICIO ET REQUISITIO FACTA DECANO ET CAPITULO EBOR' QUOD IPSI REVOCENT ET AMOVEANT INHIBICIONES QUAS FECERANT SUBDITIS DICTE THESAURARIE ECCLESIE EBOR' DE DOMINO NON[407] PAREANT ET INTENDANT ET ALIA IMPEDIMENTA SI QUE FACERANT QUOMINUS DOMINUS COGNOSCERET DE FRUCTIBUS ET BONIS DICTE THESAURARIE PER IPSOS DECANUM ET CAPITULUM OCCUPATIS.[408] Willelmus [*etc.*] dilectis filiis .. decano et capitulo ecclesie[409] nostre Ebor', canonicisque ibidem presentibus et capitulum facientibus, salutem [*etc.*]. Dudum presentatas nobis litteras apostolicas sub eo qui sequitur recepimus tenore:

Johannes episcopus servus servorum dei venerabili fratri .. archiepiscopo Ebor', salutem et apostolicam benedictionem. Peticio dilecti filii Francisci nati quondam Petri Gaytani comitis Casertani thesaurarii ecclesie Ebor' nobis exhibita continebat quod dudum eo exponente felicis recordacionis Clementi pape V predecessori nostro, thesaurariam ipsius ecclesie se fuisse canonice assecutum, et diu possedisse pacifice et quiete et quod fructus perceperat ex eadem, et quod Walterus de Bedewynde clericus Sar' diocesis falso asserens se in dicta thesauraria jus habere et in illa se intrudens, thesaurariam ipsam per violenciam occupaverat et detinebat etiam occupatam percipiendo ipsius thesaurarie redditus et proventus, et quod idem Franciscus propter potenciam ipsius Walteri non poterat in illis partibus super premissis consequi justicie complementum, et supplicante eidem predecessori ut super hoc ei dignaretur de oportuno remedio providere.[410] Dictus predecessor venerabili fratri nostro .. episcopo London' et quibusdam aliis ejus in hac parte collegis suis dedit litteras in mandatis ut ipsi vel duo aut unus eorum per se vel alium seu alios dictum Walterum peremptorie citare curarent, ut infra certi temporis spacium ab hujus citacionis tempore computandum coram eodem predecessore personaliter compareret predicto Francisco super premissis de justicia responsurus et facturus et recepturus super hiis quod ordo exigeret rationis;[411] dictusque episcopus prefatum Walterum citari fecit ut infra certum terminum coram predecessore personaliter compareret eodem dicto Francisco super eadem thesauraria de justicia responsurus et facturus et recepturus super hiis quod ordo exigeret rationis; idemque predecessor causam hujusmodi bone memorie Bernardo Roiardi Atrebaten' tunc sedis apostolice capellano et auditori causarum apostolici palacii et cum fuisset coram eo ad aliquos actus in hujus [appellationis] causa processum bone memorie Berengario [Fredoli] Tusculan' episcopis commisit, audiendam summarie et de plano sine strepitu et figura judicii et fine debito terminandam; et cum pro parte ipsius Walteri fuisset ab eodem Berengario episcopo ex causis frivolis ad sedem apostolicam appellatum, idem Walterus ab eodem predecessore in causa hujus appellationis dilectum filium nostrum Guillelmum [de Testa], tituli sancti Ciriaci in Termis presby-

---

[407] Interlined.
[408] Whole caption is in a later hand.
[409] Preceded by *nostro* cancelled by dots.
[410] Francis had been provided in 1303, and was deprived by Archbishop Greenfield in 1307 for not prosecuting cause brought by Walter, presented by king to treasury in 1306 (*Fasti*, VI. 12–13). Curiously, pope made no reference to Walter's citation to Curia in 1307 (*CPL*, II. 28).
[411] Papal mandate issued 15 Oct. 1310 (*CPL*, II. 73).

terum cardinalem sibi dari obtinuit auditorem, qui cum in causa appellationis hujus procedere incepisset, dictus predecessor interim debitum nature persolvit. Nosque postea ad apicem summi apostolatus assumpti, eidem cardinali mandavimus ut causam appellationis predicte resumeret et eam fine debito terminaret; qui cognitis ipsius appellationis cause meritis et juris ordine observato, pronunciavit procuratorem dicti Walteri male et perperam ab ipso Berengario appellasse, et eundem Berengarium bene processisse, sed dicto procuratore ipsius Walteri ab hujusmodi interlocutoria ipsius cardinalis ad sedem appellante predictam. Nos primo [causam] bone memorie Raymundo tituli sancte Potenciane presbytero cardinali et eo cum fuisset coram ipso, ad aliquos actus in hujus appellationis causa processum nature debitum persolvente, dilecto filio nostro Petro [de Arrablayo] tituli sancte Susanne presbytero cardinali audiendam commisimus et fine debito terminandam; qui legitime in ipsius appellationis causa procedens et cognitis ejusdem appellationis cause meritis et juris ordine observato, pronunciavit justicia suadente per dictum Guillelmum cardinalem bene et legitime processum atque pronunciatum fuisse, et per dictum procuratorem ipsius Walteri ab eo male et perperam appellatum. Nosque Berengario predicto mandavimus ut dictam et omnes causas sibi per dictum predecessorem commissas resumeret et audiret easque fine debito terminaret; qui cognitis principalis cause meritis et juris ordine observato sentencialiter pronunciavit decrevit et etiam declaravit prout hec omnia petita fuerant in peticione pro parte ipsius Francisci exhibita coram eo, dictam thesaurariam ad eundem Franciscum pertinuisse et pertinere de jure, ipsumque Franciscum restituendum et reintegrandum fore ad eandem thesaurariam ejusque possessionem; dictoque Waltero super eadem thesauraria perpetuum duxit silencium imponendum, dictum procuratorem ipsius Walteri et per ipsum eundem Walterum in personam procuratoris ejusdem ad dandum et restituendum dicto Francisco redditus et proventus a tempore spoliacionis detencionis et occupacionis per ipsum Walterum seu ejus nomine factarum[412] de dicta thesauraria et jurium et pertinenciarum ejus et ab ipso tempore citra perceptos et qui percipi potuerint, et in expensis legitimis per ipsum Franciscum in hujus causa factis exigente justicia condempnando, expensarum ipsarum taxacione sibi in imposterum reservata, prout in instrumento publico inde confecto ipsius Berengarii episcopi sigillo munito plenius dicitur contineri. A qua quidem sententia pro parte ipsius Walteri ad sedem predictam extitit appellatum et in causa appellationis hujus dilectum filium nostrum Bertrandum [de Montefaventio], sancte Marie in Aquiro diaconum cardinalem sibi a nobis dari obtinuit auditorem.[413] Quare dictus Franciscus nobis humiliter supplicavit ut cum dictus Walterus nondum per triennium thesaurariam pacifice possederit antedictam et pro ipso Francisco sit ut predicitur diffinitiva sententia promulgata, sequestrari thesaurariam ipsam juxta tenorem constitucionis ejusdem Clementis pape V predecessoris nostri super hoc edite[414] mandaremus. Nos itaque ipsius Francisci supplicacionibus inclinati, fraternitati tue per apostolica scripta mandamus

---

[412] MS *factorum.*

[413] Bertrand also found against Walter, who again appealed. Later, William de Godin, bishop of Sabina, was appointed to hear cause which was still proceeding on Walter's death (*Reg. Jean XXII*, vol.10, p.293, no.54578). See also **282–3**.

[414] See **171**n. It is mentioned by name later in text.

quatinus predictam thesaurariam per te vel alium seu alios sequestrare procures, exhibiturus id quod de fructibus illius debitis ejusdem thesaurarie supportatis oneribus superesse contigerit illi qui finalem in causa victoriam obtinebit, contradictores per censuram ecclesiasticam appellatione postposita compescendo. Datum Avinion', x kalendas Julii pontificatus nostri anno septimo.

Quibus et etiam constitucione domini Clementis pape V^{ti} que incipit *Ad compescendas litigancium malicias* in concilio Vien' edita attentis, vobisque et aliis ecclesie nostre Ebor' et dicte thesaurarie satis notis, nos non valentes ad ipsam thesaurariam declinare ea vice et disponere ut vellemus quousque nobis plenius vacaverit, dominum Willelmum Godelyng' rectorem ecclesie sancti Georgii Ebor' premissis eidem expositis et traditis custodem assignavimus ibidem. Ipseque dominus Willelmus dominum Radulphum de Yarwell premissa scientem notorie sic ordinavit et deputavit in dicta thesauraria officialem, qui sic dicta sua officia per multa tempora penes vos exercuerant et exercent plenarie, quos vos premissa omnia[415] scientes ut tales multipliciter ut debuistis acceptastis approbastis eorumque in hiis ministeria recepistis, ita quod nec vos nec ipsos quicquam latere poterit premissorum. Cumque tandem intellexerimus quod absque periculoso detrimento nostro et dampno gravi ecclesie nostre dissimulare et omittere non possemus, quin oporteat nos declinare ad thesaurariam de statu redditibus proventibus de oneribus bonis rebus personis subditis et tenentibus cerciorari et informari, videre visitare ea et in hiis que nobis incumbunt et non aliter, dicto .. officiali sic per predictum dominum Willelmum ut supradicitur ordinato et deputato, de cujus deputacione et auctoritate vobis et sibi ad plenum constat et constabat. Volentes ut sibi scripsimus informari certificari de premissis et alia facere, prout nobis in hiis incumbit sicut ipse satis novit vos etiam nosci[ti]s ut prefertur, mandavimus quod citaret coram nobis de subditis thesaurarie quosdam quos reputavimus fidedigniores nosque cerciorare et informare melius super hiis novisse, et dixisse velle veritatem, ad certos diem et locum in thesauraria antedicta. Vos ut audivimus quod miramur sinistris interpretacione et intellectu nos satagere per hec pretenditis jurisdiccionem ad nos minime pertinentem usurpare, quod nostre intencionis non fuit nec existit, et visitacionis correccionis et reformacionis verba in eodem mandato [217] contra formam et mentem nostram volentes sicut placet, cum non mandatur citari thesaurarius, sibi etiam competat visitacio correccio et reformacio de qua [Fo.86v; N.F. 110v] fructus magni proveniunt et proventus solent provenire, provocacionibus et appellationibus frivolis ut dicitur lites si est ita affectantes, quamquam id non deceat dei ministros nec patrimonium in hiis effundere crucifixi, ac inhibicionibus subditis dicte thesaurarie ne nobis pareant et intendant in faciendis exercendis et exequendis que nobis incumbunt ut premittitur multipliciter, ne forte ea que ut asseritur occupastis de bonis dicte thesaurarie excessive et eam oppressistis ut dicitur in lucem deducantur coram nobis, sine causa legitima nitimini ut refertur impedire. Quocirca vos et vestrum quemlibet requirimus rogamus monemus et hortamur in domino vobisque mandamus quatinus inhibiciones et impedimenta alia si feceritis aliqua vel prestiteritis ea amoveatis et revocetis effectualiter, ipsamque revocacionem dictis subditis notificetis et publicetis eisdem indilate. Desistentes in hiis in futurum,

---

[415] Interlined.

permittatis etiam nos facere exercere et exequi que in hac parte nobis incumbunt et tenemur. Nos etiam gravamen quodcumque mandato et citacione nostris ut pretenditis illatum, quod non credimus, ipsaque mandatum et citaciones et ob ea secuta si que sint, certis et causis nos ad presens moventibus revocamus. Et de hiis omnibus que feceritis et faciendis duxeritis in premissis, nos vel in absencia nostra vicarium nostrum generalem infra quindecim dies a tempore porreccionis presencium vobis facte, cum dilatio et mora valde periculose in hiis existant nec sciamus proventus dicte thesaurarie nec onera ejusdem per vestra litteras patentes harum seriem continentes reddatis cerciores. Valete. [Womersley (*Wylmerleye*), 14 April 1327.] R' R' Snou not'.

227 DEPUTACIO CUSTODIS SEQUESTRI THESAURARIE ECCLESIE EBOR' AUCTORITATE APOSTOLICA. Commission, valid until revoked, granting William Codelyng', rector of St George's, York, custody of revenues of the Treasury of York [Minster], sequestrated in accordance with papal mandate [in **226**], and constitution of Clement V. After meeting all charges, he must deliver what remained over to victorious party in [above] cause. Cawood, 10 Sept. 1325.

228 Letter collating Henry de Edenestowe,[416] priest, to prebend of Oxton Secunda (*Oxton et Crophill*) in Southwell (*Suwellen'*), on exchange with M. Robert de Nova Villa,[417] for church of Flintham (*Flyntham*);[418] with mandate to chapter for induction and installation. Durham (*Dunolm'*), 13 May 1327.

229 Letter collating M. John de Wodehous, priest, rector of Sutton on Derwent (*Sutton super Derwent*), to priest-prebend in chapel of St Mary & Holy Angels, York, vacant by death of M. John de Hedon;[419] with note of mandate to dean of Christianity of York who was to induct because John was commissary general of court [of York], and official was absent. Brafferton, 28 May 1327.

230 Letter collating John Broune, rector of St Sampson's York, to subdeacon-prebend in chapel of St Mary & Holy Angels, York, vacant by death of William de Tang'; with note of mandate to official of court of York or his commissary general for induction. Bishopthorpe, 3 June 1327.

231 Letter collating M. Gilbert de Alberwyk', clerk,[420] to deacon-prebend in chapel of St Mary & Holy Angels, York, vacant by resignation of M. William de la Mare; with note of mandate [as in **230**] for induction. Bishopthorpe, 10 June 1327.

232 [*Commission, pursuant to mandate of provost of Sisteron as vice-auditor of Apostolic Camera, dated Avignon, 24 April 1326, rehearsed, to distrain revenues of*

---

[416] King's clerk in 1327 who occurs as *keeper of Great Seal in 1332 (*CPR 1327–30*, p.201; *Chapters*, VI. 12).
[417] His earlier provision (**102**) had probably prevented collation of M. John de Oxon, following death of M. Nicholas de Oxon, prior to 18 Jan. 1327 (Reg. Melton, fo.575v; n.f. 715v).
[418] *Reg. Melton*, IV. 97, no.440.
[419] King's clerk when presented by regalian right in 1305 (*CPR 1301–7*, p.377).
[420] See *BRUO*, I. 17.

prebend of Driffield for arrears of rent, set at 260 marks a year, with interest and expenses, owed by defaulting and excommunicated prebendal farmer, who by consent of his proctor, was subject to jurisdiction of provost and Camera. Money should be paid to proctor of prebendary.]

DEPUTATIO CUSTODIS FRUCTUUM PREBENDE DE DRIFFELD. Willelmus [*etc.*] dilecto filio Petro perpetuo vicario ecclesie prebendalis de Driffeld nostre diocesis, salutem [*etc.*]. Litteras discreti viri domini Stephani de Pynu prepositi Cistaricen' curie camere domini pape generalis viceauditoris ut prima facie apparuit sigillo suo consignatas recepimus in hec verba:

Reverendo in Christo patri domino .. Ebor' archiepiscopo, Stephanus de Pynu prepositus Cistaricen' curie camere domini pape generalis viceauditor, salutem in domino. Dudum procurator reverendi in Christo patris et domini domini Gaucelini tituli sanctorum Marcellini et Petri presbiteri cardinalis[421] procuratorio nomine ipsius domini cardinalis ad hoc [habens] speciale mandatum, dedit et concessit in arrendam et affirmam Roberto de Lascy domicello Ebor' diocesis et cuidam alteri fructus redditus et proventus prebende de Driffeld, que est ipsius domini cardinalis, usque ad quinque annos proximo futuros ex tunc in antea secuturos, anno quolibet precio et nomine precii ducentarum et sexaginta marcarum argenti solvendarum eidem domino cardinali vel ejus procuratori certis loco et terminis constitutis, prout in quodam publico instrumento [Fo.87; N.F. 111] inde confecto coram nobis exhibito et ostenso plenius continetur. Demum vero confessione legitimi procuratoris ipsius domicelli facta in judicio coram nostro locum tenente, idem locum tenens condempnavit eundem dom-icellum ad dandum et solvendum ipsi domino cardinali vel procuratori ejusdem prefatas ducentas et sexaginta marcas annis singulis ut premittitur in loco et termino supradictis, et ipsius procuratoris accedente consensu submittentis ipsum domicellum jurisdiccioni camere domini pape et nostre totaliter, prout ex tenore sui procuratorii facere poterat, in eundem domicellum in scriptis excommunicationis sententias promulgavit si in ipsarum marcarum argenti solucione deficeret facienda integre loco et termino constitutis. Et quia in solucione dicte arrendacionis in certo termino facienda defecit, premissis citacionibus et requisicionibus legitimis ut moris est, eundem Robertum excommunicatum per plura loca mandavimus et fecimus publice nunciari. Qui quidem domicellus ipsam excommunicationem et claves ecclesie vili-pendens non curat de prefatis marcis argenti dicto domino cardinali satisfacere, nec redire ad sancte matris ecclesie unitatem; immo quod deterius est habitis et perceptis fructibus non contentus et pro quibus satisfaccionem non impendit, continue ex eadem prebenda fructus percipit et eos in proprios usus convertit pro sue libito voluntatis. Propter que idem dominus cardinalis timens quod sibi de prefata arrenda in futurum non satisfaciat sicuti nec sibi satisfactum est de tempore retroacto, et ob hoc suo futuro prejudicio quod ex detencione dicte prebende si per ipsum domicellum imposterum[422] fieret precavere desiderans, fuit pro parte ejusdem a nobis instanter petitum ut indempnitati ipsius[423] super

---

[421] Gaucelin of Eauze: presented to prebend of Driffield by regalian right, 8 Nov. 1317, and provided, 5 Feb. 1318 (*CPR 1317–21*, p.44; **A8**). In 1314, he was king's clerk, and member of king's council and household [in Aquitaine] (*CPR 1313–17*, p.79).
[422] MS *impostorum*.
[423] Interlined.

hoc vellemus salubri remedio providere. Nos peticioni hujusmodi rationabili utpote annuentes et eidem domino cardinali quatenus jus patitur et sine partis alterius injuria possumus favorabiliter assistere disponentes, paternitati vestre presencium tenore committimus et sub pena interdicti ingressus ecclesie districte precipiendo mandamus quatinus receptis presentibus omnes et singulos fructus redditus et proventus dicte prebende de Driffeld auctoritate camere domini pape et nostra capiatis arrestetis et recolligatis aut capi arestari et recolligi faciatis diligenter et sollicite per aliquam personam sufficientem et ydoneam quam ad id duxeritis deputandum, et captos arrestatos et recollectos substitucioni premissa legitime vendi et distrahi faciatis, vocato iterum ad hoc si fieri comode poterit Roberto arrendario prefato, et pecuniam que provenerit ex vendicione jam dicta procuratori prefati domini cardinalis ad hoc legitime constituto tradatis assignetis et solvatis pro extenuacione dictarum marcarum debitarum nomine arrenda-cionis necnon penarum expensarum et interesse juxta obligacionis instrumenti continenciam et tenorem, recepta nichilominus a procuratore jam dicto nomine dicti arrendatoris quietacione et liberacione de hiis que prefato nomine duxeritis assignandum. Volumus tamen, et ad hoc idem dominus cardinalis expresse consentit, quod si aliquid ultra dictas ducentas et sexaginta marcas argenti annuatim solvendas et ultra id quod de tempore preterito dicto domino cardinali jam debetur proveniat de fructibus prefate prebende, illud superstitum sine contradiccione aliqua eidem domicello et coarrendatori suo tradatur et liberaliter assignetur, primitus cum dicto domino cardinali de toto ipso quinquennio satisfacto. Presentes autem litteras propter periculam itinerum[424] et locorum distanciam fecimus triplicari, nolentes quod propter hoc habeant nisi unum effectum. Datum Avinion' sub privato sigillo dicte curie quo utimur die vicesima quarta mensis Aprilis pontificatus domini Johannis XXII^{di} anno decimo.

Non valentes per nos variis et arduis negociis prepediti execucioni dicti mandati intendere ut vellemus, vos quem in hac parte personam reputamus sufficientem et ydoneam, de cujus circumspeccione fidelitate et industria ad plenum confidimus, ad ea que in ipso continentur mandato facienda et exequenda plenarie quantum cum deo possumus loco nostri deputamus, vobisque in hiis vices nostras committimus cum cohercionis canonice potestate, mandantes quod de omni eo quod feceritis et hiis que receperitis de fructibus proventibus et redditibus dicte prebende procuratori dicti domini cardinalis respondeatis et constare faciatis ut tenemini, in virtute obedientie vobis injungentes quod cum omni diligencia et celeritate quibus poteritis premissa faciatis et exequamini que nostre menti insident velut nostra. Valete. [Bishopthorpe, 11 June 1327.]

233 Notarial instrument of Richard de Snoweshull, apostolic notary, testifying that Raymond Peregrini, proctor of Gaucelin, cardinal priest of St Marcellinus and St Peter, and prebendary of Driffield, had consented to archbishop's appointment of Peter, vicar of Driffield, and William de Walton, vicar of Burton Agnes (*Burton Anneys*), as sequestrators of prebend of Driffield to act in accordance with mandate [in **232**]. Drawn up because Peregrini's seal was unknown to many. Present: Richard de Melton, prebendary of Osmotherley (*Osmunderley*), and John de Houeden, clerks. Bishopthorpe, 10 [*sic*] June 1327.

---

[424] MS *itinorum*.

234 Mandate to chapter of Southwell for M. John de Thoresby, admitted[425] as canon by archbishop pursuant to an expectative grace.[426] Bishopthorpe, 17 June 1327.

235 Form of admission [similar to **220**] of M. Thomas de Nassington,[427] as canon of York, pursuant to an expectative grace,[428] in person of M. John de Nassington,[429] rector of Kirton (*Kyrketon*) [undated]; with mandate to dean and chapter of York dated Bishopthorpe, 5 July 1327.

236 Letter collating Adam, son of Robert de Hoton, priest, to [priest]-prebend in chapel of St Mary & Holy Angels, York, vacant by resignation of William de Knaresburgh,[430] by exchange for church of Little Bradley (*Parva Bradeleye*), diocese of Norwich (*Norwycen'*); with note of mandate to official of court of [York] or his commissary general for induction. Bishopthorpe, 30 March 1327.

237 [*Commission to warn sacrist of chapel of St Mary & Holy Angels, York, to pay stipends of its clergy at duly appointed times, with power to compel payments.*]
[Fo.87v; N.F. 111v] COMMISSIO AD MONENDUM ET COMPELLENDUM SACRISTAM CAPELLE BEATE MARIE ET SANCTORUM ANGELORUM EBOR' CANONICIS ETC. Willelmus etc. dilectis filiis magistris Thome de Nova Villa juris civilis professori[431] rectori ecclesie de Gysburn in Craven nostre diocesis, et Philippo de Nassington curie nostre Ebor' advocato, salutem [*etc.*]. Ad monendum magistrum Johannem Bussh sacristam capelle nostre beate Marie virginis et sanctorum angelorum Ebor' quod omnibus et singulis canonicis ejusdem capelle nostre clericis eciam et ministris in eadem ministrantibus, de arreragiis stipendiorum suorum infra tempus per vos vel alterum vestrum moderandum integraliter satisfacere non omittat; necnon ad debite exequendum condempnacionem per nos factam in hac parte quociens et quando dictus sacrista in terminis in dicta nostra condempnacione contentis[432] in solucione hujusmodi stipendiorum a retro fuerit in toto vel in parte; et ad canonice compellendum eundem ad satisfaccionem stipendiorum hujusmodi cum ex parte dictorum canonicorum et ministrorum seu alicujus eorundem congrue requisiti fueritis vel alter vestrum fuerit requisitus; vobis conjunctim et utrique vestrum per se divisim cum potestate cohercionis canonice committimus vices nostras donec eas[433] duxerimus revocandas. Valete. [Bishopthorpe, 14 Aug. 1327.]

237A Note of similar commission to official of court of York and M. Philip de Nassyngton. 16 Dec. 1327.

238 [*Commission to warn sacrist of chapel of St Mary & Holy Angels to give alms owed in certain parishes, or otherwise to compel payment.*]

---

[425] Saving clauses omitted.
[426] Dated 5 May 1327 (*CPL*, II. 257). John was at the Curia in this year (*BRUO*, III. 1864).
[427] His patron was John de Grandisson, bishop of Exeter. See *BRUO*, II. 1338–9.
[428] Dated 11 July 1326 (*CPL*, II. 253).
[429] Also in Grandisson's service. See *BRUO*, II. 1337.
[430] King's clerk when presented by regalian right in 1317 (*CPR 1313–17*, pp.638, 675).
[431] See *BRUO*, II. 1351.
[432] i.e. Whitsunday; 1 Aug.; 11 Nov.; and 2 Feb. See **92**.
[433] Followed by line measuring 1cm.

LITTERA MONICIONIS DE SATISFACIENDO PAUPERIBUS IN SACRISTIA PER TOTAM DIOCESIM EXISTENTIBUS.[434] Willelmus etc. dilecto filio .. decano nostro de Lanum, salutem [*etc.*]. Moneas et efficaciter inducas magistrum Johannem Bussh sacristam [*etc.*] quatinus de arreragiis elemosinarum nostrarum in quibus Christi pauperibus tenetur debite distribuendis in parochiis de Sutton Everton Hayton Clareburgh et Retford nostre diocesis infra quindecim dies a tempore monicionis tue in hac parte sibi facte eisdem satisfaciat ut est justum; alioquin ipsum legitima monicione premissa ad id faciendum et quotiens opus fuerit et in hujusmodi arreragia incurrerit, servato processu legitimo qui in hac parte requiritur, ad prosecutionem quorumcumque parochianorum villarum predictarum quorum interest seu tunc temporis intererit ad satisfaciendum de hujusmodi elemosinis dictis pauperibus per quascumque censuras ecclesiasticas canonice arceas et compellas. Ad que omnia et singula facienda et expedienda tibi vices nostras committimus cum cohercionis canonice potestate. Vale. [Cawood, 13 Nov. 1327.]

238A Note of same commission to [rural] dean of Ainsty (*Aynsty*) for poor parishioners of sacristy in his deanery,[435] and to [rural] dean of Otley (*Otteley, Otteleye*) for poor of Otley.[436] Cawood, 13 Nov. 1327.[437]

239 Mandate to dean and chapter of York for John Morel, on whom, in person of John de Insula, rector of Farnham, his proctor, William de Cusancia – canon of Ripon[438] and sub-executor of a provision[439] deputed by bishop of Meaux (*Melden'*), the principal executor – had conferred prebend of Husthwaite, vacant by death of Hervey de Staunton. Archbishop had admitted Morel in person of his proctor with protestation [as in **91**]. Cawood, 15 Nov. 1327.

240 LICENTIA MAGISTRI ALANI DE SHIRBURN, CANONICI CAPELLE STUDENDI IN FORMA CONSTITUTIONIS [CUM EX EO].[440] Licence for M. Alan de Shirbourn, holding a priest-prebend in chapel of St Mary & Holy Angels, York, to be absent for three years' study, provided he was ordained priest during that time as his prebend required, that there was no diminution of worship, and that he appointed a proctor. Cawood, 17 Nov. 1327.

241 Mandate to dean and chapter of York for Nicholas de Hugate (*Hugat'*), clerk, on whom abbot of St Mary's, York, as executor of a provision,[441] had conferred prebend of Barnby, vacant by death of Walter de Yarwell, and

---

[434] For previous action see **216**.
[435] In parishes of Bardsey, Collingham, and Thorp Arch.
[436] For Bush's earlier failure there see *Reg. Greenfield*, I. 28, no.75.
[437] The three commissions made no provision for Bush's responsibilities to poor of Calverley and Hooton Pagnell.
[438] Prebendary of Thorpe. In 1320, *keeper of the Great Wardrobe, and previously clerk of Hugh Despenser the Younger. Served in separate royal wardrobes in 1320s and 1330s. See *Reg. Greenfield*, I. p.296; *CPR 1317–21*, p.430; *Edward II*, pp.123, n.l., 318; *CPR 1330–4*, p.522; *Calendar of Fine Rolls*, IV. 497.
[439] See **147** and n.
[440] *Sext.* I. 6. 34. This, however, only required ordination as subdeacon.
[441] See **179**.

accepted by M. Richard de Cave, his proctor. Archbishop had admitted[442] Hugate in person of his proctor. Sherburn in Elmet (*Shirburn in Elmet'*), 22 Nov. 1327.

242 Mandate to dean and chapter of York for William de Hoo,[443] admitted as canon by archbishop pursuant to an expectative grace,[444] in person of Alan de Cotum. Bishopthorpe, 29 Jan. 1328.

243 SECUNDA VISITACIO CAPITULI RYPON'. Mandate to chapter of Ripon or its locum tenens, to cite chapter before archbishop or one or more commissaries in chapter house on next law-day after 22 July for visitation. [Almost identical in form to **201**.] Bishopthorpe, 15 June 1328.[445]

244 [Fo.88; N.F. 112] VISITATIO COMMUNE RYPON'. Mandate[446] to chapter of Ripon or its auditor or locum tenens, to cite clergy and trustworthy men from prebends and common property of church of Ripon to appear before [archbishop or] one or more commissaries in church of Ripon on second law-day after 22 July[447] for visitation. Bishopthorpe, 9 Feb. 1328.[448]

245 VISITATIO DECANATUS RYPON'. Mandate[449] to [rural] dean of Ripon to cite clergy and trustworthy men of deanery to appear before archbishop or one or more commissaries in church of Ripon on second law-day after 22 July [450] for visitation. Date as above.

246 Mandate[451] to same, to cite masters or wardens of hospitals of St Mary Magdalen and St John Baptist, the priests serving therein, and eight trustworthy men from both parts of the town, best able to report on their state and foundation, to appear before archbishop or one or more commissaries on third law-day after 22 July[452] for visitation. Certification, including names of those cited, to be made then. Bishopthorpe, same day as above.

247 Mandate to dean and chapter of York for John de Godele (*Godelee*),[453] papally collated[454] to prebend of Stillington (*Stilington, Stylington*), [vacant on

---

[442] Saving clauses omitted.
[443] William served Edmund, earl of Kent (*CPL*, II. 204; *CPR 1321–4*, p.403; *CPR 1327–30*, p.391).
[444] Dated 18 April 1327 (*CPL*, II. 260).
[445] The year was crudely altered from *xxvii^mo* to *xxviii^mo* [*sic*]. The June date may have been written over a Feb. date (cf. **244**) and if so, visitation may have been originally planned for March – perhaps c.26 March, for here and in next entry the law-day was said to be *post festum beate Marie* with *Magdal'* interlined perhaps later, and certainly in different ink.
[446] Nearly identical in form to **64**.
[447] *post festum beate Marie* with *Magdal'* interlined.
[448] Year altered from *xxvii^mo* to *xxviii^mo*. See **243**n.
[449] Nearly identical in form to **65**.
[450] Date written above an erasure.
[451] Nearly identical to *Reg. Greenfield*, I. 176, no.405, transcribed in *MR*, II. 62–3.
[452] Date written above an erasure.
[453] King's clerk (*CPL*, II. 347).
[454] On 22 Nov. 1327. His expectative grace at York, granted before 1315 at request of

promotion at Curia of M. Thomas de Charlton, D.C.L.,[455] to see of Hereford].
Admitted[456] as canon by archbishop in person of Thomas de Heseleshaue, 'sub
certis protestacionibus atque formis'. Bishopthorpe, 29 March 1328.

248 [*Certificate pursuant to archbishop's mandate dated Bishopthorpe, 27 March 1326,
and rehearsed, showing that if chapelyard at Haxby were dedicated, unseemly and frequent
accidents when carrying corpses to Strensall would be avoided; nor would chapter or clergy
suffer any financial loss (details of tithes and offerings given). Dedication of chapelyard,
17 June 1328, noted.*]

CERTIFICATORIUM DECANI ET CAPITULI EBOR' QUOD CIMITERIUM DE HAXBY PROPE
EBOR' INDIGET DEDICACIONE. Venerabili in Christo patri domino W[illelmo] etc.
sui .. devoti Robertus decanus et .. capitulum ecclesie beati Petri Ebor', salutem
cum reverencia et honore debitis tanto patri. Litteras vestras nuper recepimus
tenoris et continencie infrascripte.

Willelmus etc. dilectis filiis .. decano et .. capitulo ecclesie nostre beati Petri
Ebor', salutem [*etc.*]. Ad dedicacionem cimiterii de Haxeby canonice faciendam
per incholas et inhabitatores pro parte prebende de Driffeld in eadem villa de
Haxeby excitati sumus instancius et rogati vel saltem ad concedendum eis inibi
sepulturam cum certam sepulturam non habeant abinde[457] ubi ipsorum
defunctorum corpora sepeliri poterunt prout dicunt nisi in dicta ecclesia
prebendali de Driffeld que a loco predicto distat nimium ut est notum.
Quocirca vobis mandamus quatinus quid absque prejudicio prebende[458] de
Strensale, ad quam una pars dicte ville spectare noscitur, et prefate prebende de
Driffeld aut eciam vestri vel alicujus alterius ecclesie vicine fieri poterit in hac
parte, vocatis hiis quorum interest diligencius inquiratis pro nostra informacione debita in premissis. Et quid per inquisicionem hujusmodi compertum
fuerit in hac parte nobis curetis rescribere cum effectu per vestras litteras
clausas et patentes harum seriem continentes, una cum nominibus et dictis
eorum per quos inquisiveritis presentis negocii plenius veritatem. Datum apud
Thorpe prope Ebor' vi kalendas Aprilis anno gratie millesimo CCC^mo vicesimo
sexto.

Quarum auctoritate vocatis juxta exigenciam earundem litterarum vestrarum
hiis quorum interest super contentis in dictis litteris vestris in ecclesia de
Haxeby predicta, in presencia Ricardi de Skyren pretendentis se procuratorem
in prebenda de Strensale, et domini Willelmi vicarii dicte ecclesie de Strensale
et aliorum, per Stephanum Sampson Thomam Lardener Thomam de Pacen-
ham Thomam Wymark' de Wyggington Henricum Able Johannem Arnalde
Willelmum Bernarde Johannem Knout' Willelmum Pety Johannem Etkoc' de
Haxeby Hamundum de Strensale Ricardum filium Hamundi Robertum
Cornbrig et Willelmum Railef' viros fidedignos juratos, diligentem fieri fecimus
inquisicionem. Qui jurati dicunt quod absque prejudicio prebendarum de

Queen Margaret, he being her clerk, thereby cancelled (*Reg. Jean XXII*, vol.7, p.79,
no.30490; *CPL*, II. 266; *Chapters*, V. 239).
[455] *Controller of Wardrobe and keeper of Privy Seal when presented by regalian right in
1316. See *BRUO*, I. 392–3; *Edward II*, pp.316, 317.
[456] Saving clauses omitted.
[457] MS *abimde.*
[458] MS *prebendarum.*

Strensale et Driffeld nostri aut alterius ecclesie vicine sepulturam concedere et inibi facere potestis, et hoc intuitu caritatis et honestis curare habetis ad evitacionem scandali et detestabilis facti contingencie cum alias nonnullis vicibus corpora defunctorum differenda per vias et itinera propter locorum distanciam et viarum discrimina extra feretra casualiter fuerant prolapsa; et hoc contigit actualiter in corpore Thome Westyby sicut deferebatur versus Strensale ecclesiastice tradendo sepulture, quod cecidit in aquam de Fosse. Dicunt eciam ad hoc quod vicarius de Driffeld nichil percipit apud Haxeby et quod ab antiquo extitit ordinatum et sic hactenus observatum quod capellani qui pro tempore fuerant apud Haxeby divina celebrantes percipiunt omnes oblaciones et decimas quadragesimales tam de tenentibus prebende de Strensale quam de tenentibus prebende de Driffeld, vicariusque de Strensale percipit omnes decimas minores et omnia mortuaria tenencium de Strensale; prebendarius vero de Driffeld percipit omnes decimas minores et omnia mortuaria tenencium de Driffeld. Vestra valeat reverenda paternitas per tempora longiora. [York, 15 July 1327.]

[Margin] Memorandum quod die veneris xvii die Junii anno gratie M°CCC° XXVIII dominus dedicavit prefatum cimiterium. Et est capella de Driffeld.

249 Mandate to dean and chapter of York for M. Richard de Solbery (*Solbiry*), [B.C.L.],[459] admitted as canon by archbishop pursuant to an expectative grace,[460] in person of John de Popelton, clerk, substituted for M. Robert de Dufton, his principal proctor. Bishopthorpe, 9 June 1328.

250 TERCIA VISITATIO CAPELLE BEATE MARIE ET SANCTORUM ANGELORUM EBOR'. Mandate [similar to **156**] to official of court of York or his commissary general, to cite sacrist, canons, *etc.*, of chapel of St Mary & Holy Angels, York, to appear before archbishop or one or more of his commissaries in their chapel on 5[461] March for visitation. Bishopthorpe, 30 Jan. 1329.[462]

[Partly marginal note showing] that visitation was postponed for certain reasons at Bishopthorpe on 3 Oct. 1328 ?[*recte* 3 Feb. 1329]; that another citation was issued in same form from Bishopthorpe on 27 Feb. 1329 for a visitation on Wednesday 22 March 1329, and that it actually took place then.[463]

251 [Fo.88v; N.F. 112v] Letter collating M. Nicholas de Lodelowe,[464] to prebend of Knaresborough (*Bichill cum Knar'*) in York, by exchange with M. Richard de Clare[465] for prebend of Swords (*Swerd', Swerdes*) in Dublin. Kirkby Malham (*Kirkeby in Malghdale*), 2 July 1328.

[459] King's clerk in 1325; by 1330 Richard's patroness was Queen Isabella (**149**n; *CPL*, II. 307).
[460] Dated 1 Dec. 1327 (*CPL*, II. 266).
[461] *v^{to}* struck through later and *xxii^{do}* interlined. Day of week, now reading *mercurii* may have been altered.
[462] Pontifical year (*xi°*) conflicts with year A.D. The latter is followed here.
[463] See **296**.
[464] King's clerk by 1327 (*BRUO*, II. 1155). For his scruples leading to exchange see *CPL*, II. 326.
[465] King's clerk by 1318, and presented that year to Knaresborough by regalian right (*CPR 1313–17*, p.655; *CPR 1317–21*, p.219).

252 DECANO ET CAPITULO EBOR' SUPER HOC. Mandate [in usual common form] to dean and chapter of York to do their part for M. Nicholas de Lodelowe, collated [as in **251**]. Kirkby Malham, 2 July 1328.

253 Certificate pursuant to commission of Alexander, archbishop of Dublin, dated Martin Hussingtree (*Merton juxta Wygorn*'), 15 June 1328, rehearsed, showing that Archbishop William had expedited exchange [at **251**], and invested M. Richard de Clare, in person of John de Blebury, with prebend of Swords. Richard's installation, induction, and oath of obedience had been reserved to archbishop of Dublin. Kirkby Malham, 2 July 1328.

254 Letter collating M. Richard de Clare to prebend of Swords in Dublin, by exchange [at **251**], on authority of archbishop of Dublin, in person of John de Blebury, priest. Kirkby Malham, 2 July 1328.

255 [*Mandate to dean and chapter of York to expedite* **252**, *although not sealed with pendent seal but on dorse; otherwise archbishop would order others to do so. Argument reiterated that for such business either sealing was equally valid.*]
W[illelmus] permissione divina etc. dilectis filiis .. decano et capitulo ecclesie nostre Ebor', salutem [*etc.*]. Resistentia quam facitis ut dicitur mandato nostro vobis nuper directo ad faciendum quod vobis incumbit in negotio magistri Nicholai de Lodelowe canonici ecclesie nostre predicte, cui ex causa permuta-cionis prebendam de Bichill et Knaresburgh vacantem in ecclesia nostra predicta contulimus intuitu caritatis, prout per litteras nostras vobis inde directas plenius innotescit, nobis admirandi materiam subministrat, nec subest causa ex parte vestra resistendi eo quod non scripsimus vobis per litteras nostras patentes sigillo pendente quia inter nos et vos super hujusmodi materia habito colloquio aliquali [**62**]. Quamquam exhibite fuissent quedam littere patentes sigillo pendente consignate[466] vobis forsitan in casu simili directe, exhibuistis tamen tunc temporis consimiles litteras et in tali casu sigillo archiepiscopi indorsatas nullatenus pendente. Unde inter nos tunc temporis dicebatur quod quandoque cum sigillo pendente quandoque ipso sigillo indorsato vobis in casibus de quibus premittitur scriberemus, et jam novissime bis vel ter sigillo nostro ut premittitur pendente vobis scripsisse meminimus in casibus memoratis. Unde si semel nunc vobis scribamus litteris indorsatis non debetis inde rationaliter molestari, set quod nunc uno modo nunc alio nostre vobis hujusmodi littere dirigantur debetis merito contentari. Quocirca vobis mandamus discretionem vestram in domino exhortantes quatinus circa dictum magistrum N[icholaum] vel procuratorem suum ad hoc legitime constitutum faciatis quod vestrum est et quod vobis incumbere dinoscitur in hoc casu, juxta formam et effectum aliarum litterarum nostrarum quas vobis inde non est diu duximus [Fo.89; N.F. 113] dirigendas, alioquin in vestram deduci volumus notitiam quod ipsi magistro Nicholao vel procuratori suo nomine ejusdem per nos [vel] alium seu alios stallum in choro et locum in capitulo faciemus in vestri defectu ut convenit assignari, ipsumque magistrum N[icholaum] vel procur-atorem suum ejus nomine in corporalem possessionem prebende sue predicte presentialiter induci cum suis juribus et pertinentiis universis. Valete. [Otley, 7 July 1328.]

[466] MS *consignato*.

256 COMMISSIO AD INDUCENDUM MAGISTRUM NICHOLAUM DE LODELOWE IN CANONICATUM ET PREBENDAM DE BYCHEHIL' CUM KNAR' IN DEFECTUM DECANI ET .. CAPITULI ECCLESIE EBOR'. Commission to M. Richard de Cave, dean of Christianity of York, personally to induct and install M. Nicholas de Lodelowe into prebend of Knaresborough (*Bychehull cum Knaresburgh*) if dean and chapter of York continued to refuse to do so, recalling that 'dilectisque filiis decano et .. capitulo ecclesie nostre Ebor' predicte mandaverimus per nostras litteras sigillo nostro indorsatas ut moris est quod circa dictum magistrum Nicholaum vel procuratorem suum ejus nomine ulterius exequerentur quod ad ipsos pertinuit in hoc casu, qui hujusmodi nostrum mandatum non absque contemptu exequi distulerunt hactenus minus juste'. Ripon, 15 July 1328.

257 INDUCCIO PREBENDE DE BYCHEHULL CUM KNARESBURGH MAGISTRO NICHOLAO DE LODELOWE FACTA CAUSA PERMUTACIONIS CUM PREBENDA DE SWERD' IN ECCLESIA DUBLIN'. Mandate to dean and chapter of York, sealed with archbishop's pendent seal, to do their part for M. Nicholas de Lodelowe [first repeating **252** word for word and continuing]: Ad instantem autem supplicacionem dicti magistri Nicholai et aliorum pro eodem nobis supplicancium, vobis per has litteras nostras patentes sigillo nostro pendente sigillatas scribimus ista vice, protestantes quod per istum modum consignandi non intendimus nec volumus aliqualiter prejudicare vel prejudicium generare nobis et successoribus nostris in futurum, quin in casibus consimilibus tam per clausas litteras quam indorsatas et eciam patentes prout nobis et ipsis placuerit scribere valeamus[467] et valeant futuris temporibus successivis, de quo jure et potestate libera predictis modis omnibus consignandi nobis et nostris successoribus in futurum inviolabiliter conservandis protestamur effectualiter ut possumus in hiis scriptis. Valete. [Ripon, 21 July 1328.]

258 Commission to M. William de Alberwyk', precentor of York, to confer subdeanery of York on M. Walter de Burton, D.D.,[468] if owed to no other and not reserved to pope's collation or ordering; and to induct and install him or his proctor; with power to curb those resisting. Ripon, 12 July 1328.

259 [*Letter of precentor of York, in public form, collating M. Walter de Burton, D.D., to subdeanery of York, by virtue of* **258**.]
COLLATIO EJUSDEM. Willelmus de Alberwyk' ecclesie beati Petri Ebor' precentor, magistro Waltero de Burton sacre pagine professori, salutem in auctore salutis. Litteras venerabilis patris domini Willelmi [*etc.*] recepimus eo qui sequitur sub tenore: Willelmus permissione etc., ut supra. Quarum auctoritate litterarum tibi magistro Waltero predicto quem mores et merita multipliciter [reddunt] comendabilem, donaque scientie et virtutum efferunt et exornant, subdecanatum ecclesie beati Petri Ebor' ad collationem venerabilis patris archiepiscopi predicti spectantem, cum suis juribus et pertinentiis universis vacantem si nulli alii de jure debeatur ac auctoritate sedis apostolice domini nostri pape collationi seu dispositioni nullatenus reservetur conferimus; decernentes te vel procuratorem tuum nomine tuo in corporalem possessionem

---

[467] MS *valiamus*.
[468] See *BRUO*, I. 321.

predicti subdecanatus cum suis juribus de quibus premittitur et pertinentiis universis fore inducendum, necnon stallum in choro et locum in capitulo subdecano ecclesie nostre Ebor' predicte debita in dicta Ebor' ecclesia absque juris alieni prejudicio tibi ut convenit assignanda, juxta vim formam et effectum litterarum domini archiepiscopi predictarum. In cujus rei testimonium sigillum nostrum fecimus hiis apponi et in fidem pleniorem premissorum .. notarium infrascriptum presentibus subscribere et signum suum apponere consuetum. [Bishopthorpe, 2 Aug. 1328.]

Et ego Johannes de Thoresby clericus Linc' diocesis publicus auctoritate apostolica notarius, anno die mense et loco supradictis indictione undecima, presentibus discretis viris magistro Ada[469] de Haselbech et domino Ricardo de Melton de Lyth et de Botill ecclesiarum rectoribus Ebor' diocesis testibus ad premissa vocatis et rogatis, litteras venerabilis in Christo patris et domini domini Willelmi [*etc.*] quarum verus tenor suprascribitur, sigillo ipsius patris de quo michi satis constitit quia ipsarum sigillacioni interfui consignatas sanas et integras et in nulla sui parte suspectas prout prima facie apparebat vidi atque legi; ac predicte collationi et omnibus aliis et singulis modo quo premittitur exactis presens interfui; eaque omnia et singula sic fieri vidi et audivi, et de mandato venerabilis viri magistri Willelmi de Alberwyk' commissarii supradicti, cujus sigillum in mei presencia presentibus est appensum, hic me subscripsi, et signum meum consuetum apposui in testimonium premissorum requisitus.

260 MANDATUM AD INSTALLANDUM. Mandate in public form of William de Alberwyk', precentor of York and archbishop's specially deputed commissary by virtue of [**258**], ordering dean and chapter of York [Fo.89v; N.F. 113v] to do their part for M. Walter.[470] Sealed with his seal. Bishopthorpe, 3 Aug. 1328. Subscribed by John de Thoresby, notary apostolic, in same form as [**259** but not rehearsed].

261 Mandate to chapter of Ripon to cite Thomas of Savoy (*Sabaudia*), calling himself prebendary of Nunwick (*Nonnewyk'*), personally or by proctor, or amongst friends and in church of Ripon, to appear before archbishop or one or more commissaries on 4 Oct. 1328 at Bishopthorpe, to show why he should not be amoved.[471] Archbishop presumed he had no title since neither it nor his letters of orders had been exhibited at or since last [recent] visitation,[472] and there was nothing about it in his register.[473] Peremptory term was appointed because of nature of matter, and to avoid danger to souls and the inconvenience of a long vacancy. Certification to archbishop or his commissaries before 4 Oct. by letters patent, showing date mandate was received and citation made, and action taken.[474] Bishopthorpe, [misdated as] 19 July 1328.[475]

262 TERCIA VISITATIO CAPITULI ECCLESIE BEVERL' Note of citation of chapter of Beverley to archbishop's visitation in chapter house on 23 Nov. 1328, in same

---

[469] MS *Adam*.

[470] Walter seems to have been displaced early in 1329 by a papal provisor (**295**n).

[471] For deprivation see **286**n.

[472] Held on first law-day after 22 July 1328 (**243**).

[473] He was presented to prebend [in 1297] by regalian right, as Archbishop Corbridge's register showed, and was a kinsman of Edward I (*MR*, II. 24).

form as [155]; also of mandate to chapter or its auditor for archbishop's visitation of common property, prebends, and tenants in [minster] on 24 Nov., in same form as [166]. Bishopthorpe, 5 Oct. 1328.

263 Writ of Edward III recalling that at petition of clergy of province of York, he had ordered archbishop to have those benefices which were devastated by Scots newly assessed, so that they could pay tenth they had granted to him.[476] King understood that archbishop had delayed ordering new assessment of Treasury of York, much devastated in many places by Scots. He must now order it, and return writ to treasurer and barons of Exchequer with new assessment. *Teste me ipso.* Lincoln, 29 March 1328.

RETURN. Treasury of York newly assessed at 110 marks;[477] also church of Lythe re-assessed at request of M. Adam de Haselbech, its rector, at 20 marks.[478] Ottringham (*Otringham*), 27 Oct. 1328.[479]

264 [*Letter, in public form, providing M. William de Stanes, archbishop's clerk, to a prebend then or next becoming vacant in Beverley Minster, by virtue of provisory faculty, dated Avignon, 9 Jan. 1328, rehearsed, authorising archbishop to reserve one prebend in each of churches of Beverley, Howden, Ripon, Southwell, and York. Ripon, 9 July 1328.*]
[Fo.90; N.F. 114] Willelmus [*etc.*], provisor et executor ad infrascripta a sede apostolica deputatus, dilecto nobis in Christo filio magistro Willelmo de Stanes clerico nostro, salutem in eo qui est omnium vera salus. Litteras sanctissimi patris et domini nostri domini Johannis divina providencia pape vicesimi secundi, vera bulla plumbea ejusdem domini pape bullatas, non cancellatas non abolitas non abrasas non viciatas nec in aliqua sui parte corruptas non suspectas, set sanas et integras et omni suspicione carentes, nos reverenter recepisse noveris sub infrascripto tenore:

Johannes episcopus servus servorum dei, venerabili fratri Willelmo archiepiscopo Ebor', salutem et apostolicam benedictionem. Sincere devocionis affectus quem ad nos et Romanam geris ecclesiam solicitat mentem nostram ut ea tibi libenti animo concedamus per que te aliis reddere valeas gratiosum, tuis itaque devotis supplicacionibus inclinati conferendi auctoritate nostra in tua [ecclesia] Ebor' ac in collegiatis de Suwell et de Beverlay ac de Ripon in quibus ad te canonicatuum et prebendarum collatio necnon et in Houenden ecclesiis tue diocesis, in qua quidem ecclesia de Houenden ad dilectos filios priorem et capitulum ecclesie Dunolm' personarum presentacio et ad te institucio ad canonicatus et prebendas ut asseris pertinent, in singulis videlicet ipsarum Ebor' de Suwell de Ripon et de Beverlay et de Houenden ecclesiarum singulis personis idoneis, eciam alia beneficia de compaciencia obtinentibus, quas ad hec duxeris eligendas, singulos canonicatus ecclesiarum ipsarum cum plenitudine juris canonici; ac faciendi singulas personas ipsas vel procuratores earum

---

[474] Transcribed in *MR*, II. 96–7.
[475] Probably 3 Aug. × 12 Aug. when archbishop is known to have been at Bishopthorpe.
[476] Granted 14 Oct. 1327 (*Reg. Melton*, I. 89, no.280).
[477] Already certified to abbot of St Mary's York, 2 May 1328 (*Reg. Melton*, II. 132, no.320A).
[478] Already certified to Exchequer, 16 April 1328 (ibid. 126, no.308). (Misprinted there as £20.)
[479] Rest of folio blank.

pro eis auctoritate predicta in eisdem singulis ecclesiis in canonicos recipi et in fratres, stallo eis in choro et loco in capitulo cum dicti juris canonici plenitudine assignatis; ac reservandi collationi tue pro eisdem singulis personis singulas prebendas nulli alii de jure debitas si que in dictis singulis ecclesiis tunc vacabunt vel postea vacaverint, quas eedem singule persone per se vel procuratores earum ad hoc legitime constitutos infra unius mensis spacium postquam eis vel dictis procuratoribus vacacio illarum innotuerit duxerint acceptandas conferendas eis post acceptacionem hujusmodi cum omnibus juribus et pertinentiis earundem; inhibendi eciam successoribus tuis archiepiscopis Ebor' qui erunt pro tempore ac priori et capitulo prelibatis ne de[480] predictis singulis prebendis interim eciam ante acceptacionem hujusmodi nisi postquam eis constiterit quod dicte persone vel procuratores ipsarum illas noluerint acceptare disponere quoquomodo presumant; ac decernendi extunc irritum et inane si secus super hiis a quoquam quavis auctoritate scienter vel ignoranter contigerit attemptari; conferendi quoque easdem singulas prebendas cum omnibus juribus et pertinentiis suis prefatis personis vel procuratoribus suis pro eis post hujusmodi acceptacionem, et providendi de illis; inducendi quoque personas ipsas vel earum procuratores ipsarum nomine per te vel alium seu alios in dictarum prebendarum ac jurium et pertinenciarum ipsarum corporalem possessionem et defendi inductas; ac faciendi earum singulis de singulis ipsarum prebendarum fructibus redditibus proventibus juribus et obvencionibus universis integre responderi; contradictores etiam auctoritate predicta appellatione postposita compescendi; non obstantibus [*etc.* as in **66** *mutatis mutandis* with minor variants and replacing 'seu si dilectis filiis decano et capitulo ejusdem ecclesie' by 'aut si archiepiscopo Ebor' qui est pro tempore, et priori et capitulo prelibatis;' omitting 'si dicta persona alia beneficia . . . noscatur'.] Datum Avinion, v^to idus Januarii pontificatus nostri anno duodecimo.[481]

Cum conditiones et merita personarum provida consideracione pensamus illas libenter condignis honoribus prevenimus quas novimus ex earum laudabilibus meritis gratia dignas [esse] ut ipsi libentius cultui virtutum insistant et alii earum exemplo ad virtutum studia dirigantur. Attendentes itaque multiplicia tue merita probitatis, et volentes personam tuam hujusmodi meritorum obtentu prosequi munere benevolencie specialis, auctoritate gracie et litterarum apostolicarum predictarum te ad infrascripta elegimus et canonicatum ecclesie Beverl' predicte nostre diocesis cum plenitudine juris canonici tibi conferimus, et de ipso eciam providemus, et prebendam nulli alii de jure debitam si qua talis prebenda in eadem ecclesia vacat ad presens vel postea vacaverit quam per te vel procuratorem tuum ad hoc legitime constitutum infra unius mensis spacium postquam tibi vel dicto procuratori tuo vacacio ipsius innotuerit duxeris aut duxerit acceptandam conferendam tibi post acceptacionem hujusmodi cum omnibus juribus et pertinentiis suis collationi nostre immo verius ut predicitur donationi apostolice reservamus; inhibentes et interdicentes expresse successoribus nostris .. archiepiscopis qui pro tempore erunt ac omnibus et singulis Christi fidelibus ne prebendam hujusmodi alicui alteri conferant, seu de ipsa qualitercumque disponant aut disponere presumant quoquomodo etiam ante acceptacionem hujusmodi nisi postquam eis constiterit quod tu vel procurator

---

[480] Interlined.
[481] *CPL*, II. 268.

tuus illam nolueris aut noluerit acceptare, ac decernentes ex nunc irritum et
inane si secus super predictis a quoquam scienter vel ignoranter contigerit
attemptari. Vale. In quorum testimonium presentibus sigillum nostrum mandamus apponi et eas per infrascriptos notarios subscribi, et signis suis consuetis
signari in plenius testimonium eorum. Actis et datis apud Ripon ix° die mensis
Julii anno ab incarnacione domini millesimo trecentesimo vicesimo octavo et
pontificatus nostri undecimo, indiccione undecima.

Et ego Johannes Roberti de Hakthorp clericus Karl' diocesis publicus
auctoritate apostolica notarius premissis omnibus et singulis prout [Fo.90v;
N.F. 114v] suprascribuntur in manerio venerabilis patris domini Willelmi [*etc.*]
apud Ripon, nono die mensis Julii anno ab incarnacione domini millesimo
CCC^mo vicesimo octavo indiccione undecima, una cum discretis viris magistris
Willelmo de Alberwyk' sacre theologie doctore majoris ecclesie beati Petri Ebor'
precentore, Thoma de Nova Villa juris civilis professore rectore ecclesie de
Gysburn in Craven, Ada[482] de Heselbech rectore ecclesie de Lyth, domino
Ricardo de Otringham rectore[483] ecclesie de Kirkeby Oreblaueers, ac Willelmo
de Carleton notario publico testibus ad premissa vocatis specialiter et rogatis,
presens personaliter interfui, et predictas litteras apostolicas originales vera bulla
plumbea bullatas sanas vidi, et omnia alia suprascripta[484] fieri vidi et audivi, ac
presentes de mandato venerabilis patris provisoris et executoris supradicti
subscripsi requisitus, et signum meum consuetum apposui eisdem in testimonium premissorum.

Et ego Willelmus de Carleton clericus Ebor' diocesis publicus auctoritate
apostolica notarius premissis omnibus et singulis prout suprascribuntur anno
indiccione mense die et loco prenotatis una cum notario et testibus suprascriptis
personaliter presens interfui, et predictas litteras apostolicas originales vera bulla
plumbea bullatas sanas vidi, omniaque alia suprascripta fieri vidi et audivi, ac
presentes de mandato venerabilis patris executoris predicti subscripsi requisitus,
et signum meum consuetum apposui eisdem in testimonium premissorum.

265 [*Process or [executorial] letters, in public form, to chapter of Beverley for M.
William de Stanes, provided by archbishop to a prebend then or next becoming vacant, by
virtue of faculty in* **264***; reserving its collation to himself, his subprovisor and sub-executor,
or one or more of his subdelegates. Obstruction punishable by excommunication and
interdict after six days. Copy might be taken at chapter's expense. Ripon, 9 July 1328.*]
Willelmus permissione divina etc., provisor et executor ad infrascripta a sede
apostolica deputatus, venerabili capitulo ecclesie nostre Beverl' et quibuscumque .. canonicis et .. prebendariis ejusdem ecclesie et quibuscumque personis
personatus beneficia seu officia qualitercumque habentibus in eadem ecclesia
cujuscumque status seu conditionis existatis seu extiterint et quibuscumque
nominibus censeamini seu quomodolibet censeantur, salutem in domino et
mandatis apostolicis firmiter obedire. Litteras sanctissimi patris et domini nostri
domini Johannis divina providencia pape XXII, vera bulla plumbea ejusdem
domini pape bullatas [*etc.* as in **264** to] venerabili fratri Willelmo archiepiscopo
Ebor' et cetera ut patet ex alia parte folii presentis. Unde nos cum conditiones

---

[482] MS *Adam.*
[483] MS *rectori.*
[484] MS *subscripta.*

[*etc.* as in **264** to] dirigantur. Attendentes itaque multiplicia probitatis merita dilecti clerici nostri magistri Willelmi de Stanes, et volentes personam suam hujusmodi meritorum obtentu prosequi munere benevolencie specialis, auctoritate gratie et litterarum apostolicarum predictarum canonicatum predicte[485] ecclesie nostre Beverl' cum plenitudine juris canonici sibi contulimus et providimus de eodem, ac prebendam [*etc.* as in **264** *mutatis mutandis* to] attemptari.

Volentes igitur predictas graciam et litteras apostolicas nobis in hac parte concessas et directas ulterius exequi ut incumbit, vos capitulum predictos ac omnes et singulos canonicos ac omnes et singulas personas dicte ecclesie Beverl' personatus seu beneficia administraciones seu officia quecumque habentes in eadem ecclesia cujuscumque status seu conditionis extiteritis et quibuscumque nominibus censeamini, auctoritate apostolica qua fungimur in hac parte, pro primo secundo et tercio ac peremptorio monicionis edicto requirimus et monemus communiter et divisim vobis nihilominus et cuilibet vestrum in virtute sancte obedientie et sub pena excommunicationis districte precipiendo, mandantes quatinus infra sex dies a tempore presentacionis seu notificacionis presencium vobis facte immediate sequentes, quorum duos pro primo duos pro secundo et reliquos duos vobis universis et singulis pro tercio et peremptorio termino [et] canonica monicione premissa prefigimus et etiam assignamus, prefatum magistrum Willelmum vel procuratorem suum ejus nomine secundum predictarum litterarum apostolicarum et nostrarum tenorem recipiatis in ecclesia Beverlacen' predicta in canonicum et in fratrem, et sibi vel ejus procuratori pro isto stallum in choro et locum in capitulo ejusdem ecclesie cum plenitudine juris canonici assignetis. Prebendam vero hujusmodi si qua tunc aut postea vacavit seu nunc vacet aut imposterum vacare contigerit nulli alii de jure debitam quam per se vel procuratorem suum ad hoc legitime constitutum infra unius mensis spacium postquam sibi vel dicto procuratori vacacio ipsius innotuerit duxerit acceptandam conferendam sibi post acceptacionem hujusmodi, collationi nostre immo verius apostolice et subprovisoris et subexecutoris seu subdelegati seu subdelegatorum nostrorum specialiter reservavimus, et etiam tenore presencium reservamus; inhibentes et interdicentes expresse vobis et singulis vestrum ne hujusmodi prebendam alicui alii conferatis aut quemquam alium ad eam admittatis seu de ipsa quomodolibet disponatis eciam ante acceptacionem hujusmodi, nisi postquam vobis constiterit quod predictus magister Willelmus vel ejus procurator ipsam noluerit acceptare; ac decernentes ex nunc irritum et inane si secus super predictis a quoquam scienter vel ignoranter contigerit quomodolibet attemptari. Nos enim tam in dantes alteri quam in recipientes canonicatum et prebendam hujusmodi vel quicquam aliud pertinens ad eosdem, ac in vos singulos canonicos et personas singulas in eadem ecclesia Beverl' personatus administraciones beneficia seu officia quecumque et qualitercumque habentes, ac in alios contradictores quoslibet et rebelles ac impedientes ipsum magistrum Willelmum seu ejus procuratorem pro eo super premissis in aliquo, aut impedientibus ipsum dantes scienter consilium aut auxilium vel favorem publice vel occulte, cujuscumque dignitatis status vel conditionis existant canonica monicione premissa ex nunc ut ex tunc in hiis scriptis singulariter in singulos contravenientes seu non parentes aut contra

---

[485] Interlined.

premissa seu aliqua eorundem quicquam quomodolibet fieri facientes aut procurantes, excommunicationis in capitulum vero Beverl' ecclesie suspensionis et in ipsam ecclesiam Beverlac' interdicti sentencias promulgamus; absolutione omnium et singulorum qui prefatas nostras sentencias vel earum aliquam incurrerint nobis vel superiori nostro tantummodo reservata. Predictum vero processum nostrum ac omnia instrumenta publica et alia quecumque ipsum processum nostrum contingencia volumus penes predictum magistrum Willelmum vel procuratorem remanere, et non per vos vel aliquem vestrum vel quemvis alium contra ipsius magistri Willelmi vel ejus procuratoris voluntatem aliqualiter detineri. Mandamus tamen dicto magistro Willelmo et procuratori suo ut vobis faciant aut alter eorum faciat copiam de premissis si eam petieritis et habere volueritis vestris tamen sumptibus et expensis, ita quod facta vobis copia premissorum omnia et singula instrumenta et litteras presentem processum nostrum et alia hujusmodi negotium tangencia omnino illesa prout idem magister Willelmus vel ejus procurator [Fo.91; N.F. 115] assignaverit sine difficultate qualibet reddatis eisdem vel alteri eorundem, alioquin contrarium facientes prefatis sentenciis per nos latis ipso [facto] volumus subjacere.

In quorum omnium testimonium presens instrumentum hujusmodi processum nostrum continens per manus notariorum publicorum infrascriptorum subscribi mandamus, et signis eorum consuetis signari, nostrique sigilli impressione pendente muniri. Actis et datis apud Ripon nono die mensis Julii anno ab incarnacione domini millesimo CCC^{mo} vicesimo octavo et pontificatus nostri undecimo, indiccione undecima.

Subscribed by Hakthorp and Carleton [as in **264** with same witnesses, except that Hakthorp replaced 'presentes' with 'presens instrumentum dictum processum continens'.]

266 Process or [executorial] letters, in public form, dated Bishop Burton, 31 Aug. 1328, to prior and chapter of Durham, and to college or congregation of canons or chapter of Howden, for M. Adam de Haselbech, archbishop's clerk, whom archbishop had provided to prebend then or next becoming vacant at Howden, by virtue of [faculty in **264**]; inhibiting prior and chapter and others claiming to be patrons from presenting anyone else before Haselbech, and future archbishops from instituting them. [Otherwise text as in **265** *mutatis mutandis* down to] tantummodo reservata. Appointment of sub-executors or subdelegates follows:

Ceterum ut premissa debitum sortiantur effectum religiosis viris .. abbatibus de Melsa de Selby ordinum Cistercien' et sancti Benedicti, prioribus de Drax et de Wartria ordinis sancti Augustini nostre diocesis, ac magistris Johanni de Notyngham et Ricardo de Cave et domino Roberto de Haselbech ecclesiarum de Elkesley medietatis [Fo.91v; N.F. 115v (continued, as noted, below **269**)] ecclesie de Ryllington dicte nostre diocesis et sancte Elene Ebor' rectoribus, ac .. cancellario ecclesie Linc'[486] et magistro Thome de Beek' canonico ejusdem,[487] et eorum cuilibet insolidum super executione dicti mandati apostolici atque nostri, necnon ad compellendum canonice per quascumque censuras ecclesiasticas archiepiscopum Ebor' successorem nostrum qui erit pro tempore et .. priorem et

[486] M. Anthony Bek, D.D., younger brother of Thomas (*BRUO*, I. 152–3).
[487] See ibid. p.154.

.. capitulum Dunolm' ac quoscumque contradictores alios ut prescriptis nostris immo verius apostolicis pareant humiliter monitis et mandatis tenore presencium committimus vices nostras donec eas ad nos duxerimus revocandas; ipsis et eorum cuilibet in virtute sancte obediencie precipiendo mandantes sub pena excommunicationis quam ex nunc ut ex tunc canonica monitione premissa in eos et eorum quemlibet ferimus in hiis scriptis, et ipsos et eorum quemlibet incurrere volumus ipso facto si mandata nostra immo verius apostolica neglexerint vel eorum aliquis neglexerit adimplere, quatinus ipsi et eorum quilibet qui requisiti fuerint vel fuerit requisitus infra trium dierum spacium post requisicionem hujusmodi, quem terminum eis et eorum cuilibet pro peremptorio termino et monicione canonica assignamus, ad archiepiscopum Ebor' successorem nostrum qui pro tempore fuerit et priorem et ..capitulum Dunolm' et ad dictam ecclesiam de Houeden accedant personaliter et accedat, et supradictas litteras apostolicas et nostras super provisione collatione et reservatione dicto magistro Ade factis in hac parte ac dicta nostra mandata sentencias et processus ac omnia et singula supradicta et alia que pro hujusmodi negocii expedicione expedire videbuntur communiter et divisim eidem domino .. archiepiscopo qui fuerit pro tempore et vobis denuncient legant publicent et publicare procurent, eundem magistrum Adam vel[488] procuratorem suum ejus nomine in prefata ecclesia Houeden' faciendo recepi in canonicum et in fratrem, ac stallum in choro et locum in capitulo ejusdem ecclesie eidem magistro Ade vel procuratori suo pro ipso studeant assignare, ipsique magistro Ade vel procuratori suo ejus nomine prebendam quamcito in eadem ecclesia vacare contigerit quam idem magister Adam seu ejus procurator nomine suo duxerit acceptandam[489] conferre et assignare procurent, et in illius corporalem possessionem inducant cum suis juribus et pertinenciis universis et defendant inductum, mandatum nostrum immo verius apostolicum super hiis et aliis ea contingentibus exequendo secundum traditam seu directam a sede apostolica nobis formam, ita tamen quod ipsi vel eorum aliquis quibus negotium hujusmodi committimus aut quicumque alius nichil in ejusdem magistri Ade prejudicium innovare valeant vel valeat seu mutare in processibus per nos habitis et sententiis per nos latis. Volumus eciam quod quicquid per eorum aliquem inceptum fuerit possit per eorum alium seu alios terminari. In ceteris insuper que dicto magistro Ade super premissis nocere possent eisdem subdelegatis nostris et eorum cuilibet omnimodam potestatem adimimus et totaliter denegamus. Et si forte contingat nos in aliquo super premissis procedere, nolumus nec intendimus commissionem predictam quomodolibet revocare nisi de revocacione hujusmodi specialis et expressa mencio habeatur. Predictum vero [*etc.* as in **265** to] volumus subjacere. In quorum omnium testimonium presens instrumentum hujusmodi processum nostrum continens per manus magistri Willelmi de Carleton notarii publici subscripti subscribi et suo signo consueto signari mandamus nostrique sigilli impressione muniri. Actis et datis apud Burton juxta Beverl' ultimo die mensis Augusti anno ab incarnacione domini millesimo CCC^mo XXVIII° et pontificatus nostri undecimo indiccione undecima. Presentibus: magistris Johanne de Thoresby notario

---

[488] MS *et.*

[489] Adam gained prebend of Skelton *alias* Laxton, which he resigned in 1346 (*BRUO*, II. 883).

publico et Roberto de Aberford clerico ac Johanne de la Mare et Willelmo de Haselbech armigeris et Willelmo de Carleton notario suprascripto testibus ad hec vocatis specialiter et rogatis.

Et ego Willelmus de Carleton clericus Ebor' diocesis publicus auctoritate apostolica notarius premissis omnibus et singulis per dictum venerabilem patrem dominum Willelmum [*etc.*] executorem in dicto negotio auctoritate apostolica deputatum ut premittitur factis anno indiccione mense die et loco prenotatis una cum notario et testibus supradictis presens interfui, et ea sic fieri vidi et audivi, et presenti processui verum tenorem dictarum litterarum apostolicarum omni suspicione carencium continenti de mandato dicto patris Ebor' archiepiscopi facta primitus examinacione diligenti me subscripsi, signumque meum eidem apposui consuetum rogatis in testimonium premissorum.

Et ego Johannes de Thoresby clericus Linc' diocesis publicus auctoritate apostolica notarius anno indiccione mense die et loco predictis una cum notario et testibus suprascriptis premissis omnibus et singulis modo quo premittitur per venerabilem patrem predictum peractis presens interfui, et ea omnia et singula sic fieri vidi et audivi, et de mandato dicti venerabilis patris hic me subscripsi, et signum meum consuetum apposui in plenius testimonium premissorum.

267 [Fo.91v; N.F. 115v (top of folio)] Form of admission of Philip de Daventre[490] as canon of Southwell pursuant to an expectative grace,[491] [in same form as in **220**] [undated]; with mandate to chapter to do their part for Philip. Bishopthorpe, 14 Aug. 1328.

268 Marginal note of mandate to chapter of Southwell for M. Thomas de Aschele, [B.Cn.L.],[492] admitted [as canon by archbishop, pursuant to an expectative grace[493]]. 31 May 1332.

269 Partly marginal note of similar mandate to chapter of Ripon for John de Crakehale,[494] admitted [as canon by archbishop pursuant to an expectative grace[495]]. Aughton (*Aghton*), 17 June 1332.

270 [Fo.92; N.F. 116] Mandate to chapter of Beverley for Amblardus, son of lord Anthony de Bargis, admitted as canon by archbishop pursuant to an expectative grace,[496] in person of M. Thomas de Harpham. Bewick (*Bewyk'*), 6 Sept. 1328.

271 Note of mandate to chapter of Southwell for Boniface, son of lord Anthony de Bargis, admitted as canon by archbishop pursuant to an expectative grace.[497] Bewick, 6 Sept. 1328.

---

[490] Occurs in 1320 as clerk of Edmund, earl of Kent (*CPL*, II. 204).
[491] Granted, 17 June 1320 and renewed, 1 Feb. 1328, at request of earl of Kent (*CPL*, II. 204, 272).
[492] Household chaplain of Imbert de Puteo, cardinal priest of Twelve Apostles (*CPL*, II. 355).
[493] Dated 13 May 1331 (*CPL*, II. 340).
[494] See *BRUC*, pp.165–6.
[495] Granted, 26 Sept. 1331, at request of Edward III (*CPL*, II. 362).
[496] Granted, 15 June 1317, at request of Amadeus, count of Savoy (*CPL*, II. 161; *Reg. Jean XXII*, vol.1, p.375, no.4095).
[497] Granted, 16 June 1317, at request of Amadeus, count of Savoy (*CPL*, II. 162).

272 ADMISSIO AD PREBENDAM VACANTEM VEL VACATURAM IN ECCLESIA DE HOWDEN.[498] Letter in public form providing M. Adam de Haselbech to prebend then or next becoming vacant in church of Howden [as in **264** *mutatis mutandis,* but without rehearsing faculty]. Ripon, 9 July 1328.
Subscribed by William de Carleton and John de Hakthorp [reversing order and form in **264** and omitting Haselbech from witnesses].

273 PREBENDA IN ECCLESIA DE RYPON VACANS VEL PROXIMO VACATURA ETC.[499] Letter in public form providing M. Robert de Bridelington, archbishop's household clerk,[500] to prebend then or next becoming vacant in church of Ripon [in same form *mutatis mutandis* as **272**]. Ripon, 22 July 1328.
Et ego Johannes de Thoresby clericus Linc' diocesis publicus auctoritate apostolica notarius anno die mense et loco predictis indiccione xi^{ma}, premissis omnibus et singulis modo quo premittitur per venerabilem in Christo patrem et dominum dominum Willelmum [*etc.*] peractis una cum discretis viris magistro Ada de Haselbech et domino Ricardo de Melton de Lyth et de Botill ecclesiarum rectoribus Ebor' diocesis testibus ad premissa vocatis et rogatis presens interfui, eaque omnia et singula sic fieri vidi et audivi, litteras apostolicas originales quarum verus tenor scribitur vera bulla plumbea more Romane curie sigillatas et omni prorsus suspicione carentes prout prima facie apparebat vidi legi et palpavi, et de mandato venerabilis patris supradicti hic me subscripsi, et signum meum consuetum apposui in premissorum testimonium requisitus.

274 [Fo.92v; N.F. 116v] EXECUTIO PROVISIONIS MAGISTRI ROBERTI DE BRIDE-LIGTON IN ECCLESIA RYPON'. Process or [executorial] letters in public form to chapter of Ripon for M. Robert Bridelington, [in similar form to **266**, *mutatis mutandis*, but shortened after 'expressa mencio habeatur']. Subdelegates: abbot of Fountains; prior or custos of house of St Robert of Knaresborough; M. Anthony Beek', chancellor of Lincoln, and M. Thomas Beek', canon of Lincoln; M. Adam de Haselbech, rector of Lythe; and M. John de Notyngham, rector of Elksley (*Elkesleye*). Ripon, 25 July 1328.
Subscribed by John de Thoresby [in slightly shorter form than in **273**]. Witnesses: M. Adam de Haselbech, archbishop's chancellor; John de Clotherum and Ralph de Leek'.

275 [Fo.93; N.F. 121[501]] Letter, in public form, providing M. William de la Mare, archbishop's clerk, to prebend then or next becoming vacant in church of Southwell, [in same form, *mutatis mutandis* as **272**]. Ripon, 9 July 1328.
Subscribed by William de Carleton and John de Hakthorp [with same witnesses as in **272** and in almost same form.]

276 EXECUCIO DICTE PROVISIONIS. Process or [executorial] letters, in public form, to chapter of Southwell [for M. William de la Mare], said to be in same form as

---

[498] Late 16th-century caption.
[499] Late 16th-century caption.
[500] See *BRUO*, I. 265.
[501] N.F. 117–20 omitted. Contain 18th-century transcripts of ordinations of vicarages of East Stoke and South Scarle whose originals are calendared in *Reg. Melton*, IV. 8–9, nos 29, 34.

[274] *mutatis mutandis* to 'In quorum omnium testimonium' but with these sub-executors: priors of Shelford and Thurgarton; M. Anthony Bek', chancellor of Lincoln; M. Thomas Bek' and M. Robert de Bridelyngton, canons of Lincoln; and M. John de Notingham, rector of Elksley. Bishop Burton, 31 Aug. 1328. Present: M. Adam de Haselbech, rector of Lythe; M. John de Thoresby and M. William de Carleton, notaries, and M. Robert de Aberford, clerks, and others. Subscribed by William de Carleton [as in **266** with minor variants]; and John de Thoresby [as in **266** with slight addition].

277 Note of licence to Dns Simon Virly (*Virli*), berefellar (*berfellarius*) in Beverley Minster, to be absent for two years in some suitable and decent place. Bishop Burton, 26 Nov. 1328.

278 [Fo.93v; N.F. 121v] Mandate to chapter of Beverley for M. John de Burnham,[502] admitted as canon by archbishop pursuant to an expectative grace,[503] in person of John Porter. [Bishop] Burton, 23 Oct. 1328.

279 Note of mandate in same form as [**278**] to chapter of Southwell for John de Houton,[504] admitted as canon by archbishop pursuant to an expectative grace,[505] in person of William de Northwell, clerk. Preston (*Preston in Holdern'*), 25 Oct. 1328.

280 DOMINO REGI AD AMOVENDUM VIM ET POTESTATEM LAICALEM AB ECCLESIA EBOR'. Letter imploring the king to remove from York [Minster] an armed force of laymen which had twice[506] invaded it, excluding archbishop and preventing him from exercising his pastoral office [of visitation] there, disturbing the peace of the Church and the kingdom, and incurring sentence of greater excommunication. Since archbishop shortly intended to enter [Minster] to exercise his spiritual office there, he needed royal help to put down the rebellion of such enemies of Christ and his Church. Bishop Burton, 25 Nov. 1328.[507]

281 Mandate to chapter of Beverley for Robert Milis,[508] admitted as canon by archbishop pursuant to an expectative grace,[509] in person of John de Conyngton, chaplain. Bishopthorpe, 8 Dec. 1328.

282 Letter collating M. William de la Mare, subdeacon, to Treasury of York [Minster] by exchange with Walter de Bedewynde, last treasurer,[510] for church of

---

[502] See *BRUC*, p.109 which omits this canonry. King's clerk on provision (*CPL*, II. 276).
[503] Dated 23 March 1328 (ibid.)
[504] Then *cofferer of Wardrobe (*Chapters*, VI. 31).
[505] Dated 4 July 1328 (*CPL*, II. 275).
[506] Melton was first prevented from holding his visitation on 12 April 1327. On 1 Oct. or 2 Oct. 1328 his way was again barred. Subsequently, those resisting were excommunicated, and minster put under interdict. On 4 Nov. dean and chapter had received royal protection against him. See *Reg. Melton*, III. 82–3, no.155; YMA: M1 (1)d, fos 8v–10; *CCR 1327–30*, p.422; *CPR 1327–30*, p.336.
[507] Transcribed in *Historical Papers and Letters from Northern Registers*, pp.356–7.
[508] Served Queen Isabella (*CPR 1321–4*, p.251; *CCR 1323–7*, p.253; *Chapters*, V. 275).
[509] Dated 14 July 1327 (*CPL*, II. 262–3).
[510] Treasury had been litigious since Walter's intrusion in 1306 (**226**).

North Ferriby (*Northferiby*). Invested in person of Richard de Melton, clerk. Cawood, 24 Dec. 1328.

283 Mandate to dean and chapter of York for induction of M. William de la Mare, clerk, whom archbishop had collated as treasurer in [above] exchange, 'de consensu et voluntate partis domini Francisci Gaytani nuper litigantis super dicta thesauraria consentientis dicte permutacioni, si effectum sortiri poterit et non aliter'.[511] Cawood, 24 Dec. 1328.

284 Note that dean and chapter admitted M. William de la Mare in accordance with [**283**] as appears in [**291**].

285 Licence to M. William de la Mare, subdeacon, treasurer and prebendary of South Newbald in church of York, to study for two years at a *studium generale*, without obligation to reside or take higher orders meanwhile; provided that both treasury and prebend were served by a competent vicar to be instituted by archbishop or William and adequately remunerated, and that worship was maintained and other obligations met. Cawood, 17 Jan. 1329.

286 [Fo.94; N.F. 122] Mandate to chapter of Ripon to warn Thomas of Savoy, calling himself prebendary of Nunwick, or his proctor, if any, or otherwise give warning in church of Ripon and elsewhere amongst his acquaintances and friends, that he must take priest's orders before 24 June 1329, on penalty which his ordinary (*judex suus ordinarius*) could impose. Archbishop understood that all Ripon prebends were priest-prebends[512] and that, time out of mind, canons were required to be priests; and that Thomas was not in any holy orders, and had often been summoned before him to show his letters of orders, and had never done so personally or by proctor. Chapter must warn him, in manner above, in such a way that he could not plead ignorance, that if he had a privilege excusing him from taking priest's orders, he must show it to archbishop or one or more of his commissaries in church of St Wilfred, Ripon, on the fourth law-day after 17 June 1329. Archbishop had decided upon a peremptory summons so that custom of church of Ripon might not be flouted, to avoid danger to soul of Thomas and others, to prevent scandal, and for other legitimate causes.[513] Certification to be made to archbishop or commissaries before 17 June by letters patent showing date mandate was received, and action taken. Cawood, 18 Jan. 1329.[514]

287 Mandate to William Godlyng', rector of St George's York, to release to Gilbert de Yarwell, subtreasurer of York [Minster], on sight of the mandate, the

---

[511] By 21 Nov. 1328, Gaytani was about to resign treasury (*inter alia*), but pope gave Cardinal John Gaetani right to appoint his successor (*Reg. Jean XXII*, vol.8, pp.69–70, no.43350). But see **335** and n.

[512] 16th-century marginalia: *prebende de Ripon sunt sacerdotales*.

[513] Thomas, who on 28 Nov. 1328 had obtained an exemplification of his royal appointment, appealed to pope before 8 Nov. 1329, alleging that archbishop had deprived him, and put M. Robert de Bridlington into his prebend, though Robert was not apparently collated until after 9 Feb. 1330 (*CPR 1327–30*, p.340; *CPL*, II. 310; **322**). See **261** for first stage in process of amoval.

[514] Transcribed in *MR*, II. 99–100.

keys, wax, torches, and candles belonging to treasury which, by means of an indenture made between the two, had been in his custody since its sequestration [**227**]. Cawood, 28 Jan. 1329.

288   AD SUPERSEDENDUM IN NEGOTIO MAGISTRI ROGERI BREUS CANONICI RYPON'. Mandate to M. John de Wodhous and M. Philip de Nassington, special commissaries in cause concerning M. Roger Breus, acting as canon of Ripon,[515] to stay proceedings, and fix a term for him to come before them at previous location on third law-day after 2 April 1329, to proceed according to form of previous acts. Cawood, 1 Feb. 1329.[516]

289   [*Letters of proxy for M. Alan de Conyngesburgh, D.C.L., and M. John de Thoresby, appointed to act for archbishop in Curia against dean and chapter of York.*] PROCURATORIUM IN CURIA ROMANA IN CAUSIS[517] CONTRA DECANUM ET CAPITULUM AGITANDIS. Pateat universis quod nos Willelmus etc. in omnibus causis querelis et negotiis motis movendis tractatis tractandis in sancta Romana curia inter nos ex parte una et decanum et capitulum ecclesie nostre Ebor' ac quascumque singulares personas ipsius capituli communiter et divisim ex altera, dilectos[518] nobis in Christo magistros Alanum de Conyngesburgh juris civilis professorem,[519] et Johannem de Thoresby canonicum ecclesie nostre beate Marie Suwell', clericos nostros familiares, conjunctim et divisim et eorum quemlibet per se et in solidum ita quod non sit melior condicio occupantis sed quod unus eorum inceperit alius valeat prosequi et finire procuratores nostros negotiorum gestores et nuncios speciales constituimus per presentes: dantes et concedentes eisdem et eorum cuilibet per se et in solidum nomine nostro et ecclesie nostre Ebor' potestatem generalem et mandatum speciale et generale agendi defendendi excipiendi repplicandi reconveniendi, litem contestandi, juramentum tam de calumpnia quam de veritate dicenda ac quodlibet aliud genus liciti sacramenti in animam nostram prestandi, ponendi posicionibus respondendi, testes et instrumenta ac quodcumque genus probacionis producendi et exhibendi, in judices et loca consentiendi et judices recusandi, crimina et defectus objiciendi, status nostri reformacionem et in integrum restitucionem dampnorum estimacionem expensarum et interesse petendi et recipiendi, testes et instrumenta contra nos exhibita impugnandi, provocandi et appellandi, provocationum et appellationum causas prosequendi, in causis concludendi, sententias interlocutorias et diffinitivas petendi et audiendi, necnon omnia et singula alia faciendi et expediendi que in premissis et circa ea fuerint necessaria seu eciam oportuna. Pro eisdem vero procuratoribus nostris et eorum quolibet rem ratam haberi et judicatum solvi sub ypotheca rerum nostrarum promittimus et

---

[515] For his expectative grace and prebend see **24**; **326n**.

[516] Transcribed in *MR*, II. 101.

[517] Presumably the refusal of dean and chapter to submit to visitation, which had been obstructed with force (**280**), and their claim that visitation mandate, dated Ripon, 21 July 1328, breached recent composition (**374**). Matters were resolved on 20 Feb. 1329: dean and chapter accepted his second mandate (**453n**), and first was withdrawn. See YMA: M 1(1) d, fos 8v–10v.

[518] Repeated: repetition struck through and cancelled by dots.

[519] See *BRUO*, I. 476–7.

exponimus cauciones. In cujus rei testimonium sigillum nostrum presentibus duximus apponendum. [Bishopthorpe, 11 Oct. 1328.]

290 [*Mandate for peremptory citation of clergy of Stanwick parish to visitation in church of Stanwick three days later. Parishioners to be informed at mass on previous day that those wishing to attend might do so.*]

PRO VISITACIONE ECCLESIE DE STAYNWEGES.[520] Willelmus etc. dilectis filiis .. capitulo ecclesie nostre Rypon' vel ejus locum tenenti, salutem [etc.]. Quia certis et legitimis ex causis nos ad hoc moventibus et in eventu[521] si necesse fuerit declarandis, die lune proximo post instans festum sancti Johannis Baptiste ecclesiam parochialem de Steynwegs predicte nostre Rypon' ecclesie prebendatam rectorem etiam vicarium et ceteros ministros ejusdem ac capellas dependentes ab eadem intendimus per dei gratiam in eadem ecclesia visitare; vobis in virtute obedientie injungimus et mandamus quatinus citetis seu citari faciatis peremptorie prefatos rectorem vicarium capellanos et ministros ecclesie et capellarum predictarum quod dictis die et loco tempestive coram nobis seu commissariis nostris ad hoc specialiter deputandis compareant,[522] visitacionem nostram canonice subituri facturi ulterius et responsuri quoad hujusmodi visitationis qualitas et natura exigunt et requirunt, denunciantes publice in ecclesia de Staynwegs predicta die dominica proximo futura intra misse solempnia quod si quis vel qui de parochianis ejusdem ecclesie seu alii quorum interest dicte visitacioni interesse ac quicquam ad correccionem et salutem animarum et dicte ecclesie utilitatem proponere voluerint compareant tunc ibidem facturi ea que superius exprimuntur. Et nos seu dictos nostros[523] commissarios dicto die mane de omni eo quod feceritis et nominibus citatorum in hac parte ac denunciatione sic facta distincte et aperte certificetis per vestras litteras patentes harum seriem continentes. Valete. [Ripon, 23 June 1329.]

291 [*Notification by dean and chapter of York that they had admitted M. William de la Mare as treasurer, by exchange at* **282**.]

ADMISSIO MAGISTRI W[ILLELMI] DE LA MARE IN THESAURARIAM EBOR' PER DECANUM ET CAPITULUM EJUSDEM. Pateat universis per presentes quod nos R[obertus] decanus et .. capitulum ecclesie beati Petri Ebor' reverendum virum magistrum Willelmum de la Mare concanonicum nostrum, in personam domini Ricardi de Melton rectoris ecclesie de Botil Ebor' diocesis procuratoris sui, ad thesaurariam dicte ecclesie Ebor' ex causa permutacionis facte cum domino Waltero de Bedewynde de ecclesia de Northferiby dicte Ebor' diocesis, sub certis et legitimis conditionibus et modis admisimus et ulterius fecimus in hac parte quod est moris. [York, 11 Jan. 1329.]

292 [*Attestation by John, son of Thomas de Barneby super Done that* **291** *was a true copy of the original. 21 May 1330.*]

Ascultatio cum originali concordabat in omnibus. Presentibus: magistris Ada[524] de Haselbech rectore ecclesie de Stretton in ye Clay et Willelmo de Carleton

---

[520] Beside caption in later hand: *nota*.
[521] MS *eventi*.
[522] MS *compariant*.
[523] MS *nostro*.
[524] MS *Adam*.

notario publico mecum ascultantibus, sub anno domini M°CCC tricesimo indiccione XIII xii kalendas Junii in camera clericorum apud Cawode. JTDBSD.[525]

293 [*Form of provision made on papal authority to William de Preston, a poor priest, of chantry in manor of Bishopthorpe, the original being in public form.*]
[Fo.94v; N.F. 122v] ADMISSIO AUCTORITATE APOSTOLICA IN FORMA PAUPERUM AD CANTARIAM IN CAPELLA DE THORP PROPE EBOR'. In nomine domini, Amen. Nos Willelmus [*etc.*] executor in negotio provisorio domini Willelmi de Preston pauperis[526] presbyteri ad providendum sibi de beneficio ecclesiastico spectante communiter ad collationem vel presentacionem venerabilium virorum dominorum .. decani et capituli ecclesie Ebor' sub certa forma a sede apostolica deputati, tibi Willelmo de Preston pauperi presbytero perpetuam cantariam pro domino Waltero de Grey olim Ebor' archiepiscopo in capella manerii nostri de Thorp prope Ebor' ordinatam, ad collationem vel presentationem dictorum decani et capituli communiter spectantem per mortem domini[527] Nicholai de Clifton qui ultimo eam obtinuit ad presens vacantem, per te sub certis forma et modo acceptatam et taxacionem gratie tue nullatenus excedentem secundum vim formam et effectum hujusmodi gratie et provisionis tibi a sede apostolica concesse et processus inde per nos facti ac acceptacionis tue predicte, auctoritate apostolica nobis in hac parte commissa conferimus cum suis juribus et pertinentiis universis et tibi providemus canonice de eadem, ac te nichilominus per nostrum anulum[528] de ea presentialiter investimus, salvis tibi tuis protestacionibus in tua acceptacione predicta habitis et factis quibus prejudicare non intendimus quovismodo. In quorum testimonium presentes sigillo nostro subscripcione et signo Willelmi de Carleton auctoritate apostolica notarii publici mandamus communiri. [Cawood, 28 Jan. 1329.]

294 DECANO CHRISTIANITATIS EBOR' AD INDUCENDUM PROVISOREM IN DICTAM CANTARIAM. Executorial letters[529] to dean of Christianity of York for induction of William de Preston, provided [above] to chantry of archbishop Walter de Grey in manor of Bishopthorpe, and for payment of its revenues to him. Cawood. 28 Jan. 1329.

295 Mandate to dean and chapter of York for Ursus, son of Neapoleo Orsini (*de filiis Ursi*) of Rome (*Urbe*), papally collated[530] to canonry and prebend of [North] Newbald and subdeanery of York, vacant by death 'in partibus

---

[525] Initials of notary. See *Reg. Melton*, IV. 141, n.87.
[526] MS *pauperius*.
[527] Interlined.
[528] Cf. *Extra*, III. 8. 4. 16th-century marginalia: *per annulum nostrum investimus*.
[529] Letters largely incorporate **293** *mutatis mutandis* to *investimus*.
[530] On 7 May 1328 (*Reg. Jean XXII*, vol.7, p.247, no.41111, correcting date in *CPL*, II. 270). On 2 Nov. 1328, pope ordered archbishop to remove any impediment to Ursus taking possession of subdeanery and prebend. Ursus was still holding subdeanery on 4 Nov. 1339, but probably lost it and prebend (not gained until 1331 or 1333) in the 1340s. See *CPL*, II. 491; **347** and nn; *Charters of the Vicars Choral of York Minster: City of York and its Suburbs to 1546*, ed. Nigel J. Tringham (Yorkshire Archaeological Society, Record Series, vol.148, 1993), p.180; *Fasti*, VI. 15–16, 68–9.

Romanis' of Pandulph de Sabell', former papal notary, according to executorial process of Nicholas de Ceccano, archdeacon of Rivas de Sil (*Rypisali Astorcen'*). Archbishop had admitted[531] Ursus in person of Matthew Chemaxius de Cortanello, clerk, 'sub certis condicionibus protestacionibus atque formis, salvo jure cujuslibet'. Bishopthorpe, 16 March 1329.

296 TERCIA VISITATIO CAPELLE BEATE MARIE EBOR'. Mandate to official of court of York or his commissary general, to cite sacrist, canons, [*etc.*], of chapel of St Mary & Holy Angels, York, before archbishop or one or more commissaries for visitation in chapel on 22 March 1329,[532] [in shorter form of **156**]. Bishopthorpe, 27 Feb. 1329.

297 TERCIA VISITATIO CAPITULI ECCLESIE SUWELL'. Note of citation of chapter of Southwell to archbishop's visitation to be held in chapter house on 27 May 1329, in same form as for Beverley in 1324 [**154** or **155**]; also of mandate to same chapter or its auditor or locum tenens, to cite clergy and people of its prebends and common property before archbishop or his commissaries for visitation in church of Southwell on 2 June 1329 in same form as for last visitation [**180**]. Cawood, 25 April 1329.
Note that archbishop visited [rural] deanery of Southwell in the [Minster] on same day; with marginal note that he had expressly ordered that, in future, the common property and prebends of Southwell should not be visited on same day as deanery.

298 Note of commission to M. John de Notingham, archbishop's receiver at York, to sequestrate revenues of chapel of St Mary & Holy Angels, York, because of dilapidations which sacrist should make good, and [his failure to meet] other obligations of sacristy. Barwick in Elmet (*Berewyk' in Elmet'*), 7 May 1329.

299 Commission to official of court of York and M. John de Notingham, rector of Elksley (*Elkeley*), to correct, punish, and reform crimes and excesses disclosed at archbishop's visitation of chapel of St Mary & Holy Angels, and contained in accompanying roll; and to take cognisance [*etc.*] of those things which canonically required it. Action to be certified at convenient time in letters patent, to which roll of *comperta* and their *acta* should be attached. Pontefract (*Pontemfractum*), 12 May 1329.

300 Mandate to chapter of Ripon for Peter de Wetewang',[533] admitted[534] as canon by archbishop pursuant to an expectative grace,[535] in person of M. Richard de Shirwode, clerk. Bolton Abbey (*Boulton in Craven*), 4 July 1329.

---

[531] Saving clauses omitted.
[532] For previous postponement of visitation see **250**.
[533] King's clerk (*CPL*, II. 274).
[534] One saving clause only.
[535] Granted, 23 March 1328, at [nominal] request of Edward III (*CPL*, II. 274; *Reg. Jean XXII*, vol.7, p.211, no.40769).

301 [*Lease of [dean and] chapter of York granting archbishop life-tenure of the hay at Langwith for yearly rent of a buck in open season and a doe in close season.*]
[Fo.95; N.F. 123] INDENTURA SUPER DIMISSIONE ET ADMISSIONE HAYE DE LANGWATH CUM PERTINENTIIS SUIS. Universis sancte matris ecclesie filiis hanc cartam cirograffatam inspecturis, capitulum ecclesie beati Petri Ebor' salutem in auctore salutis. Noverit universitas vestra nos unanimi assensu nostro tradidisse et concessisse[536] ad firmam venerabili in Christo patri domino Willemo [*etc.*] totam hayam de Langwath cum solo ejusdem haye brueria marisco et omnibus aliis pertinenciis suis tenendam et habendam eidem domino archiepiscopo ad totam vitam suam libere quiete et pacifice, reddendo proinde annuatim nobis et successoribus nostris tempore pinguedinis unum damum et tempore fermesone unam damam. Post mortem vero domini archiepiscopi memorati predicta haya cum omnibus suis appendiciis libere ad nos et integraliter revertetur. In cujus rei testimonium huic scripto ad modum cirograffi confecto tam sigillum dicti venerabilis patris quam nostrum sunt appensa. [York, 30 April 1329.]

302 [*Commission to receive and retain seisin of above hay.*]
COMMISSIO AD RECIPIENDUM SEYSINAM DICTE HAYE DE LANGWATH CUM SUIS PERTINENTIIS. Willelmus [*etc.*] dilectis filiis magistris Roberto de Bridelington terrarum nostrarum senescallo et Johanni de Notingham receptori nostro Ebor' clericis nostris familiaribus,[537] et domino Johanni de Brantingham rectori ecclesie de Everingham, nostre diocesis, salutem [*etc.*]. De vestris fidelitate et industria plenius confidentes, ad recipiendum nomine nostro seysinam tocius haye de Langwath cum solo ejusdem haye brueria marisco et omnibus aliis pertinentiis suis de dilectis filiis nostris .. decano et capitulo ecclesie nostre beati Petri Ebor', secundum vim formam et effectum litterarum inter nos et dictos .. decanum et capitulum inde per indenturam confectarum, et ad continuandum hujusmodi seysinam nomine nostro, vobis et vestrum duobus et uni per se tenore presencium potestatem committimus specialem ac etiam vices nostras. Valete. [Barwick in Elmet, 7 May 1329].

303 [*Mandate for sequestration of prebend of St Stephen in Beverley Minster, pursuant to a papal bull dated Avignon, 10 April 1329, rehearsed, on behalf of John de Crosseby, from whom Robert de Riston had seized prebend, and later appealed against definitive sentence in favour of John's title given at apostolic palace, and his own condemnation in costs of 100 gold florins.*]
COMMISSIO AUCTORITATE APOSTOLICA AD SEQUESTRANDUM PREBENDAM SANCTI STEPHANI IN ECCLESIA BEVERL' ET AD RESTITUENDUM VINCENTI IN CAUSA ETC. Willelmus permissione etc. dilecto filio domino Nicholao de Syghelesthorn, perpetuo vicario ecclesie beate Marie Beverl' nostre diocesis, salutem [*etc.*]. Litteras sanctissimi in Christo patris et domini nostri domini Johannis divina providencia pape XXII[di] non rasas non abolitas nec in aliqua sui parte viciatas set ut prima facie apparuit omni suspicione carentes, vera bulla plumbea filo canapis ad modum Romane curie bullatas, kalendis Junii ultimo preteritis recepimus, tenorem qui sequitur continentes:

---

[536] Granted, contrary to custom, well into Melton's episcopate, two months after visitation dispute seemed finally resolved (**289**n).
[537] *clericis . . . familiaribus* interlined.

Johannes episcopus servus servorum dei, venerabili fratri archiepiscopo Ebor', salutem et apostolicam benedictionem. Peticio dilecti filii Johannis de Crosseby asserentis se canonicum ecclesie Beverl'[538] tue Ebor' diocesis, nobis exhibita continebat quod orta dudum inter ipsum et Robertum de Riston, qui pro canonico ecclesie predicte se gerit,[539] super prebenda dicta de sancto Stephano martire in eadem ecclesia que olim in prefata ecclesia vacavit per mortem quondam Henrici de Carleton ecclesie predicte canonici, de qua Johannes auctoritate litterarum apostolicarum sibi canonice provisum fuisse seque illam aliquamdiu pacifice possedisse, ac prefatum Robertum cum prefata prebenda spoliasse ipsamque occupasse[540] et occupatam detinere percipiendo ex ea fructus redditus et proventus, Robertus vero predictus prebendam ipsam ad se de jure spectare asseruit materia contestationis, et causa hujusmodi per appellationem dicti Johannis ad sedem apostolicam legitime devoluta. Nos ad ipsius Johannis instantiam causam appellationis hujusmodi et negotii principalis dilecto filio magistro Bertrando de Sancto Genesio decano ecclesie Engolismen' capellano nostro et auditori causarum primi gradus palacii apostolici audiendam commisimus et fine debito terminandam; coram quo comparentibus in judicio Hamundo de Cessay Johannis et Ricardo de Thormenton Roberti predictorum procuratoribus quolibet eorum procuratorio nomine partis sue, et per eundem Hamundum quadam summaria peticione pro parte sua in hujusmodi causa exhibita in qua petitorium et possessorium intentavit, eodem Ricardo non curante pro sua parte petitionem aliquam exhibere in termino ad hoc eisdem procuratoribus peremptorie assignato ac per eundem Hamundum hujusmodi ab eo intentato petitorio suspenso; idem auditor cognitis ipsius possessorie cause meritis, de consilio et assensu co-auditorum suorum dicti palacii quibus super hoc fecit relacionem fidelem diffiniendo, sentenciavit pronunciavit et declaravit prout hec omnia in predicta petitione petita fuerant eundem Robertum a detencione et occupacione ejusdem prebende ac jurium et pertinenciarum ipsius amovendum fore, et in quantum potuit amovit ab illis eundem, dictumque Johannem ad ipsam prebendam et ejus ac jurium et pertinenciarum predictorum possessionem restituendum et reinte-grandum esse, ipsumque quantum potuit ad dictam prebendam ac ejus et jurium et pertinentiarum predictorum possessionem restituit et reintegravit, et decrevit pro parte dicti Johannis fuisse et esse legitime appellatum, eundem Robertum in fructibus per eum ex dicta prebenda perceptis et in centum florenis auri pro expensis per ipsum Johannem in hujusmodi causa factis eidem Johanni restituendis, super dictis expensis ipsius auditoris moderacione prehabita dictique procuratoris ejusdem Johannis juramento secuto exigente justicia condempnando, prout in instrumento publico inde confecto ipsius auditoris sigillo munito dicitur plenius contineri. A qua quidem sentencia pro parte dicti Roberti ad sedem fuit appellatum eandem. Quare dictus Johannnes nobis humiliter supplicavit ut cum idem Robertus nondum per triennium

---

[538] For his expectative grace see **5**. Said on 6 June 1325 to have been promised first vacant prebend by provost of Beverley, but died in 1330, apparently before final outcome of his appeal (*MB*, II. 67; **328**; *CPL*, II. 360).
[539] Provided day before John (**215n**), and in 1322 listed as second in waiting for a prebend, immediately before John (there wrongly called Philip) (*MB*, II. 14).
[540] Probably in October 1326 (**215**).

pacifice prebendam possederit antedictam et pro eodem Johanne dicta sit ut predicitur diffinitiva sententia promulgata, prebendam ipsam sequestrari juxta tenorem constitutionis felicis recordacionis Clementis pape V predecessoris nostri super hoc edite[541] mandaremus. Nos igitur ipsius Johannis supplicacionibus inclinati, fraternitati tue per apostolica scripta mandamus quatinus prebendam ipsam per te vel alium seu alios juxta constitucionem eandem sequestrare procures, exhibiturus id quod de fructibus ipsius debitis ejusdem prebende supportatis oneribus superesse contigerit illi qui finalem in causa victoriam obtinebit, contradictores per censuram ecclesiasticam appellatione postposita compescendo. Datum Avinion, iiij idus Aprilis pontificatus nostri anno tertiodecimo.

Quarum auctoritate litterarum tibi committimus et mandamus quatinus juxta constitucionem predictam prefatam prebendam sequestres, et eam sub arto sequestro facias custodiri prout de eadem sub tuo periculo in eventu volueris respondere, exhibiturus id quod de fructibus ipsius debitis ejusdem prebende supportatis oneribus superesse contigerit illi qui finalem in causa victoriam obtinebit, contradictores per censuram ecclesiasticam appellatione postposita compescendo. Vale. [Norwell, 7 June 1329.]

304   [*Letter providing, on papal authority, William Pot, poor clerk of York, to church of St Mary ad Valvas, York, assessed at below 20 marks a year; with reservation of next vacant benefice in gift of treasurer of York Minster should grace not be applicable to St Mary's.*]

COLLATIO ECCLESIE BEATE MARIE AD VALVAS IN EBOR' AUCTORITATE APOSTOLICA FACTA WILLELMO POT' PAUPERI CLERICO IMPETRANTI CONTRA THESAURARIUM ECCLESIE EBOR'. In dei nomine, Amen. Nos [Willelmus] permissione divina etc. in negotio provisorio Willelmi Ade Pot' pauperis clerici de Ebor' super gratia sibi a sede apostolica in forma pauperum facta et concessa de beneficio ecclesiastico spectante ad collationem vel presentationem dilecti filii thesaurarii ecclesie nostre Ebor' prout in gratia ipsa et processu virtute dicte gratie et litterarum apostolicarum super ea facto plenius continetur executor dicta sede specialiter deputati, Willelmo Ade Pot' pauperi clerico salutem in eo qui est omnium vera salus. Ecclesiam beate Marie ad Valvas in civitate Ebor' cui cura iminet animarum vacantem et ad collationem vel presentationem dilecti filii thesaurarii ecclesie nostre Ebor' spectantem, cujus ecclesie fructus redditus et proventus viginti marcarum sterlingorum juxta taxacionem decime valorem annuum non excedunt set minoris valoris existant, nulli alii de jure debitam et per Willemum de Kendale procuratorem tuum sub certis protestacionibus coram nobis factis et per nos receptis seu admissis secundum formam vim et effectum litterarum apostolicarum super dicta gratia confectarum et [Fo.95v; N.F. 123v] processus auctoritate earum confecti infra unius mensis spacium a tempore vacacionis ejusdem acceptatam, invocato dei nomine, tibi Willelmo Ade Pot pauperi clerico de Ebor' in personam dicti Willelmi de Kendale procuratoris tui coram nobis personaliter comparentis, auctoritate et virtute earundem gratie et litterarum apostolicarum ac juxta vim formam et effectum processus in dicto negotio facti et habiti si tibi et non alii debeatur conferimus cum omnibus juribus et pertinentiis suis, et te de ea per tradicionem biretti

[541] See **171**n.

nostri prout et quantum ad nos attinet juxta premissorum qualitatem in personam Willelmi de Kendale procuratoris tui investimus, et decernimus te in corporalem possessionem ejusdem inducendum fore cum suis juribus et pertinentiis universis. Quod si dicta ecclesia virtute memorate gratie apostolice et acceptacionis tibi non debeatur seu sub ipsa gratia non comprehendatur seu comprehendi non possit, proximum beneficium pertinens ad quamcumque dispositionem dicti thesaurarii quod virtute dicte gratie et processus predicti tibi deberi aut sub dicta gratia comprehendi poterit tibi reservamus pro oportuno tempore conferendum juxta vim et effectum litterarum apostolicarum et processus predicti. Vale. [Compton (*Cumpton*) Grange,[542] 14 June 1329.]

305 Executorial letters[543] to official of treasury of York Minster to induct William Pot, provided [above], to church of St Mary ad Valvas, York, vacant by death of William Carpentar, and have its revenues paid to him. Place and date above.

306 [*Mandate for convocation of chapter of Southwell in September for discussions with archbishop concerning residence of canons; which holy orders each prebend required; the need for a common lodging, and possible pay-rise for vicars; and, at request of Robert de Wodehous, how to meet burden of appropriating Bunny church to the Common Fund, and about statues he had offered to the church. Too few canons were present at recent visitation for discussion then.*]

CONVOCACIO CAPITULI SUWELL' ET CANONICORUM EJUSDEM SUPER ALIQUIBUS ORDINANDIS.[544] Willelmus etc. dilectis filiis .. capitulo ecclesie nostre beate Marie Suwell', salutem [*etc.*]. Ad decorem et honoris augmentum dicte Suwellen' ecclesie vigilis solicitudinis studium eo libencius impendimus quo ipsam filiam in domino predilectam affectionis prerogativa specialis prosequimur ut debemus. Nuper itaque nostre visitationis officium in ipsius ecclesie capitulo sinceris affectibus actualiter exercentes,[545] inter cetera quosdam articulos comperimus statum ejusdem et ministrorum ipsius intime concernentes super quibus providum immo necessarium foret ut credimus ad divine laudis preconium ac status et honoris ipsius ecclesie firmitatem et incrementum non modicum aliqua salubriter ordinare, set quia multi ecclesie predicte canonici fuerant tunc absentes cum quibus super dictis articulis tunc voluimus deliberatius et maturius pertractasse, nullum effectuale fecimus ut desideravimus illa vice. De consensu tamen canonicorum tunc presencium ad tractandum ordinandum et declarandum super dictis articulis convocacionem ipsius ecclesie generalem ad primum diem juridicum post festum sancti Mathei apostoli proximo futurum[546] fore decrevimus faciendam, et ut interim pateat deliberandi materia aliquos ex

---

[542] Compton manor belonged to Kirkstall Abbey (*The Coucher Book of the Cistercian Abbey of Kirkstall* . . ., ed. W.T. Lancaster and W. Paley Baildon (Publications of Thoresby Society, vol.8, 1904), p.312).

[543] In much shorter form than **294**.

[544] Later 16th-century hand adds: *augmentum ecclesie Southwell' concernentibus.*

[545] On 27 May 1329 (**297**).

[546] Convocation met on 22 Sept. 1329, eight prebendaries (not including Wodehous) being present but the Elizabethan record has no mention of agenda set out here. (*Visitations and Memorials of Southwell Minster*, ed. A.F. Leach (Camden Society, New Series, vol.48, 1891), pp.215–16.)

ipsis articulis hic fecimus annotari. In primis qualiter consultius posset ordinari ut semper duo canonici vel unus ad minus in ecclesia residerent, cum non deceat nec expediat immo manifestum est periculum tantam ecclesiam simul et semel omnium suorum destitui presencia consilio et auxilio filiorum; item ad videndum et declarandum quos ordines requirant singule prebende dicte ecclesie ut super hoc omnis cesset ambiguitas in futurum; item ut vicarii et ministri ecclesie cohabitent et de honesta mansione communi provideatur pro eisdem qui jam vel soli vel cum laicis et locis remotis ab ecclesia morantur contra decenciam sui status;[547] item de vicariorum porcionibus si res id exegerit augmentandis; item ad respondendum et faciendum super petitionibus domini R[oberti] de Wodehous[548] videlicet super subeundis oneribus pro appropriacione ecclesie de Boneye approprianda commune ipsius ecclesie[549] et pro iiij^or ymaginibus pulcherimis oblatis ecclesie sub certis conditionibus per eundem. Quocirca vobis mandamus firmiter injungentes quatinus omnes et singulos ejusdem ecclesie canonicos[550] qui de jure vel de consuetudine sunt in talibus evocandi convocetis seu citetis vel convocari seu citari faciatis peremptorie quod dicto die in capitulo dicte ecclesie nostre Suwell' per se vel procuratores idoneos et instructos habentes ad tractandum et consentiendum hiis que auctore domino super premissis contigerit salubriter ordinari potestatem specialem, compareant coram nobis sanam deliberacionem suam et consilium super premissis impensuri ac nobis cum super hiis et ea contingentibus ac aliis statum ipsius ecclesie reformacionem et quietem concernentibus tractaturi, necnon ad consentiendum hiis que secundum deum pro honore et utilitate ecclesie visa fuerint expedire, ad quod tamen votivis affectibus aspiramus, facturi ulterius et recepturi quod premissorum qualitas exigit et natura. Et qualiter presens mandatum nostrum fueritis executi et quos convocari seu citari feceritis nos citra dictum diem distincte et aperte curetis reddere certiores per litteras vestras patentes harum seriem continentes. Valete. [Southwell, 3 June 1329.]

307 Letter collating M. William de la Mare, treasurer of York Minster, to prebend of Wilton in York, by exchange with M. Nicholas de Ros[551] for prebend of South Newbald in York. Cawood, 14 Aug. 1329.

308 Note that M. Nicholas de Ros was similarly collated to prebend of South Newbald; and of letters patent containing mandates to dean and chapter of York for induction of de la Mare and Ros. Cawood, 14 Aug. 1329.

---

[547] On 20 Dec. 1336, archbishop received licence to grant two messuages and 2½ acres of land to vicars of Southwell to make a dwelling house (*CPR 1334–8*, p.345). For his charter see **482**.

[548] Robert had been presented to Norwell Palishall by regalian right in 1317 (*CPR 1317–21*, p.39). In 1329, he was *treasurer of Exchequer, and owned advowson of Bunny (*Chapters*, VI. 21–2; *Reg. Melton*, IV. 120, no.541).

[549] Licence to appropriate, dated 9 June 1324, was for a chantry in St Mary's chapel: beneficiaries included Melton and Hugh Despenser the Younger (*CPR 1321–4*, p.423). Scheme came to nothing, and Wodehous eventually disposed of advowson. Church was later appropriated to Ulverscroft priory (*CPR 1343–5*, p.475).

[550] Interlined.

[551] King's clerk when presented by regalian right in 1310 because of vacancy of see in reign of Edward I (*CPR 1307–13*, p.280).

309 [*General notification by dean and chapter of York that prebend of Wilton was residential, and like the rest in all respects.*]

LITTERA TESTIMONIALIS DECANI ET CAPITULI EBOR' QUOD PREBENDA DE WILTON EST RESIDENTIALIS ETC. Universis Christi fidelibus pateat evidenter quod cum venerabilis in Christo pater et dominus dominus Willelmus dei gratia [*etc.*] volens certiorari de conditionibus prebende de Wilton in ecclesia beati Petri Ebor', nobis decano et capitulo ipsius ecclesie mandaverit ut eum super hiis redderemus plenius certiorem, nos mandatis dicti patris in hac parte obtemperare volentes, scrutatis archivis nostris super nonnullis instrumentis et munimentis repertis in ipsis archivis, necnon super aliis idem negocium tangentibus nobiscum et cum aliis noticiam rei habentibus deliberacione habita diligenti, prefato patri et omnibus quorum interest innotescimus per presentes quod nos .. decanus et capitulum antedicti prelibatam prebendam de Wilton residencialem ac quantum ad tractatus communes et alia ejusdem condicionis existere cujus sunt cetere prebende antique in eadem Ebor' ecclesia reperimus et etiam reputamus. In cujus rei testimonium sigillum nostrum presentibus est appensum. [York, 15 Aug. 1329.]

310 Note of letters dimissory to M. William de la Mare, treasurer [of York Minster] for deacon's and priest's orders. Bishopthorpe, 28 Nov. 1329.[552]

311 [*Mandate to dean and chapter of York for M. Manuel de Flisco, admitted by provision to prebend of Ampleforth, in exchange with Theobald de Trecis for a prebend in Arras cathedral.*]

[Fo.96; N.F. 124] ADMISSIO MAGISTRI MANUELI DE FLISCO AD PREBENDAM DE AMPELFORD IN ECCLESIA EBOR' CAUSA PERMUTACIONIS FACTE IN CURIA ROMANA. Willelmus etc. dilectis filiis .. decano et .. capitulo ecclesie nostre Ebor', salutem [*etc.*]. Cum dominus noster summus pontifex canonicatum et prebendam de Ampleford quos Theobaldus Rotarii de Trecis in ecclesia nostra Ebor' predicta obtinuit per resignacionem magistri Petri de Pressiaco procuratoris[553] ejusdem ad hoc ab eo legitime constituti[554] in manibus reverendi patris domini Luce tituli sancte Marie in Via Lata diaconi cardinalis in sancta Romana curia libere factam, et per eundem apostolica auctoritate admissam, causa permutacionis facte cum canonicatu et prebenda quos magister Manuel de Flisco in Atrebaten' ecclesia nuper obtinuit in predicta curia vacantes, prefato magistro Manueli notario suo cum plenitudine juris canonici ac omnibus juribus suis et pertinentiis universis et sibi providerit[555] de eisdem. Nosque subsequenter eundem magistrum Manuelem in personam Ade de Lichefeld dicti Wodward clerici procuratoris sui quatenus ad nos attinet recepimus et admisimus virtute litterarum apostolicarum et processus habiti per easdem, vobis mandamus quatinus circa prefatum magistrum Manuelem vel ipsius procuratorem ejus nomine quoad dictos canonicatum et prebendam de Ampleford ulterius exequamini quod est vestrum. Valete. [Cawood, 28 Aug. 1329.]

---

[552] Below, at foot of folio in contemporary hand, partly smudged: *iij nonas Junii* and below: *v.*
[553] MS *procuratorem.*
[554] MS *constitutum.*
[555] On 8 June 1329 (*CPL*, II. 291).

312   Letter collating M. Nicholas de Ros, clerk, prebendary of South Newbald in York and successor there of M. William de la Mare, to prebend of Little Chester (*Parva Cestr'*, *Parva Cestria*) in church of All Saints, Derby (*Derb'*, *Derbeye*), by exchange with M. Robert de Bridelington, successor there of Elias de Stapelton, on commission of M. Anthony [Bek], dean of Lincoln and patron,[556] dated ?Normanby by Spital (*Normanby*), 24 Aug. 1329, rehearsed, reserving Nicholas's installation, induction, and oath of obedience to dean. Bishopthorpe, 4 Sept. 1329.

313   Certificate, pursuant to commission of M. Anthony [Bek], dean of Lincoln, [in **312**], showing that archbishop had expedited [above] exchange. Place and date above.

314   Letter collating M. Robert de Bridelyngton, priest, to prebend of South Newbald in York on exchange [in **312**]; with note of letters patent containing mandate to dean and chapter of York for induction. Place and date above.

315   Licence to M. [Robert] Litster,[557] prebendary of Stanwick (*Stayneweges*, *Staynewegg'*) in Ripon, to farm prebend for two years, provided divine service was maintained and proctor appointed. Ripon, 30 Sept. 1329.

316   [*General notification of cancellation of a debt owed to the archbishop.*]
[Fo.96v; N.F. 124v] REMISSIO XX[ti] LIBRARUM VIII SOLIDORUM ET IIII DENARIORUM FACTA DOMINO W[ILLELMO] DE CRAVEN NUPER SUBTHESAURARIO ECCLESIE EBOR'. Noverint universi quod cum dominus Willelmus de Craven nuper subthesaurarius ecclesie nostre beati Petri Ebor', nobis Willelmo permissione [*etc.*] in viginti libris viij solidis et iiij denariis sterlingorum fuisset per scriptum suum obligatorium inde confectum dum vixit efficaciter obligatus, ac dominum Johannem Foulburn vicarium ecclesie nostre predicte et Willelmum Pedefer clericum fidejussores in hac parte invenisset qui se conjunctim et divisim principales in hoc constituerunt debitores, nos eisdem domino W[illelmo] de Craven et fidejussoribus suis antedictis prefatos xx[ti] libras viij solidos et iiij denarios remiserimus gratiose. Volumus et concedimus per presentes quod predictum scriptum obligatorium ubicumque et quandocumque inveniatur careat omnino viribus et effectu ac pro nullo penitus habeatur. In cujus rei testimonium sigillum nostrum presentibus est appensum. [Brayton, 13 Oct. 1329.]

317   Letter collating M. John de Pokelyngton,[558] priest, to [deacon]-prebend in chapel of St Mary & Holy Angels, York, on exchange with M. Gilbert de Alberwyk' for church of Langton (*Langeton juxta Malton*); with note of mandate to official of court of York or his commissary general for John's induction. Bishopthorpe, 27 Oct. 1329.

---

[556] Deans of Lincoln were also deans of Derby (*VCH Derbyshire*, II. 88).
[557] *Alias* M. Robert de Rippeley, *alias* M. Robert de Rypon.
[558] Possibly *BRUO*, III. 1489.

318 Mandate to dean and chapter of York for Richard de Sancto Edmundo[559] pursuant to an expectative grace, requested by Queen Philippa, for a canonry and prebend, sub-archiepiscopal dignity, parsonage or office, with or without cure of souls.[560] Archbishop had admitted him as canon in person of M. John Wawayn. Darrington (*Darthington*), 8 Nov. 1329.

319 Note of mandate to chapter of Ripon for M. John Wawayn[561] pursuant to an expectative grace requested by Queen Philippa.[562] Place and date above.

320 Note of similar mandate to chapter of Southwell for Terricus de Capella[563] pursuant to an expectative grace requested by Queen Philippa.[564] Place and date above.

321 Mandate to dean and chapter of York for John, son of Nicolinus de Flisco, called Cardinal', of Genoa (*Janua*), papally collated[565] to prebend of Fridaythorpe, vacant[566] by consecration of William, bishop of Norwich (*Norwic'*, *Norwicen'*) at Curia,[567] according to executorial process of [M.] Bernard Stephani, archdeacon of Figeac (*Figiacen'*) in [cathedral] church of Cahors (*Cat[ur]cen'*), papal notary. Archbishop had admitted[568] him as canon in person of John de Derby, his substitute proctor, 'sub certis modis conditionibus protestacionibus atque formis, salvo jure cujuscumque'. Place and date above.

322 COMMISSIO AD CONFERENDUM MAGISTRO ROBERTO DE BRIDEL' CANONICATUM ET PREBENDAM DE NUNWYK' IN ECCLESIA RIPON' AUCTORITATE APOSTOLICA.[569] Commission to M. Richard de Cave, dean of Christianity of York, to confer prebend of Nunwick in Ripon, then vacant for a month or more,[570] on M. Robert de Bridelington, and to provide, induct, and install him. Sealed with archbishop's seal. Cawood, 9 Feb. 1330.

---

[559] *Keeper of Privy Seal and later a papal chaplain. See *BRUO*, I. 323–6 which omits his position of queen's chaplain (*CPL*, II. 294).

[560] Dated 13 June 1329 (ibid.).

[561] Then a queen's clerk, and in 1333 clerk of her Wardrobe (*CPL*, II. 293, 395–6).

[562] Dated 13 June 1329 (ibid. p.293).

[563] Then a queen's clerk (*CPL*, II. 293).

[564] Dated 13 June 1329 (ibid.).

[565] On 28 Dec. 1327 (*CPL*, II. 266).

[566] Richard of Cornwall had been collated to this prebend before 6 Nov. 1325 by executor of his expectative grace (**98**), allegedly unaware that it was reserved to pope, but by 1 April 1330, with conditional grant of two more provisions elsewhere, was ready to resign it (Reg. Melton, fo.586; n.f. 728; *CPL*, II. 322, 324; *Reg. Jean XXII*, vol.9, pp.259–60, nos 49032–3).

[567] Actually consecrated at St Germain des Prés, Paris, on 15 Sept. 1325, but did not receive all temporalities until early 1327 (*Fasti*, IV. 23).

[568] Saving clauses omitted. Another mandate for John sent to dean and chapter on 9 Dec. 1330 (Reg. Melton, fo.578; n.f. 720).

[569] See **273–4**. Needed because Cave was not one of subdelegates appointed in **274**.

[570] See **286n**.

323   Mandate to chapter of Southwell for Michael de Wath,[571] admitted as canon by archbishop pursuant to an expectative grace,[572] in person of M. William de Hundon. Southwell, 7 May 1330.

324   Mandate to chapter of Beverley for Robert de Dunstaple (*Dunnestaple*), clerk,[573] admitted[574] as canon by archbishop pursuant to an expectative grace for a prebend or office.[575] Chacombe (*Chaucombe*), 29 April 1330.

325   [Fo.97; N.F. 125] Duplicate of **90** but omitting notarial subscription.[576]

326   [*Letter of Richard de Melton, originally in public form, collating Alan de Conyngesburgh to prebend of Sharow in Ripon, by virtue of archbishop's commission, dated Bishopthorpe, 17 Sept. 1329, rehearsed.*]
[Fo.97v; N.F. 125v] COLLATIO PREBENDE DE SHARROWE FACTA DOMINO ALANO DE CONYNGESBURGH. Ricardus de Melton canonicus ecclesie de Osmunderleye et rector ecclesie de Wylughby Ebor' diocesis, reverende discrecionis viro domino Alano de Conynggesburgh juris civilis professori, salutem in auctore salutis. Litteras venerabilis in Christo patris et domini domini Willelmi dei gratia [*etc.*] recepimus eo qui sequitur sub tenore:

Willelmus etc. dilecto filio domino Ricardo de Melton canonico ecclesie de Osmunderley et rectori ecclesie de Wylughby nostre diocesis, salutem [*etc.*]. De vestris fidelitate et industria confidentes, ad conferendum domino Alano de Conyngesburgh juris civilis professori quoscumque canonicatum et prebendam in ecclesia nostra Rypon' vacantes et ad collationem nostram spectantes, nulli alii de jure debitos nec auctoritate sedis apostolice reservatos, cum suis juribus et pertinentiis universis absque alieni juris prejudicio et salvo jure cujuscumque, necnon ad inducendum seu induci faciendum eundem dominum Alanum vel ejus procuratorem nomine suo in corporalem possessionem eorundem et assignandum eidem stallum in choro et locum in capitulo cum plenitudine juris canonici, vobis vices nostras committimus cum cohercionis canonice potestate. Valete. Datum apud Thorp prope Ebor', xv kalendas Octobris anno gratie M°CCC^mo°XXIX° et pontificatus nostri xij°.

Quarum auctoritate litterarum vobis domino Alano de Conyngesburgh predicto quem mores merita et litterarum sciencia reddunt multipliciter commendabilem, canonicatum et prebendam de Sharhowe in dicta Rypon' ecclesia per mortem domini Radulphi de Stok'[577] vacantes et ad collationem dicti venerabilis patris spectantes, si nulli alii de jure debeantur et auctoritate

---

[571] A Chancery clerk by 1322; appointed *keeper of rolls of Chancery in 1334 (*CPR 1321–4*, p.216; *Chapters*, III. 5, n.3).
[572] Dated 3 Feb. 1330 (*CPL*, II. 305). Occurs as a prebendary of Southwell in 1331 and 1333 (ibid. pp.332, 387).
[573] Then a queen's clerk (*CPL*, II. 293).
[574] One saving clause only.
[575] Dated 13 June 1329 (ibid.).
[576] Rest of folio blank.
[577] Ralph, presented by regalian right in 1305, died before 30 Oct. 1328 (*CPR 1301–7*, p.375; *Registrum Radulphi Baldock, Gilberti Segrave, Ricardi Newport, et Stephani Gravesend, episcoporum Londoniensium A.D. MCCCIV–MCCCXXXVIII*, ed. R.C. Fowler (Canterbury and York Society, vol.7, 1911), p.287).

sedis apostolice nullatenus reserventur absque alterius cujuscumque prejudicio et salvo jure cujuslibet,[578] vice et auctoritate dicti patris conferimus intuitu caritatis cum suis juribus et pertinentiis universis et per birretum nostrum investimus presencialiter de eisdem, decernentes vos vel procuratorem vestrum vestro nomine in corporalem possessionem dictorum canonicatus et prebende cum suis juribus de quibus premittitur et pertinentiis universis fore inducendum, necnon stallum in choro et locum in capitulo dictis canonicatui et prebende debita absque juris alieni prejudicio vobis ut convenit assignanda juxta vim formam et effectum litterarum domini archiepiscopi predictarum. In cujus rei testimonium sigillum nostrum presentibus apposuimus et in fidem pleniorem premissorum notarios subscriptos mandavimus ut presentibus subscribant et consueta apponant signa sua. [Ripon, 25 Sept. 1329.]

327 Mandate of Richard de Melton, in public form, requiring chapter of Ripon to do their part for Alan de Conyngesburgh, D.C.L., collated to prebend of Sharow in Ripon [as in **326** which is largely incorporated]. Sealed with his seal. Ripon, 24 [*sic*] Sept. 1329.
Subscribed by William de Carleton and marked with his customary sign and name, showing that all aforesaid was done by M. Richard de Melton, archbishop's special commissary, and sealed with his seal. Archbishop's manor at Ripon, 25 Sept. 1329.
Witnesses: M. R[ichard] de Snoweshull and M. John de Barneby, notaries; William Strode, and William Grymbalde of Thurnscoe (*Thirneschowe*). Subscription of John, son of Thomas de Barneby super Don follows.

328 LITTERA TESTIMONIALIS SUPER MORTE DOMINI JOHANNIS DE CROSSEBY. Letter of Stephen, bishop of London, to Archbishop Melton, provost and canons of Beverley, and all interested parties, informing them, at request of Robert de Wodehous, king's treasurer, that John de Crosseby, rector of Tollesbury (*Tolesbery*),[579] had died in his rectory on 8 Jan. 1330, and was buried in chancel of his church on 17 Jan. 1330. Sealed with his seal. Orsett (*Orsete*), 3 Feb. 1330.

329 Letters patent[580] collating William de Popelton, priest, to hospital of St Mary Magdalen, Ripon. He must maintain, and provide lodgings, for lepers of the liberty of Ripon, and assist other poor persons so far as its resources allowed. On resignation, he must leave its moveable and immoveable property in at least as good a state as he had received them. Marton Le Moor (*Marton super Mora*), 5 May 1329.

330 Mandate to M. John de Thoresby, notary public, and M. Richard de Wath, [rural] dean of Ripon, jointly and severally, for induction of William de

[578] Preceded by *cujuscumque* struck through. Prebend was litigious early in 1329 (**288**), and Alan's title subject of appeal to Curia before 25 Feb. 1330, probably by M. Roger de Breus, who died as prebendary (*CPL*, II. 306; *Reg. Melton*, III. 98, no.177; 99, no.181; 166, no.285).
[579] Litigating for St Stephen's prebend in Beverley Minster (**303**). On 15 March 1330, archbishop as ordinary, collated Richard de Ottringham to it. He was installed two days later. See *CPR 1354–8*, p.178 (which gives Old Style year of grace). For Ottringham see *BMF*, pp.91–2.
[580] In very similar form to Archbishop Greenfield's letters of 1306, transcribed in *MR*, II. 51.

Popilton or his proctor into hospital of St Mary Magdalen, Ripon; and to enjoin all its tenants, servants, and ministers to obey him. Place and date above.

331 INVENTARIUM BONORUM DICTI HOSPITALIS TEMPORE PREFECCIONIS DOMINI WILLELMI DE POPELTON IN CUSTODEM EJUSDEM. Notarial instrument of John de Thoresby, clerk, notary apostolic, testifying that on 6 May 1329, William de Popelton brought his letter of collation, sealed with archbishop's seal, to hospital of St Mary Magdalen, Ripon, and immediately charged servants to inform him about all its goods so that [following] inventory could be made. Six oxen; four avers, including one male; a pig; four piglets; two peacocks and two peahens; seven geese; nine goslings; three ducks; a cart with iron tires and complete harness for two horses; a plough with plough-irons and harness. In brewhouse: two standing [vats]; a great tub; a brewing-vat; two small tubs; two bins without lids; a great tub for corn; a five-gallon brass pot; a two-gallon brass pot (*de ij lagenis*); a half-gallon brass pitcher; a worn out basin without an ewer; an andiron. A table in hall, and another standing table. In chapel: a silver chalice weighing 13 shillings; two [pairs of] vestments; a missal; two great coffers – one of Flanders' work; three chairs, and a bench. And servants swore that there were not many things there of great value, but there was a locked coffer that William did not wish to open then. Present: M. Richard de Wath; Richard Gyffon; Benedict Gillie, and many others.

On same day William went to Mulwith (*Melwath, Moulewath*) Grange which belonged to hospital, and charged servants as before. He found: a mare, valuable only for its hide; two (*ij*) worn out . . . [illegible] worth a half mark; a foal (*pullanus*) worth 18d.; an estimated quarter and a half of wheat sheaves; an estimated three quarters of barley sheaves; a locked chest with one quarter and three bushels of wheat, being the allowance for the household servants (*famulorum*); a fully equipped plough; a three-quart brass pitcher; harness for a cart for two .. [illegible]. Present: M. Richard de Wath; Richard Gyffon; Robert de Th . . . [illegible].[581]

332 [Fo.98; N.F. 126] Note that archbishop had granted usual dispensation under his great seal to John Harpham, clerk, born of unmarried parents, to proceed to all orders, and to hold a benefice even with cure of souls. Bishopthorpe, 8 June 1330.

333 [*Archbishop Wickwane[582] defends his right in 1280 to a market, fair, gallows, fines for breaches of assize of bread and ale, and limited view of frankpledge in Southwell, but does not claim waifs or warren.*]
PLACITA DE QUO WARRANTO CORAM J. DE VALLIBUS ET SOCIIS SUIS ETC. ITINER-ANTIBUS IN COMITATU NOTYNGH' ANNO REGNI REGIS E[DWARDI] FILII REGIS H[ENRICI] XXX^mo.[583] Willelmus archiepiscopus Ebor' summonitus fuit ad respon-

---

[581] Transcribed in *MR*, II. 101–3. For a more detailed, indentured inventory of 1306, and another of 1336, drawn up on Popelton's departure, see ibid. pp.55–6, 115–16.
[582] See *BRUO*, III. 2228.
[583] In fact, these *de quo warranto* proceedings almost certainly belong to the 1280 Nottinghamshire general eyre, no other being held in that county until 1329 (**334**). Pleadings are enrolled in PRO JUST 1/670 (only partly legible, but curiously naming archbishop as *Walter*). See D. Crook, *Records of the General Eyre* (Public Record Office Handbook no.20, London, 1982), pp.149–50, 185–6.

dendum domino regi de placito quo warranto clamat habere mercatum feriam furcas emendationes assise panis et cervisie fracte wayff' visum franciplegii et liberam warennam in Suwell sine licencia et voluntate etc. Et archiepiscopus per attornatum suum venit et dicit quod clamat mercatum feriam et furcas eo quod ipse et omnes predecessores sui archiepiscopi a tempore quo non extat memoria hujusmodi libertatibus usi sunt. Et racione mercati clamat habere emendationes assise panis et cervisie fracte. Et quo ad wayf' et warennam non clamat ad presens. Et visum franciplegii non clamat nisi tamen quatuor franciplegios de tenentibus suis [qui] eligentur in curia sua, et ipsi omnia que ad coronam pertinent coram .. vicecomite ad magnum turnum suum et ad wapuntachium presentabunt, et dominus rex habebit exitus et proficua. Et facit sectam ad comitatum per senescallum suum. Et hoc idem convictum est per juratores et quod in nullo istas libertates excessit set eis usus est sicut predecessores sui a tempore quo non extat memoria illis uti consueverunt. Ideo predictus archiepiscopus inde sine die etc.

334 PLACITA DE QUO WARRANTO CORAM W. DE HERLE ET SOCIIS SUIS JUSTICIARIIS ITINERANTIBUS APUD NOTINGHAM DIE LUNE PROXIMO POST FESTUM SANCTI MARTINI ANNO REGNI REGIS EDWARDI TERCII A CONQUESTU TERCIO [13 NOV. 1329]. ROTULUS XIX.[584]

Archbishop was summoned to say *de quo warranto* he claimed: infangentheof and gallows at Southwell and Laneham with the soke; a fair at Southwell on Whitsunday and following four days, with tolls and a court; another fair there on 6–8 July with a court but no tolls; a weekly Saturday market with tolls and a market court; fines from his tenants for breaches of assize of bread and ale in Southwell and Laneham with the soke, and pillory and tumbrel there; free warren in all his lands in Southwell and the soke, Laneham, Scrooby (*Scroby*), Askham, Sutton, and Plumtree (*Plumptre*); parks at Hexgreave (*Heckesgrave*), Hockerwood (*Hockesworth*), Norwood (*Northwode*) in manor of Southwell, and one in manor of Scrooby.

William de Suwell', archbishop's attorney answered thus: archbishop and all previous archbishops were lords of Southwell and Laneham with the soke, and time out of mind held aforesaid liberties[585] by right of church of York; Edward II granted to archbishop and his successors and confirmed by charter dated 16 Nov. 1323, there presented, free warren for ever in all demesne lands of Southwell with its soke, and in those lands in Laneham, Scrooby, Askham, Sutton, and Plumtree outside royal forest, and that no person should hunt in them without their licence, on pain of forfeiting £10 to king;[586] and the archbishop and his predecessors had held the four parks time out of mind by right of church of York.

William de Denum,[587] for the king, requested an inquiry. Twelve jurors swore that archbishop and all his predecessors had held all above liberties continuously time out of mind, except free warren, and exercised them all, except that

---

[584] PRO JUST 1/687, rot.19.

[585] Late 16th-century marginalia: *libertates domini archiepiscopi in soca de Southwell.*

[586] *Calendar of Charter Rolls*, III. 459.

[587] Appointed king's serjeant for Nottinghamshire eyre, 28 Oct. 1329 (*CCR 1327–30*, p.493).

archbishop had never put anyone in the pillory and tumbrel who was convicted thrice for breaches of assize of bread and ale or any other offence deserving it, but always fined them as on the first and second occasion; and archbishop had exercised free warren since receiving royal grant.

The right to fine for breaches of assize of bread and ale was therefore to be taken into king's hand. Afterwards Thomas de Radclyf' and John de Bolingbrok' paid five marks to recover archbishop's liberties, so he recovered the aforesaid right. And proceedings were adjourned *sine die.*[588]

335 [*Mandate to dean and chapter of York for Cardinal de Mortemart, rehearsing form of his admission by proctor to Treasury, pursuant to a provision, saving royal rights, foundation of Minster and Treasury, etc.; with a protestation of compliance.*]

[Fo.98v; N.F. 126v] LITTERA DIRECTA DECANO ET CAPITULO ECCLESIE BEATI PETRI EBOR' SUPER ADMISSIONE DOMINI PETRI TITULI SANCTI STEPHANI IN CELIO MONTE PRESBYTERI CARDINALIS AD THESAURARIAM IN ECCLESIA SUPRADICTA. W[illelmus] etc. dilectis filiis .. decano et .. capitulo ecclesie nostre beati Petri Ebor', salutem [*etc.*]. Cum reverendum patrem dominum Petrum tituli[589] sancti Stephani in Celiomonte presbyterum cardinalem in personam Hugonis de Preissaco procuratoris substituti Reymundi Peregrini ad thesaurariam in ecclesia Ebor' admiserimus sub hac forma:

Nos W[illelmus] permissione divina etc. te Hugonem de Preissaco procuratorem substitutum Reymondi Peregrini procuratoris ut dicitur[590] in hac parte principalis venerabilis patris domini Petri tituli sancti Stephani in Celiomonte presbyteri cardinalis, nomine predicti domini tui, salvo jure regio statu et fundacione ecclesie Ebor' et thesaurarie ejusdem ac jure nostro et cujuscumque alterius si quod fuerit, salvis etiam nobis et eidem ecclesie nostre exceptionibus et defensionibus omnibus et singulis tam nullitatum quam aliorum defectuum quorumcumque nobis qualitercumque et ex quibuscumque causis competentibus et competituris contra litteras gratie et executorias ac processum inde habitum et suggestionem in eis contentam necnon et execucionem in hac parte habitam et habendam, ac salva nobis potestate conferendi dignitates personatus canonicatus et prebendas quoscumque ac officia et beneficia quecumque cum in ecclesia predicta vacaverint, quantum ad nos attinet et de jure ac virtute litterarum apostolicarum[591] et processus[592] habiti super eis tenemur, ad

---

[588] Transcribed in *Placita de quo warranto temporibus Edw. I, II, et III in Curia receptae scaccarii West. Asservata*, [ed. W. Illingworth] (Record Commission, 1818), pp.644–5.
[589] Interlined.
[590] *ut dicitur* interlined.
[591] Dated 1 April 1330, the provision being made *motu proprio*, notwithstanding tenure of William de la Mare (**282**, **284**), or if Francis Gaetani had placed his suit in archbishop's hands (see **283**), or any other impediment (*Reg. Jean XXII*, vol.9, p.261, no.49044; *CPL*, II. 316).
[592] When executor's deputy, Guy de Calma, tried to publish process and sentence amoving William in York, his men suffered *verbera et vulnera mortalia*; William was excommunicated; and on 13 Aug. 1331, cited to appear personally at Curia. By early 1333, executor had put minster under interdict and suspended chapter. That year, pope ordered sequestration, and in a second attempt on 7 March 1334, accused William of occupying treasury on pretext of apostolic letters [not exchange (**282**, **284**)]. On 9 Oct. 1334, pope appointed *judices conservatores* for Mortemart, who eventually gained posses-

ipsam thesaurariam admittimus et cetera faciemus et facere parati sumus que nobis facienda incumbunt; protestantes palam publice et expresse nos nolle dictum dominum tuum nec te in aliquo impedire nec execucioni pro eo facte resistere quovismodo.[593]

Quocirca vobis mandamus quatinus circa prefatum dominum Petrum cardinalem predictum vel procuratorem suum ejus nomine ulterius in hac parte exequamini quod est vestrum. Valete. [Laneham, 1 July 1330.]

336 [*Mandate to dean and chapter of York for John de Melburn, presented by regalian right to prebend of Strensall; containing archbishop's commission, dated Bishopthorpe, 28 May 1330, and subsequent certification of process amoving William de Flisco, dated York, 26 June 1330; with writs of* Assignari faciatis *and* Admittatis non obstante reclamatione.]

COMMISSIO SUPER PREBENDA DE STRANSALE IN ECCLESIA EBOR'. W[illelmus] etc. dilecto filio decano et capitulo ecclesie nostre beati Petri Ebor', salutem [*etc.*] Litteras et processus officialis curie nostre Ebor'[594] commissarii generalis ad infrascripta una cum discretis viris magistris Johanne de Touthorp et Johanne de Aton[595] dicte curie advocatis sub illa clausula vobis conjunctim et divisim et cuilibet vestrum per se et insolidum commissarii specialiter deputati in negocio occasione prebende de Strensale moto habitos recepimus tenorem qui sequitur per omnia continentes:

Venerabili in Christo patri et domino domino Willelmo dei gratia [*etc.*] suus humilis et devotus domini .. officialis curie Ebor' .. commissarius generalis ad infrascripta una cum discretis viris magistris Johanne de Thouthorp et Johanne de Aton dicte curie advocatis sub illa clausula vobis conjunctim et divisim et cuilibet vestrum per se et insolidum commissariis specialiter deputatis, obedienciam reverenciam et honorem. Mandatum et commissionem vestrum cum quibusdam litteris regiis eidem appensis recepimus sub hac forma: Willelmus permissione divina [*etc.*] dilectis filiis .. officialis curie nostre Ebor' .. commissario generali et magistris Johanne de Touthorp ac Johanne de Aton dicte curie advocatis, salutem [*etc.*]. Brevia regia recepimus presentibus annexa quorum tenoribus per vos diligenter inspectis, ad cognoscendum procedendum et diffiniendum in causa seu negotio prebendam de Strensall in ecclesia nostra Ebor' contingente, vocatis vocandis etiam si ad amocionem ipsius prebende possessioni incumbentis de jure fuerit procedendum, et ad omnia facienda que secundum naturam et qualitatem ipsius cause seu negocii in hac parte requiruntur, et si nullum canonicum obsistat admittendum in eo eventu[596] Johannem de Melburn[597] presentatum per dominum nostrum regem in hac parte, ipsumque in corporalem possessionem dicte prebende induci faciendum, ac eundem in canonicum et in fratrem admitti ac sibi stallum in choro et locum

sion. See *Reg. Jean XXII*, vol.10, pp.293–4, no.54578 (*CPL*, II. 344); *Reg. Jean XXII*, vol.13, p.112, no.62815 (*CPL*, II. 400); *Reg. Jean XXII*, vol.13, p.212, no.64132; *CPL*, II. 379; Rymer, *Foedera*, II, part 3, p.86.
[593] Nevertheless, Melton was excommunicated [in 1334]; faculty for his absolution being granted 4 April 1335 (*CPL*, II. 516).
[594] Repeated.
[595] See *BRUO*, I. 11–12; *BRUC*, p.2 which do not record that he was an advocate.
[596] MS *adventu*.
[597] Then controller of Wardrobe. See *BRUO*, II. 1255–6.

in capitulo assignari faciendum; vobis conjunctim et divisim et cuibet vestrum per se et insolidum cum cohercionis canonice potestate committimus vices nostras; proviso quod de hiis que feceritis in premissis nos expedito negotio certificetis per vestras litteras patentes et clausas harum seriem continentes vel certificet unus vestrum qui presens mandatum fuerit executus. Valete. [Bishopthorpe, 28 May 1330.]

There follow: [i] Writ *Assignari faciatis* ordering archbishop to have John de Melburn, his clerk, installed in prebend of Strensall, vacant and in king's gift by virtue of vacancy of see in time of Edward I. *Teste me ipso.* Worcester (*Wyrcestr'*), 18 Sept. 1329.[598] [ii] King's Bench writ *Admittatis non obstante reclamatione* showing that king had recovered in his court[599] presentation to vacant prebend of Strensall, in his gift by virtue of vacancy of see in time of Edward I, and ordering archbishop to admit a suitable person. *Teste* H[enrico] Lescrop. Banbury (*Bannebury*), 21 May 1330.

Quorum auctoritate nos in hujusmodi negotio coram nobis ex commissione vestra moto, promovente et officium nostrum implorante in hac parte procuratore domini Johannis de Melburn ad prebendam de Strensall in ecclesia vestra cathedrali Ebor' per dictum dominum nostrum[600] regem presentati, contra dominum Willelmum de Flisco[601] possessioni ejusdem prebende de facto incumbentem servato juris ordine qui in hoc causu requirebatur debite procedentes, canonicatum et prebendam de Strensall in ecclesia Ebor' predicta vacasse tempore quo archiepiscopalis sedes Ebor' vacabat et tempore quo custodia ipsius archiepiscopatus fuerat in manibus celebris memorie domini E[dwardi] avi predicti domini regis sicque vacare in presenti pronunciavimus et declaramus; prefatumque dominum Willelmum de Flisco eorundem canonicatus et prebende illicitum detentorem ab eisdem ammovimus ac predictum dominum[602] Johannem de Melburn ad dictos canonicatum et prebendam virtute presentacionis antedicte admittendum fore decrevimus et pronunciavimus justicia id poscente, et ipsum dominum Johannem in persona procuratoris sui et ipsum procuratorem in nomine[603] dicti domini sui ad eosdem canonicatum et prebendam admisimus et per birretum nostrum investivimus de eisdem. Hec reverende paternitati vestre tenore presencium intimamus quibus sigillum officii nostri est appensum. Ut quo ad induccionem ejusdem domini Johannis in corporalem possessionem dictorum canonicatus et prebende et installationem ejusdem erga dominos .. decanum et capitulum ecclesie vestre Ebor' exequamini quod vestro incumbit officio in hac parte. Conservet vos altissimus ecclesie sue et populo deus per tempora longiora. [York, 26 June 1330.]

Volentes igitur artantibus nos mandatis regiis supradictis ea que per dictum commissarium nostrum proinde facta sunt debitum debere sortiri effectum, vobis firmiter injungendo mandamus quatinus circa prefatum dominum[604]

---

[598] *CPR 1327–30*, p.446 which gives date as 28 Sept. 1329.
[599] In Jan.–Feb. 1330 (*CPR 1330–4*, p.220).
[600] Interlined.
[601] A provisor (**A18**). For his recovery of prebend see **418n**.
[602] Interlined.
[603] MS *persona*.
[604] Interlined.

Johannem de Melburn vel procuratorem suum ejus nomine ulterius in hac parte exequamini quod est vestrum. Valete. [Laneham, 28 June 1330.]

337 [Fo.99; N.F. 127] Mandate to chapter of Beverley for William de Yarewell,[605] rector of Brayton, admitted as canon by archbishop pursuant to an expectative grace,[606] in person of M. Ralph de Yarewell, clerk.[607] Worksop (*Wirksop*), 21 July 1330.

338 [*Commission to examine James de Signa's title to prebend of Eaton in Southwell, and, if appropriate, to amove him.*]

COMMISSIO SUPER PREBENDA DE ETON IN ECCLESIA SUWELL'. Willelmus etc. dilectis filiis magistro Ricardo de Eryonn utriusque juris professori ac magistro Johanni de Wodehous .. officialis curie nostre Ebor' .. commissario generali, salutem [*etc.*]. Audito nuper et intellecto fama publica referente quod quidam Jacobus Francisci de Signa[608] canonicum ecclesie nostre Suwell' se pretendens, prebendam de Eton in ecclesia Suwell' que fuit nuper magistri Geraldi [*recte* Gerardi] de Ciriaco jam defuncti[609] et ejusdem possessionem per mortem ejus vacantem, absque titulo canonico et sufficienti temere est ingressus immo verius se intrusit, et sic eam de facto detinet dampnabiliter occupatam de fructibus proventibus et obvencionibus ejusdem pro sue disponens libito voluntatis, contra canonicas sancciones in anime sue et aliorum animarum grande periculum juris nostri prejudicium multorumque Christi fidelium perniciosum exemplum; que omnia et singula adeo dicuntur publica notoria et manifesta et de eisdem publicam vocem et famam laborasse et eciam laborare in partibus Suwell' et locis evicinis quod nulla poterunt tergiversacione celari. Nos Willelmus archiepiscopus predictus conspicientes ex hujusmodi beneficii ecclesiastici detencione illicita scandalum in ecclesia dei si tantus error sustineatur quod absit posse faciliter exoriri, et nichilominus volentes dicto Jacobo prefate prebende illicito ut dicitur detentori fieri super premissis justicie complementum, ad examinandum et discuciendum titulum de quo premittitur et quicquid juris idem Jacobus sibi competere pretendit seu pretendere poterit in eadem, et ad procedendum in hac parte secundum qualitatem et naturam negocii, necnon ipsum Jacobum in dicta prebenda jus habere vel non habere prout super ipsius negocii veritate fueritis judicialiter et legittime informati diffiniendum pronunciandum seu declarandum, et in eventu quo sit ipsum in dicta prebenda nullum jus obtinere fortassis coram vobis legitime inveneritis ad ammovendum eundem totaliter a possessione ejusdem[610] quatenus de facto ei incumbit vocatis vocandis; vobis conjunctim et

---

[605] A protégé of M. John de Nassington, senior, late prebendary of St Martin in Beverley, and former parson of Brayton: Yarwell being a chapelry of Nassington parish. Possibly rural dean of Beverley, 1307, 1309 (*MB*, I. 208; *Reg. Greenfield*, I. 187, no.420n).

[606] Dated 21 Oct. 1329 (*CPL*, II. 307).

[607] Appointed official of archdeacon of Nottingham in 1332 (*Reg. Melton*, IV. 158, no.688).

[608] Pope had reserved benefices for him in archbishop's gift worth 30 marks and £40, at request of Aymer de Valence on 10 Sept. 1318 and 28 Jan. 1320 (*CPL*, II. 192, 196).

[609] Dead before 11 Jan. 1330 when pope again reserved collation to all benefices he vacated. King's clerk at death. See *Reg. Jean XXII*, vol.9, p.164, no.48080; *CPR 1327–30*, pp.403, 468.

[610] His amoval took place before 26 Jan. 1331, and M. John de Barnby occurs as

divisim et cuilibet vestrum per se et insolidum vices nostras committimus cum cohercionis canonice potestate, mandantes quatinus de omni eo quod feceritis in premissis et toto processu vestro in hac parte habendo nos expedito negocio reddere curetis debite cerciores per litteras vestras clausas et patentes harum seriem cum hujusmodi toto processu vestro plenius continentes. Valete. [Laneham, 30 June 1330.]

339 [*General notification that Patrick Taylor had been condemned to pay rents amounting to 9s. 6d. a year to light in Southwell Minster, and had sworn to do so. Southwell manor, 12 Nov. 1330.*]
CONDEMPNACIO PATRICII CISSORIS DE BLIDA PRO QUODAM ANNUO CENSU LUMINI ECCLESIE SUWELL' SOLVENDO. Noverint universi quod nos Willelmus permissione divina etc. Patricium Cissorem de Blida duodecimo die mensis Novembris anno domini millesimo CCC^{mo} tricesimo in capella manerii nostri Suwell' Ebor' diocesis coram nobis personaliter comparentem, et in quatuor solidis et sex denariis lumini ecclesie Suwell' ex quodam annuo censu exeunte a tenemento quod tenet in Blida debitis custodi ejusdem luminis ad festum purificacionis beate Marie virginis ac in quinque solidis argenti pro annuo censu dicti tenementi singulis annis debitis in festo Pentecostes dicto lumini ejusdemque custodibus qui pro tempore fuerint persolvendis sine ulteriori dilacione judicialiter se confitentem teneri, juxta confessionem suam predictam de consensu suo expresso[611] per precepti sentenciam in solucione dicte pecunie ut premittitur facienda condempnavimus, et ad majorem hujus rei securitatem et firmitatem ad sacrosancta dei ewangelia ipsis tactis idem Patricius juramentum prestitit corporale ad premissa fideliter conservanda. [Chapel of manor of Southwell, 12 Nov. 1330.]

340 Mandate to chapter of Southwell for M. John de Wyktoft (*Wyketoft'*), M.A., D.M.,[612] admitted as canon by archbishop pursuant to an expectative grace.[613] Southwell, 24 April 1331.

341 Commission to M. John de Wodehous, commissary general of official of court of York, to collate M. Thomas Sampson, D.C.L.,[614] to any vacant prebend in church of York not owed to anyone else and without prejudice to right of any other, to have him inducted and installed, and to establish and decree what was necessary thereto. Bishopthorpe, 24 May 1331.

342 [Fo.99v; N.F. 127v] Mandate to dean and chapter of York for M. William de Alberwyk', D.D., on whom, in person of M. William de Jafford, clerk, his proctor, the prior of Marton, as sub-executor of a provision deputed by archbishop, as principal executor,[615] had conferred prebend of Bilton (*Bylton*),

---

prebendary of Eaton on 27 Feb. 1333 (Reg. Melton, fo.581; n.f. 723; Southwell Minster Library: The White Book of Southwell, insert at fos 28/29).
[611] Preceded by *predicto* struck through.
[612] Probably provided at request of University of Oxford. See *BRUO*, III. 2112.
[613] Dated 23 Nov. 1329 (*CPL*, II. 322).
[614] See *BRUO*, III. 1636.
[615] By virtue of bull in **264** dated 9 Jan. 1328. Archbishop had previously issued a commission on 27 Dec. 1330 to confer any vacant York prebend (caption says Bilton)

vacant by death of Adam de Blida.[616] Prior had amoved M. Walter de Burton whose provision was of a later date,[617] and M. John de Burton, his brother and proctor, who was occupying prebend. Archbishop had admitted William. Bishopthorpe, 30 May 1331.

343 [*Re-issued mandate to dean and chapter of York to compel clergy named in attached schedule (omitted) to pay fine levied on archbishop in king's court for their contumacy. If unpaid by 1 Aug. 1331, archbishop would intervene directly.*]
AD MONENDUM CLERICOS BENEFICIATOS IN DIOCESI EBOR' PRO PECUNIA SOLVENDA DOMINO QUAM IDEM SOLVIT PRO CONTUMACIIS EORUM IN CURIA DOMINI REGIS CONTRACTIS. Willelmus etc. dilectis filiis decano et capitulo ecclesie nostre beati Petri Ebor', salutem [*etc.*]. Quia in curia regia pro contumaciis clericorum nostrorum qui licet legitime moniti et peremptorie citati ad terminos sibi assignatos coram justiciariis domini nostri regis comparere minime curaverunt amerciati sumus et mulctati in pecuniarum summis in cedula annexa presentibus una cum ipsorum clericorum nominibus memoratis quas etiam a diu est solvimus pro eisdem; vobis mandamus firmiter injungentes quatinus moneatis et efficaciter inducatis omnes et singulas[618] personas in dicta cedula nominatas quod de dictis pecuniarum summis nobis satisfaciant ut tenentur, quod si facere distulerint ipsas pecunie summas de bonis et beneficiis ecclesiasticis dictarum personarum per sequestracionem vendicionem et distraccionem eorundem necnon per suspensionis excommunicationis et interdicti sentencias exigi et levari celeriter faciatis, et eas nobis citra festum sancti Petri advincula plenarie liberari; alioquin in vestri defectum qui etiam hoc idem mandatum alias vobis directum effectualiter exequi non curastis, ipsas pecuniarum summas a dictis personis exigi[619] et levari sicut convenit faciemus. Valete. [Bishopthorpe, 6 June 1331.]

344 Mandate to dean and chapter of York for M. William de Colby[620] pursuant to an expectative grace for a canonry and prebend, elective subarchiepiscopal dignity, parsonage, or office with or without cure of souls.[621] Archbishop had admitted him as canon in person of M. Edmund de Lascy.[622] Bishopthorpe, 2 Aug. 1331.

345 Mandate to same for Poncius de Pomeriis, son of William Sancius, lord of St Sulpice-de-Pommiers (*Pomeriis*), admitted as canon by archbishop pursuant to an expectative grace,[623] in person of William de Savinhaco. Cawood, 6 Aug. 1331.

upon him, but Walter's provision would have taken precedence (Reg. Melton, fo.579, n.f. 721).
[616] See **107** and n. Dead by 8 Feb. 1331 (*Fasti*, VI. 33).
[617] 23 Nov. 1329 (**A31**).
[618] MS *singulos*.
[619] Corrected from *exegi*.
[620] A former Privy Seal clerk, then treasurer of Queen Philippa (*Chapters*, V. III; *CPL*, II. 349).
[621] Granted, 26 April 1331, at Queen Philippa's request as an enlargement of **A37** (*CPL*, II. 349), which, however, retained its force (**370n**).
[622] Proctor in court of York (Reg. Melton, fo.560, n.f. 697).
[623] Granted, 7 March 1331, at request of Edward III (*CPL*, II. 328–9).

346 Note of mandate to chapter of Beverley for M. William de Castromartini, [B.C.L.],[624] admitted as canon by archbishop pursuant to an expectative grace[625] which seemed highly suspect. Churchyard of Franciscan church, York, 16 Aug. 1331.

347 Mandate to dean and chapter of York for M. Richard de Bury, provided[626] to prebend of [North Newbald] held by late M. John de Arundell,[627] if vacant and owed to no other. Archbishop had admitted him as canon in person of William de Tykhill. Cawood, 2 Sept. 1331.

348 Mandate to same for Gaspard de Bovisvilla,[628] papally collated[629] to prebend of Bole (*Bolom*), vacant by death of Poncius de Podiobarsaco at apostolic see, according to executorial process of John de Podiobarsaco, archdeacon of Winchester (*Wynton'*). Archbishop had admitted[630] him in person of Raymond, son of Arnold del Bugace. St Bees (*Sanctam Begam*), 23 Oct. 1331.

349 [Fo.100; N.F. 128] Cancelled note of dispensation to M. Robert Ergom,[631] rector of Scrayingham (*Skrayngham*), to sell what produce of his benefice he could not conveniently cart to his barns; and also to be represented at synod by proctor whilst holding licence for non-residence, granted at another time. Bishopthorpe, 15 Dec. 1331.

350 [*Mandate to dean and chapter of York to warn subdean to reside within six months and appear before archbishop or his commissaries then to show any reason to contrary, and to exhibit his title and letters of orders; on pain of deprivation.*]
MONICO FACTA DOMINO URSO DE URBE SUBDECANO ECCLESIE EBOR' QUOD RESIDEAT IN DICTO BENEFICIO INFRA SEX MENSES. W[illelmus] etc. dilectis filiis decano et capitulo ecclesie nostre beati Petri Ebor', salutem etc. Licet sanctorum patrum decrevit auctoritas et statuta canonica id exposcant quod qui clavem gestat extra mansionem vagari non debet ut continue sit paratus vocantibus, et non vocantes quasi pastor solicitus salutaribus monitis ad se trahat. Verumptamen quod moleste gerimus sunt nonnulli quibus regimen et cura committitur animarum velud mercenarii fructum querentes tantummodo temporalem deferunt damp-

---

[624] Probably served William de St Paul, bishop of Meath, a former prior of Carmelite convent in York (*BRUO*, III. 1437). Significantly, admission took place outside friary whose warden was Hugh de St Paul (**379**). For Castromartini's Irish connections see *CPL*, II. 288, 340.
[625] Dated 15 Nov. 1330 (*CPL*, II. 338).
[626] Direct provision granted, 5 June 1331, at request of Edward III, whereupon Richard resigned canonry granted in **318** (*CPL*, II. 327; *Reg. Jean XXII*, vol.10, p.225, no.53767). He may have been precluded by **295**.
[627] Dead by June 1331. See *BRUO*, I. 48. John, who was a papal chaplain, had held prebend for over a year on 3 Oct. 1329, thinking that because previous prebendary, Pandulph de Savelli, died in Rome, he was no longer a Curial official, so prebend was not reserved to pope (*Reg. Jean XXII*, vol.8, p.349, no.45985; vol.9, p.32, no.46811; *CPL*, II. 294, 310).
[628] Gaspard, then aged 22, was probably a kinsman of Bertrand de Montfavet, cardinal deacon of St Mary in Aquiro (*Reg. Jean XXII*, vol.10, p.262, nos 54220-1). Was appointed, 30 May 1342, to king's inner household (*CPR 1340-3*, p.439).
[629] On 1 Aug. 1331 (*CPL*, II. 344).
[630] One saving clause only.
[631] See *BRUO*, I. 645 which omits this benefice.

nabiliter curam suam in exteris regionibus conversando ubi frequenter dicuntur male consumere patrimonium Jesu Christi. Ne igitur reatus suos quod absit nostros per connivenciam faciamus tales juxta sacrorum canonum instituta ad residendum in curatis suis beneficiis cupimus prout ex debito[632] nostri tenemur officii canonice cohercere. Attendentes itaque quod dominus Ursus de Urbe qui se gerit pro subdecano ecclesie nostre Ebor' quique ratione dignitatis sue curate tenetur de jure et ex consuetudine et statuto ipsius ecclesie juramento firmatis[633] in eadem personaliter residere et penitenciarii officium quod ad ipsum spectare dinoscitur[634] excercere ac saluti solicite intendere animarum, ad dictam nostram ecclesiam nusquam curavit accedere nec curam peragere incumbentem set fructus ipsius nichilominus percipit et consumit in scandalum et obloquium non modicum et grave periculum animarum; devocioni vobis[635] vestre firmiter injungimus et mandamus quatinus trine citacionis edicto in nostra ecclesia Ebor' et in stallo subdecanatus ibidem assignato publice proposito et solempniter publicato, eundem dominum Ursum pretensum subdecanum dicte nostre Ebor' ecclesie legitime moneatis seu moneri faciatis citetis seu citari faciatis peremptorie quod infra sex menses a tempore monicionis seu citacionis hujus-modi sibi facte numerandos ad prefatam Ebor' ecclesiam accedat personaliter, prout requirit suscepte cura solicitudinis, facturus residenciam in eadem nisi causam rationabilem habuerit quare ad residendum ut premittitur compelli de jure non poterit nec debebit et ad quam proponendam et propalandam, necnon ad ostendendum et exhibendum titulum canonicum si quem habeat in dicto subdecanatu ac litteras ordinum[636] pro termino preciso et peremptorio et ulterius faciendum quod justum fuerit in hac parte, ipsum citetis seu citari faciatis peremptorie quod compareat coram nobis vel commissariis nostris in dicta nostra ecclesia Ebor' proximo quarto die juridico mensis Julii proximo futuri cum continuacione et prorogacione dierum sequencium usque ad decisionem tocius negotii prout ejus qualitas exigit et requirit; denunciantes seu denunciari facientes publice in eadem ecclesia et precipue procuratori suo si quem ibidem dimiserit amicis et notis suis si quos ipsum ibidem habere noveritis ac omnibus aliis quorum interest, quod si infra dictos sex menses personaliter non resederit nec in[637] die predicto comparuerit nec quicquid canonicum exhibuerit pro-posuerit seu probaverit in premissis, eo amplius non citato nec ulterius exspectato, ad sententiam privacionis seu ammocionis et ad alia que justicia suadebit procedetur quatenus de jure fieri poterit contra eum. Copiam vero monicionis et citacionis hujusmodi super majus altare ejusdem ecclesie sub competenti testimonio dimittatis, ipsam singulis quibus interest cum ipsam petierint ut convenit liberando. Diem vero recepcionis presencium ac monicionis et citacionis hujusmodi facte formam et quicquid feceritis in premissis nobis vel commissariis nostris citra dictum diem distincte rescribatis et aperte per vestras patentes litteras que harum seriem representent.[638] Valete. [Cawood, 30 Dec. 1331.]

[632] MS *debiti*.

[633] *de jure . . . firmatis* inserted in margin.

[634] Since about middle of 13th century (*Statutes of Lincoln Cathedral*, II. (1), p.94).

[635] *vobis* inserted in margin.

[636] *ac litteras ordinum* inserted in margin.

[637] Preceded by an erasure.

[638] For further action and final outcome see **359**.

351   Mandate to chapter of Southwell for John Tillot [*alias* de Melburn],[639] admitted in person as canon by archbishop pursuant to an expectative grace.[640] Bishopthorpe, 18 Feb. 1332.

352   CERTIFICATORIUM CAPITULI RYPON' PRO VISITATIONE DOMINI. Certificate of chapter of Ripon, pursuant to archbishop's mandate dated Cawood, 6 Feb. 1332, rehearsed, for a general convocation of canons in presence of archbishop or one or more commissaries, to begin in chapter house at Ripon on third law-day after 12 March 1332, with subsequent adjournments if necessary, to discuss following articles arising from archbishop's last visitation,[641] when full discussion was not possible because of the absence of many canons. [i] Remuneration for residentiary canons who would enhance worship and keep hospitality. [ii] Making good dilapidations to church buildings caused by negligence of prebendaries: some were ruinous; some had collapsed; and church entrance was reduced to almost nothing. [iii] The complete recovery of the rights and liberties of the church which had gradually been eroded and possessions lost by continual absence of the canons. [iv] Clarification as to which prebends required which [holy] orders. [v] The augmentation of the vicars' slender portions. [vi] Other matters to be set forth on the day. [Fo.100v; N.F. 128v] Chapter had cited all the canons, at their stalls and by public announcement in church, to appear on that day personally, or by proctors who were fully informed, and had power to discuss and give consent. Canons cited: M. Robert de Baldok'; M. Robert de Bridelington; M. Alan de Coningburgh; M. Robert de Rypon; William de Cusanc[ia]; John de Everdon; and John le Smale. Copies of citations had been given to proctors of all canons, and left on high altar. Ripon, 6 March 1332.[642]

353   Note that on third law-day after 12 March 1332 M. Robert de Baldok' and M. Robert de Bridelington appeared personally in Ripon chapter house [as required above]; and that M. Alan de Coningesburgh came by John de Coningesburgh, William de Cusancia by Robert de Newenham,[643] John de Everdon by Dns John de Conington, and John le Smale by John de Dideneshale, their proctors.[644]

354   ORDINACIO ECCLESIE COLLEGIATE RYPON'. Ordinance concerning residence to be observed in perpetuity in church of Ripon, drawn up in public form, and made by archbishop after learned advice and with express consent of M. Robert de Baldok' and M. Robert Bridelington, prebendaries present before him,[645] and

[639] John served Lord Strange, sometimes called earl of Lincoln (Lichfield Joint Record Office: B/A/1/2, fos 6v, 63v).

[640] Dated 23 June 1331 (*CPL*, II. 344).

[641] In July 1328 (**243**).

[642] Transcribed in *MR*, II. 105–8 but reading *ad dictum diem juridicum* (p.107, last two lines) for *dicto tercio die juridico*; omitting at end of second line (p.108) *et ea contingentibus et aliis statum ipsius ecclesie reformacionem et quietum concernentibus et ad consentiendum hiisque super premissis per vos auctore domino.* Some parts faded and nearly illegible.

[643] Occurs in 1339 as a proctor in court of York. (J.H. Denton, J.P. Dooley, *Representatives of the Lower Clergy in Parliament 1295–1340* (Woodbridge, 1987), p.121.)

[644] Transcribed in *MR*, II. 108.

[645] A third of line empty and ruled through.

of proctors of all other canons; having summoned interested parties according to law and custom, and having found at last visitation that the church was almost entirely without residentiary canons, despite its large cure of souls and considerable revenues.

Residentiary canons should receive all revenues customarily divided each year equally amongst prebendaries arising from lands, meadows, rents and services with their appurtenances in Nidd[646] and Grantley (*Granteleye*), and tithes of sheaves and hay there, with the pension of 20s. owed by vicar of Nidd, and profits of the spiritual jurisdiction there; and also the whole altarage[647] of the entire liberty and parish of Ripon. However, all prebendaries should continue to receive tithes of wool and lambs – in cash or kind – from the entire parish of Ripon, and prebendary of Monkton (*Monketon*) should keep what he was accustomed to receive as treasurer of the church, and on account of his other ancient obligations. The Common Fund should be free from all deductions of tax and other burdens, except for customary payments to the ministers of the church: its revenues would continue to be included within the tax assessment of each prebend. Archbishop reserved power to himself and his successors to increase the portion of prebendary of Monkton if they considered it inadequate to meet his obligations. Stipends of vicars[648] and other ministers should be paid each year from the Common Fund. Residentiary canons should reside for 12 weeks in the year – continuously or intermittently – and attend canonical hours like those of Southwell and Beverley. Ordinance would take effect from 25 March 1332, and might be altered, supplemented, interpreted, expounded, and amended as archbishop and his successors saw fit. Sealed with seals of archbishop and chapter, who ratified the ordinance.[649] Ripon, 23 March 1332.

Subscribed by William de Carleton, notary apostolic, on orders of archbishop and chapter. Witnesses: M. William de Alberwik', D.D.; M. Robert de Nassington, D.Cn. & C.L.;[650] M. Adam de Haselbech, rector of Sturton le Steeple (*Stratton in le Clay*); Richard de Otryngham, rector of Kirkby Overblow (*Kirkebyoreblauers*); William de Popilton, rector of Brafferton (*Braforton*); and others.[651]

355 Mandate to chapter of Ripon for Richard de Hanyngfeld,[652] admitted as canon by archbishop pursuant to an expectative grace,[653] in person of M. Robert de Newenam. Bishop Wilton, 1 April 1332.

---

[646] In margin in late 16th-century hand: *Nydde*.

[647] In same marginal hand: *Altaragium parochie de Rippon assignatur canonicis exceptis decimis agnorum et lane.*

[648] Set by Archbishop Corbridge on 23 Oct. 1303, at 6 marks a year – payable by each vicar's prebendary (*MR*, II. 44). For later augmentation of vicar's portions see **515**.

[649] Confirmed by king, 13 Dec. 1332 (*CPR 1330–4*, p.384; *MR*, II. 111, n.1).

[650] See *BRUO*, II. 1338.

[651] Transcribed in *MR*, II. 109–11; and, omitting the subscription, in W. Dugdale, *Monasticon Anglicanum*, VI, iii, 1368–9.

[652] Chaplain of king in 1327, still in his service in 1331 (*CPR 1327–30*, p.167; *CPR 1330–4*, p.106).

[653] Dated 20 Nov. 1331 (*CPL*, II. 361–2).

356 [Fo.101; N.F. 129] Mandate to dean and chapter of York for John Travers,[654] admitted as canon by archbishop pursuant to an expectative grace,[655] in person of William de Redines. Eastrington, 20 June 1332.

357 Mandate to same for M. Ralph de Stratford, [M.A.], clerk,[656] admitted as canon by archbishop pursuant to an expectative grace for a canonry and prebend, dignity, office, or parsonage.[657] Brompton (*Brumpton*), 19 May 1332.

358 Note that chapter of Beverley had been cited to archbishop's visitation to be held on 30 June 1332; also of citations for visitation of common property and prebends of Beverley, the [rural] deanery of Beverley, and St Giles' Hospital, Beverley,[658] fixed for 1 July 1332. Bishopthorpe, 4 June 1332.

359 [*Commission to investigate, correct, and punish faults of non-resident subdean of York and, if just, to amove him.*].
Willelmus etc. dilectis filiis .. magistris Willelmo de Alberwyk' sacre pagine professori ac ecclesie nostre beati Petri Ebor' .. precentori, Willelmo de Neusom curie nostre Ebor' advocato, .. et Willelmo de Jafford juris perito, salutem [*etc.*]. Insinuacione clamosa fama publica referente pervenit quin pocius evidens et notorium existit quod ob defectu et absencia subdecani ecclesie nostre Ebor' ab eadem qui tenebatur et tenetur in ipsa ecclesia Ebor' personaliter residere curam animarum et officium penitenciarii ibidem excercere, nedum ipsa ecclesia ac clerus debitis obsequiis defraudantur. Verum eciam edificia ad subdecanatum ipsum pertinencia ruinis patenter subjacent, jura quoque et bona ipsius delapidantur et inde luce consumuntur ex incuria et delicto Ursi nati nobilis viri domini .. Neapolionis de Urbe qui se dicit subdecanum ecclesie nostre predicte, et alia quamplura mala citra hec nunciata sunt nobis frequenter, que sub dissimulacione transire non possumus nec debemus. Unde decano et capitulo dicte ecclesie nostre Ebor' dudum dedimus in mandatis[659] ut ad certos diem et locum et actus inibi expressos prefatum Ursum citare curarent quatinus coram nobis seu .. commissariis nostris compareret inter cetera facturus et recepturus quod justicia suaderet; vobis igitur et duobus vestrum ad procedendum exercendum juxta exigenciam pretactorum ac ad inquirendum corrigendum et puniendum pretactos et alios quoque excessus et defectus contingentes predicta, et quatenus justum fuerit[660] ad amovendum predictum Ursum a prefato subdecanatu et ipsius adminis-tracione, et ad procedendum[661] cognoscendum statuendum diffiniendum et exequendum ex officio in omnibus predicta concernentibus sicut nos ipsi

---

[654] Then constable of Bordeaux, and a former treasurer's remembrancer (*Chapters*, VI. 68–9; *Edward II*, p.311).

[655] Dated 25 Feb. 1332 (*CPL*, II. 362).

[656] King's clerk in 1332, probably then beginning studies at Bologna. His patron was his uncle, John Stratford, then bishop of Winchester. See *BRUO*, III. 1798–9.

[657] Dated 7 Feb. 1332 (*CPL*, II. 355).

[658] See *VCH Yorkshire*, III. 301–2; *VCH East Riding*, VI. 182.

[659] See **350**.

[660] MS *fuerat*.

[661] MS *procendendum*.

procedere possemus vices nostras committimus cum cohercionis canonice potestate.[662] Valete. [Cawood, 7 Aug. 1332.[663]]

360   Note of dispensation for two years' non-residence to Richard de Grymeston, precentor of Beverley. Cawood, 10 Aug. 1332.

361   Mandate to dean and chapter of York for John de Etton,[664] admitted as canon by archbishop pursuant to an expectative grace,[665] in person of Nicholas de Fangfosse, chaplain. Cawood, 11 Aug. 1332.

362   ADMISSIO DOMINI CARDINALIS ALOSIEDOREN'.[666] Mandate to same for Peter [de Mortemart], cardinal priest of St Stephen in Celio Monte, on whom William Amici, provost of Lavaur (*Vauren'*), papal chaplain, auditor of sacred palace, and executor of the provision,[667] had conferred prebend of Riccall (*Rikale*), vacant by consecration of M. Hugh de Engolisma as bishop of Carpentras (*Carpentoracen'*). [Fo.101v; N.F. 129v] Archbishop had admitted[668] him 'cum certis condicionibus, protestacionibus, atque formis' in person of Richard Thomasyn of Riccall, clerk, substituted for M. Raymond de Mota, learned in law, clerk of diocese of Cahors, his original proctor. Bishopthorpe, 16 Aug. 1332.

363   Mandate to same for John de Ellerker, clerk, on whom the abbot of St Mary's, York, sub-executor of a provision,[669] deputed by M. Nicholas [Fabalis] of Fratte (*Fractis*), canon of Patras (*Patracen'*), corrector of papal letters and principal executor, had conferred prebend of Botevant (*Butevant*), vacant by death of M. Robert de Ripplyngham. Archbishop had admitted John to prebend only if it were annexed to the chancellorship.[670] Bishopthorpe, 5 Nov. 1332.

364   [*Process or [executorial] letters, in public form, to chapter of Beverley for M. Thomas Sampson, D.C.L., provided by archbishop to a prebend then or next coming vacant by provisory faculty in* **264***; with appointment of sub-delegates. Bishopthorpe, 12 Oct. 1332.*]
PROCESSUS MAGISTRI THOME SAMPSON DE CANONICATU ET PREBENDA IN ECCLESIA BEVERLACEN'. Willelmus etc. .. dilectis in Christo filiis capitulo ecclesie nostre collegiate beati Johannis Beverl' nostre Ebor' diocesis ac omnibus et singulis dignitates personatus prebendas beneficia vel officia obtinentibus in eadem et

---

[662] On 16 Aug. 1332, subdean, then a student, was granted papal licence of non-residence for three years without obligation of proceeding to deacon's orders, and meanwhile to receive revenues of subdeanery (*CPL*, II. 359; *Reg. Jean XXII*, vol.11, p.252, no.58061).
[663] MS *vii° nonas Augusti*: assumed to be rightly *vii° idus Augusti*.
[664] Then a clerk of Privy Seal (*Chapters*, V. 111).
[665] Granted, 15 June 1331, at king's request (*CPL*, II. 331).
[666] Cardinal had been bishop of Auxerre between 1325 and 1328 (C. Eubel, *Hierarchia Catholica Medii Aevi*, vol.I, *1198–1431* (2nd edn, Münster, 1913), p.120).
[667] Direct provision made on 10 Feb. 1332 (*CPL*, II. 360).
[668] One saving clause only to which was added 'jure cujuslibet'.
[669] See **221**.
[670] In fact, another clerk had already been collated though not yet inducted as chancellor (**365–6**). Ellerker retained prebend (**520–2**).

quos negocium hujusmodi tangit vel tangere poterit et quorum interest vel interesse poterit in hac parte quomodolibet in futurum, salutem in sinceris amplexibus salvatoris. Litteras sanctissimi patris et domini domini Johannis divina providencia pape XXII vera bulla plumbea more curie Romane bullatas non abolitas nec corruptas set veras et integras ac omni suspicione sinistra carentes de quibus vobis .. capitulo predicto sufficienter innotescit quas eciam vobis fecimus intimari et ad vestram deduci noticiam ac in ecclesia predicta inter vos solempniter publicari [**265**] cum reverencia debita nos recepisse noveritis in hec verba: Johannes episcopus servus servorum dei [as in (Fo.102; N.F. 130) **264**].

Volentes itaque .. dilecto filio magistro .. Thome Sampson legum professori,[671] suorum obtentu meritorum gratiam in quantum possumus facere specialem, canonicatum in ecclesia nostra Beverl' predicta cum plenitudine juris canonici auctoritate qua fungimur sibi conferimus [ac] prebendam vero si qua vacat ad presens in eadem cum omnibus juribus et pertinenciis suis[672] universis conferimus eidem et de eadem eciam providemus, ipsumque magistrum Thomam per nostri biretti tradicionem investimus personaliter de eisdem; vosque capitulum ac omnes alias et singulas personas antedictas ac omnes alios et singulos quorum interest vel interesse poterit pro primo secundo et tercio et peremptorio termino[672] requirimus et monemus vobisque in virtute sancte obediencie districte precipiendo mandamus quatinus infra sex dies a presentacione seu notificacione presencium vobis facta immediate sequentes, quorum sex dierum duos pro primo duos pro secundo et reliquos duos vobis et omnibus aliis quorum interest vel interesse poterit pro tercio et peremptorio termino et monicione canonica assignamus, eundem magistrum Thomam vel procuratorem suum ejus nomine ad dictos canonicatum et prebendam de quibus sibi providimus sine difficultate qualibet recipiatis ac eciam admittatis, stallum in choro [et] locum in capitulo ut moris est cum plenitudine juris canonici assignantes eidem, .. permittentes ipsum pacifica ipsorum canonicatus et prebende possessione gaudere, ac amoventes ab eisdem quemlibet detentorem quem eciam ex nunc amovemus et denunciamus amotum, sibique vel ejus procuratori pro eo de ipsorum canonicatus et prebende fructibus redditibus et[672] proventibus juribus et obvencionibus universis respondeatis integre et faciatis ab aliis prout ad vos et quemlibet vestrum pertinet integre responderi. Si vero nulla prebenda in dicta ecclesia Beverl' vacat ad presens, nos .. prebendam nulli alii de jure debitam inibi[672] proximo vacaturam quam dictus magister Thomas per se vel procuratorem suum ad hoc legitime constitutum infra unius mensis spacium postquam sibi vel eidem procuratori de ipsius prebende vacacione constiterit duxerit[673] acceptandam, collacioni apostolice ac nostre et aliorum .. commissariorum nostrorum in hac parte eidem magistro Thome cum vacaverit conferendam expresse et specialiter reservamus; inhibentes et interdicentes auctoritate predicta futuris successoribus nostris archiepiscopis Ebor' qui fuerint[674] pro tempore et capitulo et personis antedictis ac omnibus aliis

---

[671] Sampson was provided in place of M. William de Stanes, who was dead by 13 June 1330. He died as prebendary of St Mary. See Reg. Melton, fo.312v, n.f. 377v; *BMF*, pp.62–3; *BRUO*, III. 1636.

[672] Interlined.

[673] MS *duxerat*.

[674] MS *fuerunt*.

quorum interest vel interesse poterit ne .. prebendam hujusmodi dicto magistro .. Thome collatam vel conferendam eidem ut premittitur reservatam alicui alteri quam dicto magistro Thome vel ejus procuratori pro eo conferatis aut conferant, aut ad ipsam aliquem alium admittatis vel admittant aut per alium seu alios quantum in vobis fuerit admitti permittatis donec dicto[675] magistro .. Thome de prebenda hujusmodi nisi vobis constiterit provisum extiterit plene quod dictus .. magister Thomas .. noluerit hujusmodi .. prebendam acceptare juxta predictarum litterarum apostolicarum continencia et tenorem. Nos enim quicquid contra premissa vel aliquod premissorum per vos vel alium quemcumque scienter vel ignoranter contigerit attemptari auctoritate predicta exnunc prout extunc irritum decernimus et inane. Quod si forte premissa non adimpleveritis[676] vel aliquod contrarium feceritis seu mandaveritis aut monicionibus et mandatis nostris sive apostolicis infra prefatos sex dies non parueritis cum effectu, in capitulum suspensionis necnon in omnes alios et singulos tam dantes alteri quam recipientes dictam .. prebendam prefato magistro .. Thome per nos collatam vel eidem debitam aut sibi conferendam ut premittitur reservatam, necnon et in quoscumque alios contradictores et rebelles aut impedientes ipsum magistrum .. Thomam in premissis aut aliquo premissorum, aut impedientibus[677] ipsum dantes auxilium consilium vel favorem publice vel occulte quominus idem magister Thomas hujusmodi .. prebendam libere et pacifice assequatur et valeat possidere ac ipsius fructus et proventus et redditus cum integritate percipere dictaque gratia suum debitum consequatur effectum, exnunc prout extunc in hiis scriptis singulariter in singulos[678] eadem canonica monicione premissa excommunicationis et in ecclesiam collegiatam Beverl' antedictam interdicti sentencias promulgamus.

Ceterum cum ad execucionem hujusmodi ulterius faciendam vacare non possumus ista vice variis et arduis ecclesie nostre Ebor' negociis perpediti, .. dilectis filiis beate .. Marie Ebor', de Selby, de Melsa .. abbatibus, .. de .. Bridelington .. Watton .. Warqer .. et Feribi .. prioribus, de Lonnesburgh .. Lokington .. Feriby .. Sutton super Derwent, .. Hoton Busschell, Skalton, Halmeby, Sutton in Holdernesse et de Northcave .. rectoribus, .. archidiaconis canonicis vicariis ac decanis eorumque .. officialibus seu loca tenentibus omnibus et singulis in diocesi nostra Ebor' constitutis ad quos presentes littere pervenerint, quibus et eorum cuilibet in solidum super execucione presentis mandati apostolici et nostri ac super omnibus aliis et singulis premissis tenore presencium committimus plenarie vices nostras donec eas ad nos duxerimus revocandas, sub excommunicationis pena quam in ipsos et in ipsorum quemlibet predicta canonica monicione premissa ferimus in hiis scriptis si ea que eis in hac parte committimus neglexerint vel contempserint contumaciter adimplere, [Fo.102v; N.F. 130v] districte precipiendo mandamus quod ipsi vel eorum aliquis qui a predicto .. magistro .. Thoma vel ejus procuratore fuerint aut fuerit requisiti vel requisitus dictum magistrum Thomam vel procuratorem suum ejus nomine in corporalem possessionem dicte prebende per nos sibi collate ac omnium jurium et pertinenciarum ipsius inducant et defendant

---

[675] Interlined.
[676] *ad* interlined.
[677] MS *impedientes*.
[678] MS *singulis*.

inductum; vel si non vacat ad[679] presens .. prebenda eidem magistro .. Thome debita, reservatam per nos ut premittitur conferendam eidem cum vacaverit quam per se vel procuratorem suum duxerit acceptandam sibi vel ejus procuratori pro se post acceptacionem hujusmodi conferant et assignent, sibique vel suo procuratori pro ipso de fructibus redditibus et proventibus juribus et obvencionibus universis ejusdem .. prebende integre faciant responderi, et ipsum magistrum Thomam vel procuratorem suum pro eo in eadem ecclesia collegiata Beverlacen' cum plenitudine juris canonici recipi faciant in canonicum et in fratrem, stallum in choro et locum in capitulo assignando ut nichilominus omnia alia et singula premissa exequantur juxta apostolicarum litterarum et hujus nostri processus continenciam et tenorem .. Prefatasque litteras apostolicas et hunc nostrum processum ac omnia alia et singula instrumenta et litteras hujusmodi negocium tangencia volumus penes eundem magistrum .. Thomam vel ejus .. procuratorem remanere et non per vos nec quemvis alium contra ipsius magistri Thome vel procuratoris sui voluntatem quomodolibet detineri; contrarium vero facientes canonica monicione premissa in hiis scriptis excommunicationis sentenciam promulgamus. Mandamus tamen dicto magistro Thome et ejus procuratori ut vobis si petieritis faciant vestris sumptibus copiam de premissis. Volumus eciam quod[680] quid per aliquem dictorum subdelegatorum ceptum fuerit in premissis possit per alium seu alios terminari, ita tamen quod ipsi subdelegati nostri vel eorum aliquis nichil in prejudicium dicti magistri .. Thome valeant attemptare in predictis vel aliquo predictorum. Et si contingat nos in aliquo super premissis procedere, non intendimus propter hoc commissionem predictam in aliquo revocare nisi de revocacione hujusmodi specialis et expressa mencio in nostris litteris habeatur. Absolucione autem omnium et singulorum qui prefatas nostras sentencias vel earum aliquam incurrerint quoquomodo nobis vel superiori nostro tantummodo reservata. In quorum omnium testimonium presens instrumentum hujusmodi processum nostrum continens per Willelmum de Carleton notarium publicum scribi et subscribi mandamus, et signo suo quo utitur in officio tabellionatus signari, nostrique sigilli impressione pendente muniri ..

Actis et datis apud Thorpe juxta Ebor' duodecimo die mensis .. Octobris anno domini millesimo CCC^{mo} tricesimo secundo .. et pontificatus domini nostri domini .. Johannis divina providencia pape XXII septimo decimo indiccione prima .. Presentibus .. magistris Johanne de Thoresby Ricardo Snoweshull et dicto Willelmo de Carleton .. notariis publicis, ac Johanne de Bonenfaunt' capellano et .. Thoma de la Mare[681] clericis testibus ad hec vocatis et rogatis.

Et ego Willelmus de Carleton clericus Ebor' diocesis publicus auctoritate apostolica notarius premissis omnibus et singulis prout suprascribuntur una cum dictis .. notariis et testibus suprascriptis .. anno indiccione mense die loco et pontificatu presens interfui, et ea sic fieri vidi et audivi, ac de mandato dicti patris presens instrumentum manu mea propria scripsi, et signo meo et nomine solitis signavi in testimonium premissorum.

---

[679] MS *a*.
[680] Interlined.
[681] He was archbishop's kinsman. See *BRUO*, I. 562.

365 Letter[682] collating M. William de Alberwik', D.D., to chancellorship of York [Minster], vacant by death of M. Robert de Ripplingham. He had been invested by archbishop. Laneham, 1 Oct. 1332.

366 Mandate to dean and chapter of York for induction of M. William de Alberwyk', collated and invested [as above]. Bishopthorpe, 30 Nov. 1332.

367 Mandate[683] ordering M. John de Burton to give notice in York [Minster] and all churches belonging to spirituality of deanery of York, and in other nearby churches and places, as expedient, that archbishop had sequestrated all revenues and goods of the deanery of York [Minster], then vacant by death of M. Robert de Pikeryng', and those belonging to Robert at time of his death. He must forbid any violation of sequestration, and have any found violating it declared, by name and with due process in those churches and places, to have incurred the sentence of greater excommunication published in the synodical constitution.[684] Action to be certified [Fo.103; N.F. 131] in letters patent. Bishop Burton, 1 Jan. 1333.

368 [*Appointment of M. John de Burton as keeper of the spiritual jurisdiction of deanery of York during its vacancy.*]
PREFECTIO CUSTODIS SPIRITUALIS JURISDICCIONIS DECANATUS ECCLESIE EBOR' IPSO VACANTE. Willelmus etc. dilecto filio magistro Johanni de Burton clerico, salutem [*etc.*]. Vacante decanatu ecclesie nostre cathedralis beati Petri Ebor' per mortem magistri Roberti de Pikering' nuper decani ejusdem, nos de vestris fidelitate et circumspecta industria plenius confidentes vos custodem spiritualis jurisdiccionis totius decanatus ecclesie nostre predicte ejusdem vacacione durante preficimus et constituimus auctoritate nostra ordinaria per presentes, omnibus et singulis subjectis nostris in seu de dicto decanatu existentibus qui decanatu pleno ejusdem decano et custodi spiritualitatis ejusdem paruerant et parere consueverant aut debuerant vobis tamquam[685] custodi[686] ejusdem spiritualis jurisdiccionis decanatus predicti humiliter pareant et intendant. Valete. [Bishop Burton, 1 Jan. 1333.]

369 [*Appointment of M. John de Burton as sequestrator of vacant deanery of York.*]
COMMISSIO AD CUSTODIENDUM SEQUESTRUM INTERPOSITUM IN BONIS PERTINENTIBUS AD DECANATUM EBOR'. Willelmus etc. dilecto filio magistro Johanni de Burton clerico, salutem [*etc.*]. De vestris fidelitate et circumspecta industria plenius confidentes vos custodem sequestri per nos in fructibus redditibus proventibus bonisque aliis mobilibus et immobilibus omnibus et singulis ad decanatum ecclesie nostre beati Petri Ebor' per mortem magistri Roberti de Pikering' nuper decani ejusdem vacantem in quibuscumque maneriis et locis extiterint spectantibus et ad predictum defunctum pertinentibus et que ipsius erant tempore

---

[682] Preceded by first 4½ lines crossed through, and cancelled by *vacat*.
[683] In later, large hand against this and next three entries: *Notatur*.
[684] Diocesan statute *Excommunicamus*, published after 1241 but before 1259 (*Councils and Synods*, I. 484, 495).
[685] MS *tancquam*.
[686] Interlined.

mortis sue rite et legitime interpositi preficimus et constituimus auctoritate nostra ordinaria per presentes, et vobis custodiam et curam eorundem bonorum per vos et alios quos ad hoc deputaveritis excercendam committimus cum cohercionis canonice potestate, proviso quod nos de omni eo quod feceritis et de quantitate ac estimacione hujusmodi bonorum in maneriis et locis predictis repertorum ac quibus personis ipsorum bonorum custodiam commiseritis distincte et aperte curetis tempore oportuno efficere certiores per vestras litteras patentes harum seriem continentes. Valete. [Bishop Burton, 1 Jan. 1333.]

370   Mandate to chapter of York for M. William de Colby, clerk, on whom M. Ralph de Luceby, formerly rector of ?Somersby (*Somerdeby*), diocese of Lincoln (*Linc'*), but then rector of Great Hale (*Hale*), same diocese, as sub-executor of a provision,[687] had conferred deanery of York, vacant by death of M. Robert de Pykering, and accepted by M. John de Munkgate, his proctor. Archbishop had admitted[688] William. Bishop Burton, 2 Jan. 1333.

371   Mandate to chapter of Beverley for Richard de Feriby (*Feribi*), clerk, on whom, in person of John de Bonigholm, chaplain, his proctor, Richard de Feriby, rector of Leconfield (*Loquenfeld*), as sub-executor of a provision,[689] had conferred prebend of St Peter, vacant by death of M. Robert de Pikering'. Archbishop had admitted him in person of his proctor. Beverley, 2 Jan. 1333.[690]

372   [*Notarial instrument containing dean of York's oath of canonical obedience. Bishop Burton, 2 Jan. 1333.*]
[Fo.103v; N.F. 131v] OBEDIENTIA MAGISTRI WILLEMI COLLEBY DECANI ECCLESIE EBOR' DOMINO FACTA. IN[691] nomine domini, Amen. Anno ab incarnacione ejusdem secundum cursum et computacionem ecclesie Anglicane millesimo trecentesimo tricesimo secundo indiccione prima secundo die mensis Januarii et pontificatus domini nostri domini Johannis divina providencia pape XXII anno septimo decimo, apud Burton juxta Beverlacum in camera venerabilis patris domini Willelmi dei gratia Ebor' archiepiscopi Anglie primatis, constitutus personaliter coram dicto venerabili patre Ebor' archiepiscopo Anglie primate in testium subscriptorum et mei notarii publici infrascripti presencia magister Willelmus de Colleby virtute gratie apostolice in hac parte sibi facte per dictum venerabilem patrem Ebor' archiepiscopum ad decanatum ecclesie beati Petri Ebor' per mortem magistri Roberti de Pykering' ultimi decani ejusdem vacantem admissus, eidem Ebor' archiepiscopo ad sancta dei evangelia per ipsum corporaliter tacta ibidem canonicam fecit obedienciam sub hiis verbis: Ero fidelis et obediens vobis pater vestrisque successoribus canonice intrantibus .. officialibus et ministris prout de jure vel consuetudine pro decanatu ecclesie Ebor' teneor in canonicis mandatis. Sic deus me adjuvet et hec sancta.[692]

---

[687] See **344**. William's provision to deanery was confirmed by pope at request of king and queen, notwithstanding his expectative grace for a York prebend (*CPL*, II. 394; *Reg. Jean XXII*, vol.12, p.132, no.60035).
[688] Saving clauses omitted.
[689] See **99**. Feriby retained prebend until death in 1349 (*BMF*, pp.81–2).
[690] Rest of folio blank.
[691] Letter I is large and decorated.
[692] An oath was a further development from what Melton's predecessor required in 1310:

Acta erant hec anno indiccione mense die loco et pontificatu predictis. Presentibus: magistris Roberto de Nassington utrius juris professore, Ada[693] de Haselbech de Stretton in le Clay et domino Willelmo de Popelton de Brafferton ecclesiarum rectoribus, testibus ad premissa vocatis et eciam rogatis. Et ego Willelmus de Carleton clericus Ebor' diocesis publicus auctoritate apostolica notarius premissis prout supradixi una cum dictis testibus presens interfui et ea sic fieri vidi et audivi, ac presens instrumentum super hiis confectum propria manu mea scripsi, signoque meo[694] et nomine solitis signavi rogatus in testimonium premissorum.

373 Commission to M. John de Wodehous, commissary general of official of court of York, to confer any vacant prebend in York [Minster] and in archbishop's collation on M. Thomas Sampson, D.C.L., and have him or his proctor inducted and installed; and to do all else necessary thereto. Bishopthorpe, 6 Jan. 1333.

374 COMPOSITIO[695] INTER DOMINUM[696] ARCHIEPISCOPUM ET CAPITULUM SUUM SUPER MODO ET FORMA VISITATIONIS. Notification, in public form, by William, bishop of Norwich, to the archbishop of York, the dean and chapter of York, and all concerned:

[A] That [at his manor of Gaywood (*Gaywode prope Lennoam*)], on 30 June 1328, M. John de Thoresby, archbishop's proctor, and M. John de Burton, proctor of dean and chapter of York, had appeared before him, and the following were exhibited:

[i] Original apostolic letters.

[ii] Letter of M. Hugh de Angoulême, archdeacon of Canterbury (*Cantuar'*) [Fo.104; N.F. 132], sealed with his seal, Hackington (*Hakyngton prope Cantuar'*),

---

Promittitis ex nunc nobis et nostris successoribus canonicam obedienciam? Promitto. In 1312 dean promised: *Pater, promitto vobis bona fide quod ego ero vobis et vestris successoribus canonice intrantibus obediens in licitis et canonicis mandatis, et hoc vobis jurabo cum per vos super hoc fuero requisitus* (*Reg. Greenfield*, I. 50, no.125; 81, no.165).

[693] MS *Adam*.

[694] Drawn in register. Sign reproduced in J.S. Purvis, *Notarial Signs* (London and York, 1957), p.17.

[695] There are two 14th-century copies: (a) YMA: M 1 (1)b, fos 30–5. It has illuminated capitals and much rubrication; witnesses appear in different order; and notarial subscriptions are omitted. (b) YMA: M2 (4) h, fos 1–4v. Neither decorated nor rubricated; it lacks Ai, Aii, and almost all of Aiii; order of witnesses differs from **374** and *(a)*, and subscription of chapter's notary comes first. Three 15th-century copies are known: (c) YMA: M 1 (1)d, fos 1–5. Contains full text, followed by bishop of Norwich's *declaratio compositionis* addressed to Archbishop Melton, and dated Norwich, 25 Nov. 1328; Yarwell is omitted from witnesses and Colingham replaced by Carleton; and notarial subscriptions as in *(b)*. (d) BL: Cotton MS Vitellius Aii: old foliation 108–109v, 126–127v; new foliation 116–119v. Text as in *(a)* which to end of Aii is transcribed in D. Wilkins, *Concilia Magnae Britanniae et Hiberniae*, 4 vols (London, 1737), II. 547–8. (e) BI: Reg. Kempe, fos 504–6. Transcribed and collated with Melton's text in 'Documents relating to diocesan and provincial visitations from the registers of Henry Bowet, lord archbishop of York, 7 Oct. 1407–20 Oct. 1423, and John Kempe, cardinal priest of Santa Balbina, lord archbishop of York, 20 July 1325–21 July 1452', ed. A. Hamilton Thompson in *Miscellanea*, II. (Surtees Society, vol.127, 1916), pp.280–90.

[696] Interlined later.

22 June 1328, notifying Bishop William that, owing to ill-health, he was unable to act with him on papal commission issued at Avignon, 8 March 1328,[697] and rehearsed, which appointed them jointly or severally, to give papal confirmation to an agreement[698] between archbishop of York and dean and chapter of York concerning: archbishop's right of visitation, its manner and form; jurisdiction of dean and chapter; and other articles over which grave discord had arisen.

[iii] General notification by Archbishop Melton of [Fo.104v; N.F. 132v][699] appointment of M. John de Thoresby as his proctor, with powers valid up to 11 July 1328, to enter into an agreement with dean and chapter, [terms rehearsed], and seek and receive papal confirmation for it in or outside the diocese of Norwich, or in or beyond the diocese and province of York, as Thoresby and Burton should agree; and to do all else necessary to expedite matters, even if a special mandate were required. Archbishop undertook to ratify his actions. Agreement had been made with assistance of men learned in the law, and having regard to dangers arising from dispute about his proposed visitation of dean and chapter, and the exercise of their jurisdiction. Sealed with his seal. Bishopthorpe, 10 June 1328.

[iv] General notification by dean and chapter of York of [Fo.105; N.F. 133] their appointment of M. John de Burton, clerk, as their proctor, [in same terms and with same powers as in iii] in respect of same agreement, rehearsed [in same terms *mutatis mutandis* as in iii]. Sealed with their common seal. York, 12 June 1328.

[B] That following composition had been entered upon by the proctors. The archbishop and his successors may visit dean and chapter once every four[700] years. On each occasion, archbishop shall order their visitation in fatherly terms[701] (*paternaliter*) by his preliminary 'simple' letters. On receipt thereof, dean and chapter, or in dean's absence, the chapter shall summon canons and other members of the chapter to appear on a certain day at least two[702] months later. On that day, the archbishop and others who so wish, shall enter chapter house at the usual time for chapter meetings in presence of dean and chapter. After the sermon, archbishop shall remain in the chapter house with dean, canons, and others cited to undergo visitation. He may have with him three or four faithful and honest secular clerks,[703] and a scribe not being a notary, who are acceptable to the dean and chapter. All other non-members of the chapter having been excluded, and the certificate [showing that the visitation mandate had been executed] having been read, archbishop shall visit dean and chapter. First, he

---

[697] *CPL*, II. 268.

[698] A papal commission of inquiry into dispute had been appointed on 22 April 1327, and composition was ready for papal confirmation by following November (*CPL*, II. 257; *Reg. Melton*, III. 81–3, no.155).

[699] Top line ascenders greatly lengthened and broadened from here to fo.106v.

[700] Not every five years as in composition between Archbishop le Romeyn and chapter in 1290 (*Historians of the Church of York and its Archbishops*, III. 216–20). Marginalia of 16th century on fo.104 direct reader to this, older composition. Marginalia and underlinings are all noted in printed edition.

[701] Wording of mandate led almost immediately to breakdown in relations and a four-month crisis (**280, 289**), and in 1335 aroused further controversy (**453**).

[702] Not three months as in 1290 (*Historians of York*, III. 217).

[703] In 1290, choice restricted to two canons of his choosing (ibid.).

shall ask[704] dean and canons and other members of the chapter, together as a whole, without putting them under oath or imposing any penal sanction, whether any persons or matters[705] required correction. If, to discharge their consciences, any wish to speak, they shall be heard in chapter. If the archbishop desires to make inquiries individually,[706] he shall make the aforesaid three or four clerks faithfully promise dean and chapter not to write down anything untruthful or malicious, but only what was divulged by canons and others cited there. Then the archbishop shall ask them privately, one by one, without the imposition of a penal sanction, whether any wish to speak about matters under investigation. If they do, they shall be heard and what they say written down[707] in full. If anything be divulged [Fo.105v; N.F. 133v] requiring correction or punishment, all such matters not tending towards the deprivation of canons or worse, shall be handed to dean and chapter, or in dean's absence, to the chapter on visitation day, or the day after,[708] for correction at behest of the archbishop within ten[709] months. Otherwise, anything still outstanding then shall be corrected by archbishop in the chapter house with counsel of the chapter, or of those canons present in York.[710] If dean is in York, he shall be warned of archbishop's coming; if not, then the senior residentiary canon.[711] The dean and chapter, or in dean's absence, the chapter shall inform archbishop in a fitting manner of their action within a fortnight[712] of the expiration of the said ten months. Each archbishop shall receive a procuration of 100 shillings from chapter at his first visitation, taking none thereafter.[713]

[Pending an agreement],[714] dean and chapter shall visit and exercise their jurisdiction in all respects as they have customarily done in the past, without hindrance. The dean of the Christianity of York, and other [rural] deans, shall obey their mandates according to custom.

By this composition, the archbishop in no way concedes or intends to concede any new jurisdiction or new right to dean and chapter, nor do they seek any. Nor does the archbishop intend to deprive dean and chapter of any of their ancient rights.

[C] That Bishop William had confirmed the composition by apostolic authority at Gaywood on 2 July 1328, having taken learned counsel,[715] and on petition and with consent of said proctors, without intending in any way to prejudice either party in respect of matters not included within it, and still in

---

[704] Visitation articles were not apparently envisaged, but not explicitly prohibited as in 1290 (ibid.).

[705] Far less specific phrase than that used in 1290, when dignities, parsonages, prebends, and other places belonging to Common Fund were explicitly included (ibid.).

[706] This two-stage inquiry was new.

[707] Written *comperta* prohibited in 1290 (ibid.).

[708] No time limit set in 1290, nor any distinctions made.

[709] Not six months as in 1290 (ibid. p.218).

[710] In 1290, archbishop could choose which canons to consult (ibid.).

[711] Not required in 1290.

[712] No time limit set in 1290.

[713] In 1290, no procurations payable at any visitation (ibid.).

[714] Occurs only in Aiii and Aiv.

[715] Omitted from printed verson after *composicione* (p.289, line 3): *predicta, communicatoque juris peritorum nobis assistencium consilio, habita eciam super eadem composicione.*

Register of Archbishop Melton

dispute.[716] He had reserved to himself and M. Hugh de Angoulême, or either of them, power to confirm by apostolic authority any subsequent agreement about such matters. Notwithstanding this reservation, the composition should come into effect.

Sealed with bishop's seal. Present: M. Adam de Ayremyn, archdeacon of Norfolk (*Norff*); M. John de Fenton, D.C.L.;[717] M. Philip de Nassington; M. John de Thouthorp; M. Gilbert de Yarwell;[718] and M. William de Colingham, notary public, and very many others.

Subscribed by William de Carleton, clerk of diocese of York, apostolic notary, present at exhibition of the apostolic letters, sealed with a leaden seal with hempen cord, and of all other documents, and at all stages of proceedings. He had written the presents on orders of Bishop William of Norwich, and at request of the proctors; collated them with the originals; and marked them with his usual sign and name. Subscribed briefly also by William de Colyngham, clerk of diocese of York, apostolic notary.

375 [Fo.106; N.F. 134] Mandate to chapter of Ripon for Guarinus Draperii of Vermenton, admitted as canon by archbishop pursuant to an expectative grace,[719] in person of Stephen de Northeye, clerk, substituted for M. Durandus Terrada, clerk, his principal proctor. Bishopthorpe, 4 Feb. 1333.

376 [*Letter granting precentorship of York* in commendam *to M. Robert de Nassington, D.Cn. & C.L.*]
Willelmus etc. dilecto filio magistro Roberto de Nassington utriusque juris professori, salutem [*etc.*]. Precentoriam ecclesie nostre Ebor' vacantem et ad nostram collationem spectantem evidenti necessitate et utilitate ipsius precentorie ac dicte ecclesie nostre Ebor' suadentibus de quibus nobis legitime constat ad plenum, tibi in etate legitima et sacerdocio constituto commendamus cum suis juribus et pertinentiis universis. Volumus autem hujusmodi comendam durare per tempus a jure diffinitum.[720] Vale. [Bishopthorpe, 10 Feb. 1333.]

377 Mandate to dean and chapter of York to do their part for M. Robert de Nassington, D.Cn. & C.L., to whom precentorship had been commended [as above]. Bishopthorpe, 10 Feb. 1333.

378 Letter collating M. Robert de Nassington, D.Cn. & C.L., whom archbishop had invested as precentor of York; with mandate to dean and chapter to do their part. Bishopthorpe, 11 Feb. 1333.

379 Mandate to dean and chapter of York for Peter de Credonio (*Gredonio*)[721] on whom, in person of M. John de Molendinis, clerk of city of Angers

[716] For many matters still unresolved, see 'Dispute', pp.110–19; **62, 255, 462, 503.**
[717] See *BRUO*, II. 677.
[718] See *BRUC*, pp.664, 687. Occurs as king's clerk in 1322 (*CPR 1321–4*, p.231).
[719] Granted, 26 April 1332, at king's request (*CPL*, II. 363).
[720] For a parish church, time limit set by *Sext*. I. 6. 15, whose phraseology is echoed here, was six months. Like a parochial cure, dignity of precentor was reckoned to entail cure of souls.
[721] Credonio was then precentor of Angers cathedral (*Reg. Jean XXII*, vol.12, p.138, no.60139). Between 1338 and 1340, king sequestrated prebend since Peter was 'a notorious adherent' of his enemies (*CPR 1338–40*, pp.49, 549; *CCR 1341–3*, p.67).

(*Andegaven'*), his proctor, Hugh de Sancto Paulo, warden of the York Franciscans, as sub-executor of a provision,[722] had conferred prebend of Stillington, vacant by death of John de Godeley. Archbishop had admitted him in person of his proctor. Bishopthorpe, 12 Feb. 1333.

380 COMMISSIO[723] AD AUDIENDUM CONFESSIONES. Commission to John de Boningholm, vicar in Beverley Minster, to hear confessions in reserved cases of old, poor, or sick clergy and laity unable without grave difficulty to come to archbishop or his penitentiary in York, with exception of those poaching in archbishop's parks, assaulting clerks, raping or having intercourse with nuns, and committing perjury in lay or ecclesiastical courts or in the extra-judicial action called indictment. Where it was difficult to impose penance in accordance with the canons, he must seek judgment of archbishop or, at least, those learned in the law, without disclosing penitent's identity. Bishopthorpe. 15 Feb. 1333.

381 Mandate to dean and chapter of York for M. Thomas de Nassyngton, on whom, in person of M. Robert Apthorp, clerk, his proctor, M. Robert de Nassyngton, rector of Epperstone (*Eperston*), as sub-executor of a provision,[724] had conferred prebend of South Newbald [Fo.106v; N.F. 134v] vacant by death of M. Robert de Bridelyngton. Archbishop had admitted Thomas in person of his proctor. Bishopthorpe, 18 Feb. 1333.

382 Mandate to chapter of Ripon for M. Richard de Cestria, on whom, in person of Richard de Asthull, his proctor, the prior of Bolton, [Thomas de Copley], as sub-executor of a provision,[725] had conferred prebend of Nunwick (*Nunnewik'*), vacant by death of M. Robert de Bridelington. Archbishop had admitted him in person of his proctor. Bishopthorpe, 21 Feb. 1333.

383 Mandate to chapter of Howden (*Houeden*) collegiate church for Zanobius Martini of Florence (*Florencia*), admitted as canon by archbishop pursuant to an expectative grace,[726] in person of John Fraunceys, merchant, his proctor, 'salvis nobis et priori et conventui Dunolm' et ecclesie Houeden predicte excepcionibus et defensionibus *etc.*' [as in **220** *mutatis mutandis*]. Bishopthorpe, 16 March 1333.

384 Mandate to dean and chapter of York to do their part for M. Thomas Sampson, D.C.L., collated by archbishop and invested with prebend of Holme (*Holm*), vacant by death of M. Robert de Pikering'. Bishopthorpe, 8 Feb. 1333.

385 Mandate to same for M. Thomas de Nevill, [B.C.L.],[727] pursuant to an expectative grace for a canonry and prebend, sub-archiepiscopal dignity,

---

[722] See **199**.
[723] Cf. **118**.
[724] See **235**.
[725] See **18**.
[726] *CPL*, II. 362.
[727] Then king's clerk (*CPL*, II. 385). See also *BRUO*, II. 1351 which omits his degree (given in *Reg. Jean XXII*, vol.12, p.74, no.59250).

parsonage, or office, with or without cure of souls.[728] Archbishop had admitted him as canon in person of M. John Wowayn. Bishopthorpe, 24 March 1333.

386 [Fo.107; N.F. 135] LITTERA TESTIMONIALIS SUPER COLLACIONE SUCCENTORIE ECCLESIE EBOR' DOMINO RICARDO DE WETHERBY CAPELLANO. General[729] notification that archbishop had ratified collation by M. Robert de Nassington, D.Cn. & C.L., of Richard de Wetherby, chaplain, to succentorship of York, vacant by death of Thomas de Stayngreve, and his investiture by biretta, with orders for his induction and installation; no person having accepted it by virtue of a papal grace, and no executor thereof having made a collation within one month of it becoming vacant. Archbishop rehearsed Nassington's letter of collation, sealed with his seal, Bishopthorpe, 16 Feb. 1333, put into public form but [wrongly] dated 17 Feb. 1333 by M. John, son of Thomas de Barneby super Done, apostolic and imperial notary, and archbishop's scribe, and witnessed by William de Athelingflet' and William de Welton, clerks of diocese of York, and William de Fakenham, clerk of diocese of Norwich. It contained archbishop's commission, dated Bishopthorpe, 16 Feb. 1333, authorising Nassington to confer any vacant canonry and prebend, dignity, parsonage, office, or benefice in York [Minster], with or without cure of souls, in archbishop's gift, and owed to no other, on Wetherby, and have him inducted and installed. Sealed with his seal. Bishopthorpe, 15 April 1333.

387 Mandate to dean and chapter of York for William de Everdon,[730] pursuant to an expectative grace for a canonry and prebend, dignity, parsonage, or office with or without cure of souls.[731] Archbishop had admitted him as canon in person of William de Aldestre. Bishopthorpe, 29 April 1333.

388 TERCIA VISITACIO CAPITULI RIPON'. Note of citation of chapter of Ripon to archbishop's visitation in their chapter house on 17 May 1333, in same form as in third gathering [**201** or **218** or **243**]. Myton on Swale (*Miton super Swale*), 7 April 1333.

389 Note that common property of church of Ripon was visited on 17 May, and clergy and people of [rural] deanery of Ripon on 18 May 1333.

390 Mandate to [rural] dean of Ripon to cite masters or keepers of hospitals of St Mary Magdalen and St John, Ripon, the priests saying Mass therein, and four trustworthy men from each of the two parts of the town whom reliable opinion considered best, [Fo.107v; N.F. 135v] from whom the status and foundation of the hospitals could most satisfactorily be known, to appear before archbishop or one or more of his commissaries in the hospitals for

---

[728] Granted, 4 Jan. 1333, at king's request (*CPL*, II. 385).
[729] A face is drawn in the first letter of first word: *Universis.*
[730] Then clerk of king and Queen Philippa (*CPL*, II. 371). Under Edward II he had been treasurer's remembrancer and later a *baron of Exchequer (*Edward II*, p.307). See also *Chapters*, III. 125, n.1.
[731] Granted, 16 Nov. 1332, at request of king and queen (*CPL*, II. 371; *Reg. Jean XXII*, vol.12, p.47, no.58873).

visitation on 18 May. Certification in letters patent with names of those cited to be made then. Myton on Swale, 7 April 1333.

391 Letter collating Thomas de la Mare, clerk, in person of William de Athelingflet', his proctor, to sacristy of chapel of St Mary & Holy Angels, York, vacant on death of M. John Bussch.[732] Archbishop had invested William. Also note of mandate to official of court of York or his commissary general for induction in person of Athelingflet'. Bishopthorpe, 21 June 1333.

392 CERTIFICACIO BREVIS REGII SUPER BASTARDIA WILLELMI FILII JOHANNIS HUBERD DE RIPON. Letters patent certifying to king that inquiry had found that William Huberd was legitimate son of John Huberd of Ripon, and Richalda, his wife. Bishopthorpe, 7 July 1333.
Rehearsed: [King's Bench] writ, *Inquiratis de bastardia,* answerable on quindene of St John Baptist, again requiring report on allegation of bastardy made before king in his court at York by Thomas de Kendale against William Huberd, in respect of a messuage and its appurtenances in Studley Roger (*Stodeleye*), which William was claiming by action of *Mort d'ancestor*. Archbishop had returned on 25 June a previous writ, received too late to be executed. *Teste* G[alfrido] le Scrop. York, 26 June 1333.

393 [*Licence to Richard de Melton to erect buildings outside archbishop's palace which after his death should be for use of ministers of chapel of St Mary & Holy Angels, York.*] LICENCIA AD CONSTRUENDUM DOMOS EXTRA[733] PALACIUM[734] EBOR'. Willelmus etc. dilecto filio domino Ricardo de Melton, canonico capelle nostre beate Marie et sanctorum angelorum Ebor',[735] salutem [*etc.*]. .. Aream illam extra januas palacii nostri Ebor' in quodam angulo jacentem que se extendit a pariete ecclesie nostre beati Petri Ebor' usque ad veteres portas palacii nostri supradicti, ad construendum ibidem domos competentes ad tui usum tamquam ministri capelle supradicte, et post mortem tuam ad usum ministrorum ipsius[736] capelle prout nos et successores nostri duxerimus seu duxerint ordinandum quatenus de jure possumus, tibi ad totam vitam tuam de nostra concedimus gratia speciali, ita tamen quod infra triennium a data presencium continue numerandum domos ibidem edificari facias competentes. Vale. [Bishopthorpe, 9 July 1333.]

394 Mandate to chapter of Ripon for William de Calventon, admitted as canon by archbishop pursuant to an expectative grace,[737] in person of M. Robert de Newenham, clerk. York, 27 Aug. 1333.

395 [Fo.108; N.F. 136] Letter collating and instituting Peter de Toppeclyve, chaplain, to a chantry or parsonage in York [Minster] established for archbishop

---

[732] For other, unsuccessful claimant see **A55**.
[733] Written over an erasure.
[734] Preceded by *januas* interlined.
[735] Collated, 19 Jan. 1327, on death of M. William de Brumpton (Reg. Melton, fo.575v, n.f. 715v).
[736] Interlined.
[737] Dated 18 Jan. 1333; made no mention of any benefice or provision held by William (*CPL*, II. 373).

and his successors [*sic*]; by exchange for vicarage of Stillington (*Styvelington*). Chantry was one of two, each served by a single priest or parson, and mentioned in deed appropriating church of Stillingfleet (*Styvelyngflet'*) to St Mary's Hospital, Bootham (*Bouthum juxta Ebor'*),[738] the other being established for M. R[obert] de Pikering', dean of York, and M. William de [Pikering'],[739] his brother, and others. Master of hospital was bound to furnish subtreasurer of York Minster with £10 each year, in two instalments, payable to the two chaplains or parsons. Also mandate to dean and chapter for Peter's induction. York, 26 Aug. 1333.

396 [*Commission to compel Launde Priory, appropriators of church of Colston Bassett, to pay chapter of Southwell a pension of 20s. a year which they had withheld, despite a visitation court decree.*]
COMMISSIO FACTA PRO RECUPERACIONE ANNUE PENSIONIS SUBTRACTE ECCLESIE SUWELL'. Willelmus etc. dilecto filio domino Willelmo de Hundon decano nostro Suwell', salutem [*etc.*]. Querelam capituli ecclesie nostre collegiate Suwell' gravem recepimus continentem quod religiosi viri prior et conventus monasterii de Landa ecclesiam de Colstonbasset nostre diocesis se in usus habere proprios pretendentes, annuam pensionem viginti solidorum in quibus[740] ecclesie Suwell' predicte tenentur, et ad cujus solucionem in festo sancti Petri quod dicitur ad vincula annis singulis faciendam, per magistros Thomam de Sancto Leonardo tunc de Egmanton et Alanum de Neusom tunc de Byngham ecclesiarum rectores ac te nostros ad corrigendum puniendum et reformandum excessus crimina et defectus in visitacione quam exercuimus in archidiaconatu Notingh'e compertos commissarios specialiter deputatos[741] servato juris ordine qui in hac parte requirebatur sentencialiter condempnati fuerunt, ipsi ecclesie minus juste subtrahunt seu saltem in dicte ecclesie Suwell' grave prejudicium terminis ad hoc statutis solvere non curant ut dicitur super hoc debite requisiti. Quocirca tibi mandamus quatinus si ita est dictos .. priorem et conventum ad solvendum dictos viginti solidos annue pensionis ecclesie Suwell' terminis ad hoc statutis dictam condempnacionis sentenciam debite exequendo per quascumque censuras ecclesiasticas de diebus in dies compellas; alioquin ad cognoscendum et procedendum in forma juris statuendum diffiniendum et exequendum in dicto negocio inter partes predictas et ad alia omnia et singula faciendum et expediendum que premissorum qualitas exigit seu natura, tibi de cujus fidelitate et circumspecta industria plenam noticiam obtinemus tenore presencium cum cohercionis canonice potestate committimus vices nostras; proviso quod nos de omni eo quod inveneris et feceris in hac parte expedito negocio distincte et aperte reddas cerciores per tuas litteras patentes harum seriem continentes. Vale. [York, 6 Sept. 1333.]

397 Letters patent appointing John de Benyngholme, vicar in Beverley [Minster], as penitentiary at Beverley during archbishop's pleasure, even in reserved cases except poaching in his parks and raping or having sexual intercourse with nuns. York, 25 Sept. 1333.

---

[738] Appropriation deed dated 25 Aug. 1330 (*Reg. Melton*, II. 142–3, no.360).
[739] King's clerk. See *BRUO*, III. 1533–4.
[740] Interlined.
[741] Appointed 4 Nov. 1320 (*Reg. Melton*, IV. 39–40, no.192).

398 PURGACIO THOME DE ODDESTHORP INCARCERATI. Note of commission to official of court of York and his commissary general, issued York, 16 Oct. 1333, to receive purgation of Thomas de Oddesthorp, clerk, accused in secular court before Henry de Percy and his fellow justices of stealing an ox worth 13s. 4d. and a horse worth 5s. from William de Whytewell; and a mare worth 15s. from Robert Leker. Having made a solemn proclamation in advance, they had received Thomas's purgation made with hands of 14 (*xiiii*^{ma} *manu*) priests and clerks on first law-day after 18 Oct. 1333, and declared him discharged from aforesaid crimes, restoring him to his former reputation by decree. Thomas had a letter sent to king for the release of his goods,[742] and received a certificate of purgation in usual form, dated, York, 20 Oct. 1333.

399 Note of commission appointing Richard de Upton, chaplain, penitentiary in Southwell, in same terms as [**397**]. York, 2 Nov. 1333.

400 Letter appointing Henry Ketel and Richard de Upton, chaplains, joint receivers of archbishop's manor of Southwell and its members, during his pleasure. Sealed with his seal. York, 2 Nov. 1333.

401 [Fo.108v; N.F. 136v] Mandate to chapter of Ripon for Peter de Wetewang', clerk, on whom abbot of Meaux as executor of a provision,[743] had conferred prebend of Stanwick (*Staynwegges*), vacant by death of M. Robert de Rippeley. Archbishop had admitted[744] Peter in person. York, 27 Nov. 1333.

402 [*Mandate to give warning during Mass in Beverley Minster that those conspiring to threaten bailiffs for punishing breaches of the assizes of bread and ale in Beverley, and those violently disturbing peace and committing murder there at night must desist; and for solemn excommunication of recalcitrants.*]
LITTERA CONTRA INFRINGENTES LIBERTATES ECCLESIE BEATI JOHANNIS BEVERL'. Willelmus etc. dilectis filiis .. capitulo ecclesie nostre beati Johannis Beverl', salutem [*etc.*]. Licet inter varias libertates ecclesiis nostris Ebor' et Beverl' ac predecessoribus nostris nobis ac successoribus imperpetuo duraturas nomine earundem ex largicionibus regum et sanctorum patrum summorum pontificum confirmacionibus ex magna devocione salubriter donatas ab olim et concessas, libertas quedam habendi assisam panis et cervisie et emendam ejusdem per totam villam Beverl' et in ea tota ecclesie nostre beati Johannis Beverl' predicte et archiepiscopis Ebor' qui pro tempore fuerint ut per ballivos suos hujusmodi assise emendacionem correccionem et punicionem exerceant data sit antiquitus in solidum et concessa, sicque hujus assise violatores et ipsam infringentes in villa Beverl' predicta per ballivos suos et nostros dicti predecessores nostri et nos quibus in solidum et non aliis dicta libertas est concessa emendaverint correxerint et punierint emendaverimus correxerimus et puniverimus[745] a tempore et per tempus cujus contrarii memoria non existit, fuerintque et simus nomine dicte ecclesie nostre Beverl' in plena pacifica canonica et sufficienti possessione vel quasi

---

[742] Order for release of his goods issued 22 Oct. 1333 (*CCR 1333–7*, p.146).
[743] See **300**.
[744] One saving clause only.
[745] MS *punieverimus*.

juris dicte assise panis et cervisie emendas correcciones et puniciones habendi et sic ut premittitur per ballivos nostros et suos et non alii in solidum exercendi per tempora memorata. Sunt tamen nonnulli incole et inhabitatores ville nostre Beverl' deum pre oculis non habentes qui ad invicem subdole conspirantes conantur pro viribus hujusmodi assisam panis et cervisie ac emendacionem punicionem et correccionem a nobis et ecclesia nostra auferre multipliciter, comminantes et elatis animis se jactantes quod ballivos et ministros nostros si hujusmodi assisam et emendacionem petant de cetero vendicent seu exerceant atrociter vulnerabunt et eciam interficient sicut ex fama recepimus publica referente. Ex quibus juri ecclesie nostre quod ex professione debite tueri astringimur non modicum detrahitur et honori, possessio ejusdem et nostra turbatur, timorque talis ministris nostris incutitur quod jura et libertates predictas vendicare petere et exequi non audent, ac perniciosa aliis tribuitur audacia delinquendi. Sunt eciam quamplures ex inhabitantibus et incolis dicte ville qui noctanter armati incedunt et hiis quibus obviant graves insultus et injurias inferunt, bona ipsorum rapiunt, et quod deterius est quosdam ex ipsis mutulant et occidunt, pacem et tranquillitatem dicte ecclesie temere violendo. Quocirca vobis in virtute obediencie firmiter injungendo mandamus quatinus omnes et singulos hujusmodi conspiratores comminatores pacis perturbatores et malorum de quibus premittitur patratores et fautores in ecclesia nostra beati Johannis Beverl' predicta, diebus dominicis et festivis intra missarum solempnia cum in ea ad audiendum divina major populi aderit multitudo, publice solempniter et in genere moneatis et moneri per alios faciatis quod ab hujusmodi conspiracionibus minarum metusque incussionibus ac nocturna vagacione et accessu cum armis causa mali ut premittitur perpetrandi penitus disistentes, ecclesie nostre et nobis hujusmodi assisam panis et servisie habere et ipsius emendacionem correccionem et punicionem per ballivos et ministros nostros libere exercere permittant perpetuis futuris temporibus, ut nobis et ipsi ecclesie competit et competiit ab antiquo, quodque pacem et tranquillitatem dicte ville de cetero non violent perperam non infringant. Quod si monicionibus vestris parere contempserint, ipsos omnes et singulos desistere contempnentes premissa monicione canonica pulsatis campanis candelis accensis et extinctis cruceque erecta diebus dominicis et festivis intra missarum solempnia in ipsa ecclesia coram populi multitudine excommunicetis publice et in genere occasione premissa, et ut excommunicatos per vos et alios faciatis solempniter nunciari, premissorum causam plene in lingua materna vulgarique eloquio publice exponentes, a denunciacione eciam hujusmodi non cessetis donec iidem excommunicati ad gremium ecclesie redeuntes absolucionis beneficium in forma juris meruerint obtinere. De [denunciatione] ipsorum omnium et singulorum qui in premissis seu eorum aliquo culpabiles fuerint de quibus ac de omni eo quod feceritis in hac parte nobis citra festum purificationis beate Marie virginis proximo futurum distincte et aperte constare faciatis per litteras vestras patentes et clausas harum seriem et nomina hujusmodi conspiratorum et deliquencium et qualiter ac in quibus culpabiles fuerint plenarie continentes. Valete. [York, 7 Dec. 1333.]

403 Mandate to chapter of Southwell for John de Denton,[746] pursuant to a process of William de Ryvoforcato, archdeacon of Toledo (*Toletan'*), principal

---

[746] King's clerk in 1324 (*CPR 1321–4*, p.437). His provision was dated 1 June 1324 (*CPL*, II. 240).

executor of judicial sentences in favour of John given by Oliver de Cerato, Gotius de Ar[i]mino, and Jesselinus de Cassanis,[747] auditors of sacred palace, concerning prebend of Norwell Overhall (*Northwell*) held by late Elias de Couton. Archbishop had admitted[748] John in person of Thomas de Lessyngton, clerk, saving king's right and the right of any other. [Fo.109; N.F. 137] York, 9 Dec. 1333.

404 Mandate to chapter of Southwell for Gervase de Willeforde,[749] admitted as canon by archbishop pursuant to an expectative grace.[750] York, 24 Dec. 1333.

405 COMMISSIO AD CONFERENDUM CANONICATUM.[751] Mandate of M. William de Alberwyk', D.D., chancellor of York [Minster], to dean and chapter of York, to induct and install Robert de Taunton, chaplain,[752] whom he had collated and invested with prebend of Apesthorpe (*Appellesthorp*), vacant by death of M. Henry de Clyff', by virtue of archbishop's commission dated York, 17 Dec. 1333, rehearsed, authorising him to collate Robert to any vacant prebend in York [Minster], not owed to any other nor reserved to apostolic see, and have him inducted and installed. Sealed with his seal. York, 27 Dec. 1333.

406 Commission to M. Richard de Erium, D.Cn. & C.L., canon of York, M. Robert de Stretford,[753] canon of Salisbury (*Sar'*), and M. John de Hildesley,[754] canon of Chichester, jointly and severally, to confer prebend of Strensall (*Strensal*) in York [Minster], said to be vacant,[755] on M. Robert de Ayleston, clerk,[756] if not owed to any other nor reserved to apostolic see, and to have him inducted and installed. Bishopthorpe, 29 Jan. 1334.

407 Commission[757] to M. Richard de Erium, M. Robert de Stretford, and M. John de Hildesley [as above], to proceed both *ex officio* and at instance of a

---

[747] Their final sentence disallowed claims of M. John de Thoresby (**234**), who gained possession in 1329 on death of Couton, and appealed to Curia against Denton's claims. Subsequent sequestration was violated by William de Northwell, *cofferer of Wardrobe, who was presented by regalian right, 13 Sept. 1333, by reason of vacancy of see in reign of Edward I. Denton was forcibly impeded and never gained possession. See *CPL*, II. 528–9; *CPR 1330–4*, p.468; *Chapters*, VI. 31; *CPL*, III. 86.

[748] One other saving clause only.

[749] Gervase was *treasurer's remembrancer in Exchequer, 1330–41, and in 1350 gained prebend of Norwell Tertia in succession to Robert de Sandal by regalian right, by reason of vacancy of see in reign of Edward II. In 1343 was granted another expectative grace to Southwell. See *Exchequer*, p.53; *Chapters*, III. 46; *CPR 1348–50*, p.475; *Calendar of Entries in the Papal Registers relating to Great Britain and Ireland: Petitions to the Pope*, ed. W.H. Bliss (London, 1896), p.57.

[750] Granted, 30 July 1333, at king's request (*CPL*, II. 376).

[751] Late 16th-century caption.

[752] Robert, then *keeper of Wardrobe and papal chaplain, had been granted an expectative grace (**A49**), and was dead by 20 Feb. 1335 (*Chapters*, VI. 27; *CPL*, II. 377; *CPR 1334–8*, p.79).

[753] Then *chancellor of Exchequer. See *BRUO*, III. 1799–1800.

[754] Then *baron of Exchequer. See *BRUO*, II. 933–4.

[755] Prebend was litigious in 1329, and John de Melbourne, admitted in 1330 (**336**), seems to have retained it until 1336 (**418n**).

[756] Then *treasurer of Exchequer; died on 21 March 1334. See *BRUO*, I. 83.

[757] Execution stayed, 29 March 1334 (**418**).

party against John de Melburn,[758] even if it resulted in his deprivation of prebend of Strensall, which he was said to occupy as prebendary; and also to sequestrate prebend, if allowed by law. What one began, another could continue and conclude. Bishopthorpe, 29 Jan. 1334.

408 [Fo.109v; N.F. 137v] Mandate to dean and chapter of York for Robert de Wodhous (*Wodhos, Wodhows*), on whom abbot of St Mary's, York, as sub-executor of a provision,[759] had conferred prebend of Knaresborough (*Bichill cum Knaresburgh, Bychill cum Cnaresburgh*), vacant by death of M. Nicholas de Ludelowe, in person of M. William de Dugelby, clerk, his proctor. Archbishop had admitted[760] Robert in person of his proctor. Bishopthorpe, 11 Feb. 1334.

409 Mandate to dean and chapter of York for M. William de Colby, on whom prior of Holy Trinity, York, as sub-executor of a provision,[761] had conferred prebend of Knaresborough (*Bichill cum Cnaresbugh, Buchill cum Knaresburgh*), vacant by death of M. Nicholas de Ludlowe. Archbishop had admitted[762] William. Bishopthorpe, 14 Feb. 1334.

410 Cancelled[763] and unfinished mandate to dean and chapter of York for Bertrand de Cavomonte, [rector of St Stephen's Hautesvignes], provided to any benefice with or without cure of souls, even if a dignity or parsonage, though not a principal dignity in a collegiate church, in gift of archbishop and chapter, jointly or severally.[764] Archbishop had [admitted] him in person of William de Saynhaco, rector of Winterborne St Martin (*Winterburn Sancti Martini*). [Undated.]

411 [*Letter directing commissaries to execute* **407** *in all its stages before attempting to implement* **406**.]
Willelmus etc. dilecto in Christo filio magistro Ricardo de Erium utriusque juris professori Ebor' ac discretis viris magistris Roberto de Stretford et Johanni de Hyldeslay Sar' et Cicestren' ecclesiarum canonicis, nostris in causis quibusdam seu negocio[765] dominum Johannem de Milburn qui se dicit canonicum ecclesie nostre Ebor' et prebendarium prebende de Stransale in eadem ac ipsam prebendam contingentibus commissariis nuper[766] sub certa forma deputatis, salutem [*etc.*]. Meminimus nos vobis conjunctim et divisim ad cognoscendum et procedendum tam ex officio quam ad partis instanciam contra predictum Johannem de Milburn per certi tenoris litteras commisisse non est dubium vices nostras, et subsequenter per alias litteras nostras ad conferendum canon-icatum in ecclesia nostra Ebor' predicta cum plenitudine juris canonici et

---

[758] See **406**n.
[759] Granted, 14 July 1327, at nominal request of king (*CPL*, II. 261), when Robert was keeper of Wardrobe (*Chapters*, VI. 26).
[760] One saving clause only. He did not gain possession.
[761] See **344**n, **370**n. There is no evidence that William gained possession.
[762] One saving clause only.
[763] By *va ... cat.*
[764] On 30 June 1332 (*Reg. Jean XXII*, vol.11, p.222, no.57620).
[765] MS *negocium*.
[766] Preceded by *nostris* struck through lightly.

prebendam de Stransal sub certis formis modis et condicionibus dedisse vobis conjunctim et divisim potestatem, prout per inspeccionem ipsarum litterarum plenius poterit apparere; vobis et cuilibet vestrum innotescimus et mandamus et quod id nostre sit intencionis nihilominus declaramus quatinus vires prime commissionis nostre [407] videlicet ad cognoscendum et[767] procedendum tam ex officio quam ad partis instanciam contra Johannem de Melburn predictum de qua premittitur vobis directe secundum vim formam et effectum ejusdem plene discutiatis et fine debito terminetis priusquam de secunda commissione [406] videlicet ad conferendum dictam prebendam de Stransale vobis per nos facta[768] aliquid attemptetis cum juris ordo et vis exigat rationis. Valete. [Bishopthorpe, 8 March 1334.]

412 [Fo.110; N.F. 138] Mandate to dean and chapter of York for M. John le Smale, clerk,[769] admitted as canon by archbishop, pursuant to an expectative grace for a canonry and prebend, sub-archiepiscopal dignity, parsonage, office, or benefice with or without cure of souls in York Minster.[770] Bishopthorpe, 9 March 1334.

413 Mandate to chapter of Southwell for M. William la Zouche, clerk,[771] admitted as canon by archbishop pursuant to an expectative grace,[772] in person of Reginald de Donyngton, clerk. Bishopthorpe, 9 March 1334.

414 Mandate to same for Thomas de Pateshull,[773] admitted as canon by archbishop pursuant to an expectative grace,[774] in person of M. John de Eppeswell, rector of Stanwick (*Stanewygg'*). Bishopthorpe, 14 March 1334.

415 [*Licence to choose a confessor.*]
Willelmus etc. dilectis filiis Ade Copandale de Beverl'[775] et Agneti uxori sue, salutem [*etc.*]. Vestris devotis precibus favorabiliter inclinati ut per triennium a die date presencium continue numerandum ydoneum confessorem eligere valeatis, qui vos de peccatis vestris sibi confessis eciam in casibus nobis specialiter reservatis et eciam a sentencia excommunicacionis si quam incurristis seu alter vestrum incurrit si et in casu quo ipsius absolucio a jure permissa existit absolvere possit, et penitenciam inde injungere salutarem prout animarum vestrarum saluti viderit expedire vobis per presentes licenciam concedimus specialem. Valete. [Bishopthorpe, 22 March 1334.]

---

[767] Interlined.
[768] MS *facte*.
[769] Then king's clerk (*CPL*, II. 406).
[770] Granted, 5 Sept. 1333, at king's request (ibid.).
[771] Then *controller of Wardrobe. See *BRUO*, II. 1115–16.
[772] Granted, 29 July 1333 at king's request (*CPL*, II. 376). See also **468**.
[773] Son of a knight, and nephew of Bishop Grandisson of Exeter, his patron; died as *Magister* in 1349 (*Register of John de Grandisson*, III. pedigree (facing frontispiece), pp.1311, 1337, 1377).
[774] Dated 17 Dec. 1331; made no mention of any benefice or provision held by Thomas (*CPL*, II. 362).
[775] Adam, together with John and William Copandale, was a governor of Beverley town in 1320 (*MB*, I. 384).

416	Duplicate of letter [in **391**] with full text of mandate for induction.[776]

417	[Fo.110v; N.F. 138v] Commission to Hammond de Barneby, chaplain, to hear confessions of nuns, sisters, and conversi of Nun Appelton (*Appelton*) priory during archbishop's pleasure, even in reserved cases, except for defiled (*corruptis*) nuns and those defiling them. Cawood, 1 Jan. 1327.[777]

418	SUPERSESSIO SUPER CONTINGENTIBUS DOMINUM J[OHANNEM] DE MELBURN PREBENDARIUM DE STRANSALE[778] ET IPSAM PREBENDAM. Letter to [commissaries named in **407**][779] staying execution of commission until further notice. Cawood, 29 March 1334.

419	MONICIO CAPITULO RIPON' NE ALIQUID ATTEMPTENT IN PREJUDICIUM DOMINI ET ECCLESIE EBOR'. Letter warning chapter of Ripon not to usurp archbishop's spiritual jurisdiction over vicars and ministers of church of Ripon in respect of offences they committed in Ripon or elsewhere in diocese of York,[780] on pain of greater excommunication proferred in this letter, and of heavier penalties allowed by law in case of further disobedience. Archbishop had full confidence in the bearer, his sworn messenger,[781] to report on delivery of the letter. Cawood, 4 April 1334.[782]

420	[*Mandate requesting dean and chapter of York to revoke their citation of chaplain of Ferrybridge since chantry chapel there belonged to archbishop's collation and jurisdiction.*] NOTA QUOD COLLACIO CANTARIE IN[783] CAPELLA DE FERIBRIGG' PERTINET AD ARCHIEPISCOPUM EBOR' UT PATET INFRA IN ISTA LITTERA EX ORDINACIONE WALTERI GIFFARD' PREDECESSORIS NOSTRI. Willelmus etc. dilectis filiis .. decano et capitulo ecclesie nostre beati Petri Ebor', salutem [*etc.*]. Suggestio nobis exhibita plurimum mirandi materiam subministrat accepimus siquidem quod vos erronee ut connicimus juribus nostris nobis in hac parte competentibus minime forsitan informati, dominum Ricardum [Gaugy] perpetuum capellanum cantarie et capelle de Fery juxta Pontem ejusdem, quem mirabiliter se in eandem cantariam et capellam asseritis intrusisse, fecistis ea occasione de facto peremptorie coram vobis ad judicium evocari, quia vero dicti capellanus capella et cantaria de et in jurisdiccione nostra consistere in solidum dinoscun-

---

[776] Variant spellings: *Busch; Athelingfet'*.
[777] Date altered from 29 March 1327 by interlining and crossing out.
[778] Still in possession on 10 Feb. 1335, but William de Fieschi, imprisoned at his instigation, was pardoned on 10 July 1336 and ratified as prebendary on 4 Oct. 1336, soon after father – Nicolino – became king's counsellor (*CPR 1334–8*, pp.77, 247, 302, 323).
[779] Variant spellings: *Eryum; Hildesleye*.
[780] Both before and after Melton's time, archbishops claimed jurisdiction over those offending outside Ripon, but accepted chapter's jurisdiction over vicars (and other ministers of the church) offending in the town. However, they would have demanded to correct faults disclosed at their visitations, and Melton had visited Ripon the previous year. (*MR*, II. 45, 150–1; **388**).
[781] Contemporary marginalia: *nota Clone* and pointing finger.
[782] Transcribed in *MR*, II. 112–13.
[783] Interlined.

tur, ipsarumque capelle et cantarie quevis ordinacio collacio et disposicio ad nos et ad predecessores nostros pertineant et pertinuerant ab antiquo. Nam bone memorie dominus Walterus Giffard[784] predecessor noster eas ex magna devocione canonice ordinavit et in ultima sua voluntate statuit et firmavit[785] quod collacio ipsarum capelle et cantarie de quibus premittitur et alia quevis disposicio earundem ad successores suos archiepiscopos Ebor' Anglie primates in solidum perpetuo pertinerent, prout in ipsius testamento quod in nostris archivis firmiter credimus residere plenius poterit apparere. Suntque et fuerant hujusmodi successores sui nostri videlicet predecessores qui pro tempore fuerant et nos sumus in plena pacifica sufficienti et canonica possessione vel quasi de dictis capellano capella et cantaria in solidum disponendi ordinandi et in eos jurisdiccionem nostram ordinariam exercendi, ipsamque cantariam pleno jure personis idoneis conferendi, prout in registro bone memorie domini Willelmi de Grenefeld immediate predecessoris nostri plenius continetur; contulit enim idem dominus Willelmus tempore suo dictam cantariam tribus personis successive quarum quelibet eam tenuit pacifice et quiete pro sue libito voluntatis, de quibus collacionibus et dictarum personarum induccionibus in dicto ipsius domini Willelmi registro[786] plenas et solidas [evidentias] vidimus contineri, prout liquere poterit ipsum registrum cuilibet intuenti. Vobis mandamus et amicabiliter rogamus quatinus dictam citacionem utpote juri nostro et ecclesie nostre derogantem debite revocetis aut sufficienter alias subducatis, vobis nichilominus in votivo spiritu caritatis tenore presencium inhibentes ne quicquam circa dictos capellanum capellam et cantariam in ecclesie nostre et nostri juris prejudicium attemptetis seu faciatis per alios aut alium attemptari, decet enim quemlibet nostrum suis finibus contentari. Et nos quid inde facere[787] decreveritis quamcicius comode poteritis distincte et aperte curetis reddere cerciores per vestras litteras patentes harum seriem continentes. Valete. [Cawood (*Cawodd*), 11 April 1334.]

421 COMMISSIO AD AUDIENDUM CONFESSIONES IN DECANATU NOTYNGH'. Commission to William de Ambaldeston, chaplain of perpetual chantry in church of St Mary, Trent Bridge (*Hethebeth*), Nottingham (*Not'*), to hear confessions in reserved cases, [in same form as **380** but omitting last sentence]. Lenton Priory, 26 April 1334.

422 [Fo.111; N.F. 139] ADMISSIO MAGISTRI JOHANNIS DE LUTERELL AD CANONICATUM ET PREBENDAM QUOS NICHOLAUS OBTINUIT IN ECCLESIA EBOR' ET FUIT

---

[784] See *BRUC*, p.257.

[785] This conflicts with statement in Archbishop Greenfield's register that ordination and will were Archbishop Walter Grey's. If chantry were founded in April 1271, as Tudor certificate possibly suggests, its ordination was probably by Giffard – then archbishop – but as it was founded for Grey's soul, will was most probably his. Chapel was in parish of Brotherton – a peculiar of dean and chapter – who still claimed advowson in late 1330s. Archbishops retained patronage to Dissolution. See *Reg. Greenfield*, II. 22, no.709; *The Certificates of the Commissioners appointed to survey the Chantries, Guilds, Hospitals, etc. in the County of York*, ed. W. Page (Surtees Society, vols 91–2, 1894–5), p.233, no.31, where date is given as MLXXI; 'Dispute', p.118.

[786] *Reg. Greenfield*, II. 22–3, no.709; 29, no.721; 74, no.859. First two entries show chapter made collation in or before 1307, repudiated by Greenfield, who made presentee resign.

[787] MS *fecere*.

PREBENDA DE BUCTHILL CUM KNARESBURGH.[788] Mandate to dean and chapter of York for M. John de Luterell, D.D.,[789] pursuant to process of Peter, son of Raymond de Montebruno, provost of Agde (*Agarten'*), papal chaplain, auditor of sacred palace, and executor of a papal collation,[790] to prebend vacant by death of Nicholas de Ludlow, who formerly resided at Avignon, and died on holiday in Isle-sur-la-Sorgue (*de Insula*), [in diocese of] Cavaillon (*Cavallicen'*), not more than two days' journey from Roman Curia.[791] Archbishop had admitted[792] John in person of M. John Vilers, clerk.[793] Southwell, 24 April 1334.

423   Mandate to chapter of Beverley for M. Thomas de Nevile, [B.C.L.], clerk, son of Ralph de Nevile, knight, admitted as canon by archbishop pursuant to an expectative grace for a canonry and prebend, [sub-archiepiscopal dignity, parsonage, or office],[794] in person of M. John Waweyn, clerk. Newcastle upon Tyne (*Novum castrum super Tinam*), 10 June 1334.

424   Note of mandate, in same form as for Gervase de Welleford [**404**], to chapter of Southwell for William de Culpho,[795] admitted as canon by archbishop pursuant to an expectative grace.[796] Newcastle upon Tyne (*Novum castrum super Tynam*), 18 June 1334.

425   ADMISSIO DOMINI BERAUDI DE RAPISTAGNO IN CANONICUM ET IN FRATREM ECCLESIE EBOR' ET [AD] PREBENDAM DE BUGHTHORP QUAM DICTUS ELECTUS HABUIT.[797] Mandate to dean and chapter of York for Beraud de Rapistagno,[798] canon of Coutances (*Constanc'*), son of Pilifortis de Rapistagno, on whom, in person of Bernard Ric[ard]i, his proctor, M. Richard de Eryum, canon of York, as sub-executor of a provision,[799] deputed by abbot of St Maixent (*Sancti Maxencii*), diocese of Poitiers (*Pictaven'*), the principal executor, had conferred prebend [of Bugthorpe], vacant by consecration of Simon [Montacute] as bishop of Worcester (*Wigorn'*), and the expiry of the legal term within which bishops should be consecrated,[800] calculated from [papal] confirmation. Archbishop had [admitted] Beraud in person of his proctor. Bishopthorpe, 3 July 1334.

---

[788] *ET . . . KNARESBURGH* in another contemporary hand.

[789] Resided in Avignon from 1322, in which year he was a king's clerk. See *BRUO*, II. 1181–2.

[790] Made 28 Feb. 1334 (*CPL*, II. 406).

[791] See *Sext*. III. 4. 34.

[792] Saving clauses replaced by *salvo jure alterius cujuscumque*.

[793] See *BRUO*, III. 1949.

[794] Granted, 29 July 1333, at king's request (*CPL*, II. 376; *Reg. Jean XXII*, vol.12, p.74, no.59250).

[795] Then treasurer of Queen Philippa (*Chapters*, V. 256–7).

[796] Granted, 4 Sept. 1333, at request of Queen Philippa (*CPL*, II. 388).

[797] *PREBENDAM . . . HABUIT* added by another contemporary hand.

[798] Probably kinsman of late Pilifort de Rapistagno, cardinal priest of St Anastasius. Held prebend until death before 24 May 1358 (*Accounts rendered by Papal Collectors in England, 1317–1378*, ed. W.E. Lunt and E.B. Graves (American Philosophical Society, Philadelphia, 1968), p.138).

[799] Direct provision dated 13 Jan. 1334 (*Reg. Jean XXII*, vol.13, p.84, no.62447).

[800] Three months (*Decretum*, D.75, c.2). Montacute, a king's clerk by 1329, was provided on 11 Dec. 1333, but not consecrated until 8 May 1334 in England. See *BRUO*, II. 1295–6.

426 Mandate to same for John de Colby, clerk,[801] admitted as canon by archbishop pursuant to an expectative grace,[802] [Fo.111v; N.F. 139v] in person of M. Richard de Selby.[803] Ripon, 7 July 1334.

427 [*Mandate to dean and chapter of York to do their part for Cardinal Mortemart in respect of prebend of Wilton, omitting usual reference to prior admission by archbishop. They were to act so far as obliged by law and the executorial letters.*]

LITTERA MISSA DECANO ET CAPITULO EBOR' PRO PREBENDA DE WILTON. Willelmus etc. dilectis filiis .. decano et capitulo ecclesie nostre beati Petri Ebor', salutem [*etc.*]. Accessit[804] ad nos die confeccionis presencium quidam clericus[805] se asserens procuratorem reverendi patris domini Petri tituli sancti Stephani in Celiomonte presbiteri cardinalis, qui a nobis peciit quod cum prebenda de Wilton sit porcio thesaurarie ecclesie nostre predicte ut dixit[806] velimus vobis scribere quod ipsum dominum nostrum dominum cardinalem predictum seu procuratorem suum ejus nomine in corporalem possessionem dicte prebende inducatis seu faciatis induci; quocirca vobis mandamus quatinus circa dictum dominum cardinalem in personam dicti procuratoris sui quatenus de jure tenemini et virtute mandati apostolici delegati seu executoris ab eadem sede deputati artamini in hoc casu,[807] salvo jure nostro et ecclesie nostre ipsiusque dignitate pariter et honore ac jure alterius cujuscumque, exequamini favorabiliter quod est vestrum. Valete. [Cawood, 22 July 1334.]

428 Marginal note of letter in same terms [as **427**], issued to a servant claiming to belong to [Gerruti's] household. Present: Adam de Haselbech and W[illiam] de Adelingflet. Cawood, 6 Aug. [1334], indiction 2.

429 Letter collating William de Wyrkesworth (*Wyrkeswrth*), chaplain,[808] to canonry and subdeacon-prebend in chapel of St Mary & Holy Angels, York, vacant by death of John de Rishton. Bishopthorpe, 21 March 1334.

430 Mandate to dean and chapter of York for M. Roger de Aldele,[809] admitted as canon by archbishop pursuant to an expectative grace for a canonry and

---

[801] Clerk of Queen Philippa (*CPL*, II. 388).

[802] Granted, 4 Sept. 1333, at request of Queen Philippa (ibid.).

[803] Possibly *BRUO*, III. 1665.

[804] Corrected from *adessit*.

[805] Probably Stephen Gerruti, granted on 4 July 1334 a year's royal protection after arrival in England as proctor of Cardinal Mortemart to prosecute his master's business about treasurership (*CPR 1330–4*, p.558). For cardinal's long dispute about treasureship see **335**n.

[806] *ut dixit* interlined in another hand. Prebend of Wilton was annexed to treasurership by Archbishop Grey in 1242, but between 1310 and 1329 was held separately. See *Reg. Greenfield*, I. 299–305.

[807] Before his death in 1335, Cardinal Mortemart gained both treasurership, and 'the prebend annexed thereto', i.e. Wilton [from M. William de la Mare] (*Accounts rendered by Papal Collectors*, p.50).

[808] Archbishops' receiver at York by 1336 until death in 1369, and executor of Melton (*Reg. Melton*, I. 110, no.372; BI: Reg. Zouche, fos 267, 267v; Reg. Thoresby, fo.325v).

[809] King's clerk in 1314 but a student in 1320s, intending to stay at university until at least 1333 (*CPR 1313–17*, pp.93, 171, 174; *CPL*, II. 304). Probably kinsman of Hugh, lord Audley, who had borrowed from archbishop the previous year (Reg. Melton, fo.40, n.f. 57; fo.41, n.f. 58).

prebend, sub-archiepiscopal dignity, parsonage or office, with or without cure of souls,[810] in person of M. Peter de Stok', chaplain, of diocese of Lincoln. Laneham, 10 Sept. 1334.

431 [*General notification that prebend of St Peter in Beverley Minster was a priest-prebend.*]
LITTERA TESTIMONIALIS PRO PREBENDA SANCTI PETRI ECCLESIE BEVERL'. Universis sancte matris ecclesie filiis ad quos presentes littere pervenerint, .. Willelmus permissione divina Ebor' archiepiscopus Anglie primas, salutem in omnium salvatore. Dum non ambigitur consonum esse rationi ut ministris ecclesie et aliis quorum interest de statu ejusdem plenius innotescat, in vestram deducimus noticiam quod prebenda sancti Petri in ecclesia nostra beati Johannis Beverlaci est et fuit sacerdotalis a primeva ejus ordinacione et per eam in sacerdotali ordine constitutis tamquam sacerdotibus et non aliis assignata[811] et sacerdotalis puplice reputata. In cujus rei testimonium sigillum nostrum presentibus est appensum. [Cawood, 8 Dec. 1333.]

432 Mandate to dean and chapter of York for M. Simon de Ripon,[812] son of late William Litester of Ripon, admitted as canon by archbishop pursuant to an expectative grace,[813] in person of John de Mongate, clerk, substituted for John Gyliot of Markington (*Markyngton*), his principal proctor. Bishopthorpe, 25 Oct. 1334.

433 Mandate to same for Innocent, son of late Frederick de Flisco, Count Palatine (*Palatin'*) and count of Lavagna (*Lavan'*), pursuant to a papal grace[814] and process made thereupon for archdeaconry of Cleveland (*Clyvelandie*), vacant by resignation of Adrian de Flisco tendered at apostolic see by his proctor to Peter [de Prés], bishop of Palestrina (*Penestrin'*), who received it on authorative utterance of pope. Archbishop had admitted Innocent in person of Wilfrid de Groppo St Peter, canon of Beverley. Cawood, 28 Oct. 1334.

434 [Fo.112; N.F. 140] Mandate ordering abbots, priors, secular clergy, and people of archdeaconry of Cleveland (*Cland'*) to obey canonical mandates of Innocent [de Flisco], as archdeacon of Cleveland, and of his official, according to law and custom. Cawood, 28 Oct. 1334.

435 Note of letter to chapter of Southwell relaxing sequestration imposed on prebend of Woodborough (*Wodeburgh*).[815] Cawood, 1 Dec. 1334.

---

[810] Dated 26 Jan. 1334 (*CPL*, II. 398).
[811] Nevertheless, when Richard de Ferriby gained it earlier in 1333, he was apparently in minor orders (**371**).
[812] Clerk of King Robert of Naples (*CPL*, II. 363).
[813] Granted, 6 Dec. 1331, at request of King Robert (ibid.).
[814] Granted, 2 Aug. 1334, at request of Luke de Flisco, cardinal deacon of St Mary in Via Lata, and Innocent's uncle (*CPL*, II. 403).
[815] Date suggests lengthy litigation for prebend after death of M. Robert de Bridlington, prebendary by early 1331, probably until death before 18 Feb. 1333 (*CPR 1330–4*, p.485; *BRUO*, I. 265; **381**).

436 Mandate to dean and chapter of York for William de Hoo on whom, in person of M. William de Kendale, clerk, his proctor, abbot of St Mary's York, as sub-executor of a provision,[816] had conferred prebend of Husthwaite, vacant by death of John Morel, prebendary there, as was said. Archbishop had admitted William in person of his proctor. Cawood, 23 Dec. 1334.

437 Letter collating M. Roland de Stanesfeld, clerk, to prebend in chapel of St Mary & Holy Angels, York, vacant by death of Geoffrey de Bilton;[817] with mandate to official of court of York, or his commissary general, to induct and install Roland or M. William de Neusom, his proctor, in his name. Cawood, 7 Jan. 1335.

438 [*Certificate of [rural] dean of Ripon, pursuant to archbishop's mandate, dated Cawood, 16 Nov. 1334, and rehearsed, showing that John le Waryner held three messuages in Studley Roger as mesne tenant of church of Ripon; and other specified property there from John de Moubray, tenant-in-chief, for the service of a quarter of a knight, and suit of court at manor of Kirkby Malzeard; giving annual value of aforesaid holdings.*]
CERTIFICACIO DECANI RYPON' SUPER TENEMENTIS JOHANNIS LE WARYNER, VIDELICET DE QUO TENENTUR. Venerabili in Christo patri et domino suo reverendo domino Willelmo dei gratia Ebor' archiepiscopo Anglie primati, suus si placet humilis et devotus filius .. decanus suus Rypon', obedienciam reverenciam et honorem. Mandatum vestrum reverendum recepi sub eo qui sequitur tenore:
Willelmus etc. dilecto filio .. decano nostro Rypon', salutem [*etc.*]. Licet ex officii nostri debito subditorum nostrorum jura ut appetitus noxius sub juris regula refrenetur et reddatur cuilibet quod est suum tueri pro viribus teneamur, ecclesie tamen Ebor' cujus regimini licet immeriti presidemus jura et con- suetudines illesa et illesas conservare tanto amplius nos oportet quanto voti et professionis nostre prestacio nos ad hoc compellit arcius et astringit. Volentes igitur pro conservacione jurium ecclesie nostre super subscriptis articulis effici cerciores, tibi mandamus firmiter injungentes quatinus per viros fidedignos clericos et laicos juratos in numero competenti per quos rei veritas melius sciri poterit et inquiri, inquisicionem facias diligentem de quo sex mesuagia unum molendinum novem tofta centum et viginti acre terre sex acre prati tres acre bosci trescente et sexaginta acre more et sex solidate et decem denariate redditus cum pertinentiis in Stodeleyroger que et quas Johannes le Waryner habet ibidem tenentur, et de quo seu quibus in capite tenentur, et precipue si ipsa vel aliquod ipsorum de nobis seu ecclesia Ebor' mediate vel inmediate teneantur seu teneatur, et si sic que vel quod et per que servicia et qualiter ac de aliis articulis consuetis. Nos quid inveneris et feceris in premissis quam cito comode poteris distincte et aperte certifices per tuas litteras patentes harum seriem et nomina illorum per quos inquisieris plenius continentes. Vale. Datum apud Cawod, xvi kalendas Decembris anno domini M°CCC°XXXIIII^to et pontifica- tus nostri xviii.
Cujus auctoritate mandati vestri reverendi, facta inquisicione diligenti in ecclesia collegiata Rypon' nonis Decembris anno supradicto per dominos Alanum filius Idonie de Rypon Ricardum Tannur Andream de Useburn

---

[816] See **242**.
[817] Appears in caption as J. de Bilton.

Henricum de Plumpton Thomam de Spofford Willelmum de Ellerker capellanos, Willelmum Drenker de Stodeleyroger Johannem Krenker Richerum de Studeley Willelmum Litester de Rypon Johannem Slayf' Willelmum Hubert et Ricardum del Brennehous' de eadem laicos, juratos; qui dicunt quod tria mesuagia videlicet mesuagium capitale dicti Johannis Waryner mesuagium Roberti Bercar' et mesuagium quondam Johannis Baron in eadem villa de Stodeley tenentur de canonicis ecclesie beati Wilfridi Rypon' mediate per servicium septem solidorum et sex denariorum annuatim pro omnibus serviciis; et omnia alia mesuagia molendinum tofta terre pratum boscus mora et redditus cum pertinentiis tenentur de domino Johanne de Moubray per servicium militare, videlicet per quartam partem feodi unius militis et sectam curie ejusdem domini Johannis de tribus septimanis in tres septimanas ad manerium suum de Kirkeby Mallesart tantum; et quod dictus dominus Johannes ea tenet[818] in capite de domino rege per servicium militare ut superius est expressum; dicunt etiam jurati quod omnia supradicta mesuagia molendinum tofta terre pratum boscus mora et redditus cum suis pertinentiis valent annuatim septem libras tres solidos et ii denarios in virtute prestiti juramenti. Sicque mandatum vestrum reverendum in omnibus reverenter sum executus. Conservet vos ecclesie et populo suo deus per tempora longiora. [Ripon, 5 Dec. 1334.[819]]

439 Note of mandate to chapter of Beverley for M. Walter de Grenewyk[820] pursuant to an expectative grace,[821] in same form as for M. John de Colby [**426**]. Cawood, 13 Feb. 1335.

440 [Fo.112v; N.F. 140v][822] Commission to official of court of York and his commissary general, jointly and severally during archbishop's pleasure, to confer any vacant prebend in York [Minster], not owed to any other nor reserved to apostolic see, upon Geoffrey Lescrop, clerk,[823] saving rights of any other; and to have him inducted and installed, and to order all things necessary thereto. Cawood, 24 Feb. 1335.

441 Mandate to dean and chapter of York for Anibaldus [Gaetani de Ceccano], cardinal bishop of Tivoli, admitted[824] as canon by archbishop pursuant to an expectative grace,[825] in person of M. Nicholas de Anania, clerk. Cawood, 14 April 1335.

442 COMMISSIO[826] IN NEGOTIO PROVISIONIS ADE STANES DE NIDD. Commission to prior of Marton and M. Richard de Erium, canon of York, jointly and severally,

---

[818] MS *tenent*.

[819] Partly transcribed in *MR*, II. 114.

[820] Previously held a provision *in forma pauperum*, cancelled when this provision was granted (*Reg. Jean XXII*, vol.9, p.399, no.50500).

[821] Dated 6 Aug. 1330; made no mention of any benefice held by Walter (*CPL*, II. 319).

[822] Top line ascenders greatly lengthened and broadened.

[823] See *BRUO*, III. 1658–9. On 2 May 1340 he gained prebend of Apesthorpe by regalian right (*Fasti*, VI. 29).

[824] Saving clauses all struck through, and cancelled by *va ... cat*.

[825] Dated 9 Jan. 1335: the first of Benedict XII's provisions recorded in *Capitula* section (*CPL*, II. 525).

[826] In same form as *Reg. Melton*, II, p.170, no.442. Erium's powers revoked by **466**.

on behalf of Adam Stanes of Nidd (*Nidde*), a poor priest of diocese of York. In accordance with instructions in apostolic letters appointing archbishop the executor of Adam's grace, and sent by bearer, they must examine Adam, and if found to be of good character, not beneficed nor canonically barred, provide him to a benefice in diocese customarily held by secular clerks in gift of treasurer of York Minster, and have him inducted, and expedite all else required. Valid until revoked. Bishopthorpe, 23 May 1335.

443 [Like] commission[827] to priors of Kirkham and Malton to provide Thomas, son of John Galfrid' of Ebberston (*Ebreston*), a poor clerk of diocese of York, to a benefice there [with or] without cure of souls in gift of dean and chapter of York. Bishopthorpe, 24 May 1335.

444 Commission [as above] to M. Denis Avenell, archdeacon of the East Riding, and to prior of Warter (*Wautre*), to provide Thomas Seriaunte of Rise, a poor clerk of diocese of York, to a benefice there in gift of abbot and convent of St Martin's, Aumale (*Auch' juxta Ammarle*), diocese of Rouen. Bishopthorpe, 1 June 1335.

445 [Fo.113; N.F. 141] Mandate to dean and chapter of York for Richard de Swynarton,[828] admitted as canon by archbishop pursuant to an expectative grace,[829] in person of Gerard de Walsham, clerk. Bishopthorpe, 9 June 1335.

446 COMMISSIO IN NEGOTIO PROVISORIO WILLELMI JOHANNIS DE BEFORD. Commission [as in **443**] to M. Denis Avynell, archdeacon of East Riding, to provide William, son of John de Beford, a poor clerk of diocese of York, to a benefice there in gift of dean of Lincoln. Bishopthorpe, 12 June 1335.

447 Note of a commission[830] to M. Richard de Havering' and prior of Healaugh Park (*parco de Helagh*) to provide John Freman of 'Dykesland' next to Brotherton (*juxta Brothreton*), a poor clerk of diocese of York, to a benefice in gift of treasurer of York [Minster]. Bishopthorpe, 19 June 1335.

448 LITTERA TESTIMONIALIS SUPER DECANATU ECCLESIE EBOR' ET SUPER PREBENDA DE WETEWANG' IN EADEM. General notification that the registers[831] and archives of Archbishop William de Grenefeld showed that Cardinal Raymond del Got had, in person of a proctor substituted by M. Raymond Fabri, his principal proctor, been admitted and installed by chapter of York to deanery of York and prebend of Wetwang[832] on 31 July 1307, conferred by abbot of St Mary's, York, and prior of Holy Trinity, York, as subdelegates of precentor of Agen (*Aganen'*), and that on 11 Aug. 1307, Archbishop Grenefeld had ratified what was done so

---

[827] But omitting clause *donec eas ad nos duxerimus revocandas.*
[828] King's clerk (*CPR 1334–8*, pp.56, 561).
[829] Dated 11 Jan. 1334 (*CPL*, II. 399).
[830] Havering's powers revoked by **466**.
[831] *Reg. Greenfield*, I. 22, no.53. (Original entry names sub-executors, and refers to substitute proctor.)
[832] For reason for interest in prebend see **450**n.

far as he was obliged by the papal grace[833] and the process upon it. Sealed with archbishop's seal. Bishopthorpe, 20 June 1335.

449 Memorandum that, by virtue of apostolic letters,[834] archbishop had granted a dispensation to Richard de Barneburgh, a poor clerk of diocese of York, to have a tonsure and serve in minor orders; to be priested; and to hold benefice with or without cure of souls. He had received minor orders without disclosing that he was son of a priest and a single woman. Bishopthorpe, 3 July 1335.

450 LITTERA TESTIMONIALIS SUPER PREBENDA DE WETEWANG'. General notification that Archbishop Walter Giffard's register[835] showed that Archbishop Godfrey [Ludham][836] had collated Thomas de Ludham,[837] his brother, to prebend of Wetwang; and that register of William de Wikwane (*Wykwane*)[838] showed that Archbishop William had collated M. Thomas de Eadberbiri to that prebend.[839] Sealed with archbishop's seal. Bishopthorpe, 24 June 1335.

451 Mandate to dean and chapter of York for Garcia de Galardo,[840] son of late Arcivus de Galardo, knight, provided[841] by Benedict XII to canonry and prebend [of Knaresborough], vacant by death of M. John Luterell (*Luterelli*) at apostolic see. Archbishop had admitted him in person of Galhardus de Florensano. Sancton (*Santon*), 17 July 1335.

452 Mandate to chapter of Ripon for M. Thomas de Friskeneye (*Frisk'*),[842] on whom M. John de Haryngton, canon of Lincoln, as executor of a provision,[843] had conferred prebend of Givendale (*Gyvendale*), vacant by death of John de

---

[833] Two bulls of provision for a prebend, dignity, or parsonage in York Minster were presented to Archbishop Greenfield, and received by chapter in 1306, having been granted before Got became a cardinal in 1305 (*Reg. Greenfield*, I. 7, no.25).
[834] Granted 20 Feb. 1335 to Richard, then an acolyte (*Reg. Benoît XII*, vol.1, p.165, no.1782).
[835] *The Register of Walter Giffard, Lord Archbishop of York, 1266–1279*, ed. W. Brown (Surtees Society, vol.109, 1904), p.6, no.24.
[836] See *BRUO*, III. 2192.
[837] See *Fasti 1066–1300*, VI. 108.
[838] *The Register of William Wickwane, Lord Archbishop of York, 1279–1285*, ed. W. Brown (Surtees Society, vol.114, 1907), p.9, no.33.
[839] This and **448** were probably occasioned by royal presentation to prebend on 13 March 1335 of Walter de Wetwang, king's clerk (*controller of Wardrobe in 1342), by reason of vacancy of see in reign of Edward I. Sitting prebendary was ratified later that year, retaining possession until 1343, when king finally recovered right of presentation. See *CPR 1334–8*, p.93; *Chapters*, VI, 29; *Fasti*, VI. 90.
[840] Kinsman and household chaplain of Raymond de Farges, cardinal deacon of New St Mary's (*CPR 1340–3*, p.226; PRO C47/20/4/10).
[841] On 15 May 1335 (*CPL*, II. 516).
[842] Son of Walter de Friskney, justice of King's Bench. At university in 1320s and 1330s. See *BRUO*, II. 729–30 which requires correction: Thomas was still prebendary in 1338 and 1358 (**515**; *MR*, IV. 124).
[843] Dated 30 June 1325; mandate to chapter 14 Sept. 1325 (*CPL*, II. 244; Reg. Melton, fo.564v; n.f. 701v).

Everdon. Archbishop had admitted[844] him in person of John de Lytham, clerk. Burneston (*Brinyston*), 26 July 1335.

453 [*Mandate, later revoked, for visitation of York Minster on 13 Oct. 1335.*]
[Fo.113v; N.F. 141v] PREMUNICIO[845] AD VISITANDUM DECANUM ET CAPITULUM EBOR'. Willelmus etc. dilectis filiis .. decano et capitulo ecclesie nostre Ebor', salutem [*etc.*]. Quia debitum visitacionis nostre officium generaliter impensuri, vos in primis intendimus visitare, vobis paterno affectu mandamus quatinus die veneris proximo post festum sancti Wilfridi proximo futurum in capitulo ecclesie predicte hora capituli consueta compareatis visitacionem nostram hujusmodi devote et humiliter subituri; concanonicos vestros absentes si qui sint et alios qui hujusmodi visitacionem subire tenentur quod dicte visitacioni intersint admissuri eandem facientes debite premuniri. De die vero recepcionis presencium et omni eo quod feceritis in premissis nos citra dictum diem distincte et aperte certificetis per litteras vestras patentes harum seriem continentes. Valete. [Bishop Monkton (*Monketon juxta Ripon'*), 5 Aug. 1335.]
[Margin]: Revocata postea et alia[846] missa.

454 Note of commission[847] to M. Richard de Haveryng' and M. Richard de Erium, canons of York, to provide John de Setryngton (*Seteryngton*), a poor priest [of diocese of York], to a benefice in gift of sacrist of chapel of St Mary & Holy Angels, York. Cawood, 18 Aug. 1335.

455 Letter collating M. Ralph de Holbech, clerk,[848] to [subdeacon]-prebend in chapel of St Mary & Holy Angels, York, vacant by resignation of M. John de Thoresby; with note of mandate to official of court of York for induction and installation. Bishopthorpe, 20 Aug. 1335.

[844] One saving clause only.
[845] Above caption in later, large hand: *Notatur.*
[846] Probably in form agreed between archbishop and dean and chapter days before Melton's first visitation in 1329, described in chapter archives a century later as *Forma visitationis sive citationis ad visitationem imperpetuum observanda:* Willelmus [*etc.*] dilectis filiis decano et capitulo ecclesie nostre cathedralis Ebor' vel absente dicto decano capitulo ejusdem ecclesie, salutem [*etc.*]. Volentes vos favente altissimo juxta formam et effectum compositionis nuper inter nos facte et auctoritate apostolica confirmate proximo die juridico post festum sancti Petri in cathedra [22 Feb. 1329] proximo futurum in capitulo ecclesie nostre visitare et sic visitacionis officium in vos exercere, ipsamque compositionem juxta ejusdem seriem in omnibus ex parte nostra quantum ad nos attinet observare; ideo vobis decano et capitulo paternaliter mandamus quod vos compareatis et intersitis eisdem die et loco visitationem nostram subituri; convocetis insuper canonicos et ceteros de capitulo qui sint et fuerint ad premissa convocandi quod eisdem die et loco compareant et intersint coram nobis dictam visitationem in forma et modo in dicta compositione contentis subituri facturi et etiam recepturi que natura et forma negocii secundum tenorem dicte compositionis in ea parte exigunt et requirunt. De die vero receptionis presencium et quid feceritis in premissis nos ad eos diem et locum certificare curetis per litteras vestras patentes harum seriem continentes. [Bishopthorpe, 16 Dec. 1328.] (YMA: M1(1) d, fo.11–11v). Later 14th-century citations follow this form (BI: Reg. Zouche, fos 215v, 217v, 240; Reg. Thoresby, fos 38v, 50).
[847] Revoked by **466**.
[848] Possibly in *BRUC*, p.309.

456 ADMISSIO FRANCISCI DE FILIIS URSI[849] AD THESAURARIAM ECCLESIE EBOR'.
Mandate to dean and chapter of York for Francis, son of Neapoleo Orsini of
Rome, knight, rehearsing form in which archbishop had admitted Nicholas
Ciceronis of Rome, his proctor, in his name, to treasurership of York [Minster],
pursuant to an apostolic grace,[850] and process thereupon [as in **335**, but omitting
reference to royal rights, down to] vacaverint; qui et que prefato Francisco debiti
seu debita non fuerint virtute gratie memorate ad thesaurariam predicte ecclesie
nostre Ebor' si qua sit sine cura,[851] si et quatenus vi et virtute litterarum
apostolicarum et processus habiti super eis sibi debeatur et non aliter neque
ultra admittimus et in ejusdem ecclesie canonicum atque fratrem, et alia
faciemus et parati sumus facere que nobis incumbunt; vobis mandamus [*etc.*].
Cawood, 28 Aug. 1335.

457 Note of commission[852] to M. Richard de Eryom and M. Richard de
Cestria,[853] canons of York, jointly or severally, to provide John Tyler of
Poppleton (*Popilton*) [*in forma pauperum*] to a benefice in gift of prior and convent
of Holy Trinity, York. Cawood, 28 Aug. 1335.

458 Note of mandate to chapter of Ripon to admit M. John Waweyn, clerk, to
prebend of Givendale, in same form as for M. Thomas de Friskeney [**452**]
except that whereas [his grace] was said to be from apostolic see, this was said to
be of John XXII.[854] Cawood, 2 Sept. 1335.

459 Mandate to dean and chapter of York for M. Hugh de Wylugby, [D.D.,
M.A.],[855] admitted as canon by archbishop pursuant to an expectative grace.[856]
Cawood, 17 Sept. 1335.

460 ADMISSIO MAGISTRI WILLELMI DE LEVERTON IN CANONICUM SUWELL'. Note of
letter admitting M. William de Leverton, M.A., D.M.,[857] as canon of Southwell
pursuant to an expectative grace,[858] in same form as for Gervase de Welleford
[**404**]. Cawood, 18 Sept. 1335.

---

[849] Granted, 5 Sept. 1335, licence for 2 years to study law at university (*CPL*, II. 519).
[850] Granted, 1 July 1335, with reservation of prebend [of Wilton], by Benedict XII on
death of Cardinal Mortemart at Curia, at request of Neapoleo Orsini, cardinal deacon of
St Adrian's, Francis's uncle, and of king and Queen Philippa; together with concomitant
dispensation on account of being only aged 16 (*CPL*, II. 518; *Reg. Benoît XII*, vol.1, p.25,
no.189).
[851] On 12 July 1336, pope decreed that provision (and dispensation) should be valid as if
treasury were a sinecure (*CPL*, II. 530; *Reg. Benoît XII*, vol.1, p.248, no.2727).
[852] Revoked by **466**.
[853] Prebendary of Givendale.
[854] See **319**. John did not gain possession, his grace postdated that of Thomas.
[855] See *BRUO*, III. 2051. (His doctorate is in *Reg. Benoît XII*, vol.1, p.76, no.740 correcting
CPL entry.)
[856] Granted by Benedict XII on 12 April 1335 (*CPL*, II. 517). Emden says he was included
in roll of Oxford graduates for papal graces.
[857] Died in 1348 as prebendary of North Leverton (BI: Reg. Zouche, fo.226v). In 1332,
king had petitioned for his provision to a benefice. See *BRUO*, II. 1138.
[858] Granted by Benedict XII on 12 April 1335 to William as provost of Oriel College, Oxford
(*CPL*, II. 524; *Reg. Benoît XII*, vol.1, p.76, no.741). For significance of this date see **459**n.

461 Mandate to official of court of York or his commissary general, to cite sacrist, canons, *etc.*, of chapel of St Mary & Holy Angels York, to appear in their chapel on 21 Oct. 1335 before archbishop or one or more commissaries for visitation [in form almost identical to **250**]. Cawood, 27 Sept. 1335.

462 [*Oath of obedience to archbishop by precentor of York on same day as he was excommunicated (form rehearsed), after his initial refusal to obey archbishop's monition to swear obedience. Cawood, 5 Dec. 1335.*]

OBEDIENTIA[859] PRECENTORIS ECCLESIE EBOR'. Memorandum quod quinto die mensis Decembris anno domini supradicto comparens magister Robertus de Nassington precentor ecclesie cathedralis Ebor' coram domino Willelmo de Melton dei gratia Ebor' archiepiscopo Anglie primate tunc in deambulatorio sive atrio ante ostium capelle manerii sui de Cawode pro tribunali sedente, quem idem dominus archiepiscopus habebat ut [Fo.114; N.F. 142][860] dixit de in-obedientia et infidelitate suspectum, [qui] juramentum fidelitatis et obedientie eidem domino archiepiscopo prestare noluit licet monitus extiterat sub hac forma: In dei nomine, Amen. Nos Willelmus permissione divina Ebor' archiepiscopus Anglie primas, vos magistrum Robertum de Nassington precentorem ecclesie nostre Ebor' cui commisimus curam animarum et rerum ecclesiasticarum dispensacionem et administracionem, monemus primo et secundo et tercio ac peremptorie una monicione peremptoria pro omnibus cum facti et temporis qualitas ulteriorem dilacionem non requirat, quod nobis patrono et ordinario vestro juramentum fidelitatis et obedientie prestetis ut de jure tenemini corporale. Et quia idem magister Robertus trina monicione jussus et monitus fidelitatem et obedientiam facere recusavit fuit excommunicatus per eundem dominum archiepiscopum sub hiis verbis:
Et quia vos magister Roberte de Nassington precentor ecclesie nostre Ebor' juramentum fidelitatis et obedientie nobis Willelmo permissione divina Ebor' archiepiscopo Anglie primati patrono et ordinario vestro prestare ut tenemini contumaciter recusastis et contemptibiliter recusatis in presenti, legitime ad hoc moniti jussi et requisiti, vos magistrum Robertum precentorem predictum propter vestram hujusmodi veram contumaciam et offensam manifestam canonica monicione premissa excommunicamus in hiis scriptis.
Postea vero rediens ad cor venit eodem die coram domino archiepiscopo in aula manerii sui de Cawode sedente, in presencia magistrorum Ade de Haselbech, Willelmi de la Mar' rectoris ecclesie de Patrington, dominorum Ricardi de Otringham, Willelmi de Feriby, domini Willelmi de Wakefeld et mei Johannis de Barneby notarii publici et plurium de familiaribus domini archiepiscopi juravit fidelitatem et obedientiam sub hac forma:
Ego Robertus de Nassington precentor ecclesie cathedralis Ebor' ero fidelis et obediens vobis domino Ebor' archiepiscopo Anglie primati et successoribus vestris canonice intrantibus[861] vestrisque officialibus et ministris in canonicis mandatis. Sic me deus adjuvet et hec sancta dei evangelia.[862]

---

[859] Above caption in later, large hand: *Notatur.*
[860] 16th-century marginalia at top with lines down right-hand side: *Nota de obedientia facta domino archiepiscopo.*
[861] *et . . . intrantibus* interlined.
[862] Five days later, dean and chapter appealed to pope against this 'extorted' oath, sought

463 [*Mandate for solemn excommunication in York Minster of those obstructing archbishop's apparitor and sub-apparitor from executing post-visitation citations, monitions, etc., relating to city of York.*]

EXECUCIO CONTRA INFRINGENTES LIBERTATES ECCLESIE EBOR'. Willelmus etc. dilecto filio domino Willelmo de Colby decano ecclesie nostre cathedralis Ebor', salutem [*etc.*]. Cum omnes et singuli libertates sancte matris ecclesie et precipue ecclesie nostre Ebor' infringentes violantes aut perturbantes sint majoris excommunicationis sententia tam in sacrosancta sinodo Ebor'[863] quam a sanctis patribus auctoritate sedis apostolice proinde et ab antiquo lata et promulgata notorie involuti; ac inter ceteras libertates dicte ecclesie libertas preficiendi et habendi apparitorem qui citaciones injunctiones moniciones et mandata nostra canonica ac .. officialis curie nostre Ebor' et quorumcumque commissariorum nostrorum et alia que ad jurisdiccionem ecclesie nostre Ebor' spectant ubilibet in civitate Ebor' in locis non exemptis libere facere et exequi debet eidem ecclesie nostre Ebor' competat notorie et compeciit ab antiquo, et predecessores nostri archiepiscopi Ebor' qui pro tempore fuerint totis temporibus suis et nos toto tempore nostro hujusmodi apparitores[864] habuerunt et habuimus habere consueverunt et consuevimus qui citaciones et mandata et alia de quibus premittitur fecerunt et executi fuerunt absque impedimento seu contradiccione cujuscumque pacifice et quiete. Ac ad aures nostras noviter jam pervenit quod quidam iniquitatis filii sue salutis immemores quorum ignorantur nomina et persone hujusmodi libertatem infringere violare et perturbare presumpcione dampnabili et temeraria non verentes, Willelmum de Feriby apparitorem nostrum in civitate Ebor' et Robertum de Shireston subapparitorem quominus citaciones moniciones et injunctiones et mandata nostra canonica et commissariorum nostrorum quos pro salute animarum et reformacione morum ad corrigendum reformandum et puniendum excessus crimina et defectus in visitacione nostra quam nuper in civitate Ebor' exercuimus comperta deputavimus facere et exequi potuerunt perperam impediverunt et impediunt in presenti, ipsis ne premissa sibi injuncta et alia que incumbunt officio exercerent seu exsequerentur injunxerunt et inhibuerunt sub penis gravibus et censuris, in dei ac nostri et ecclesie nostre predicte contumeliam contemptum et prejudicium manifestum sententiam excommunicationis majoris de qua premittitur dampnabiliter incurrendo; vobis in virtute obediencie nobis jurate firmiter injungendo mandamus quatinus omnes et singulos qui dictam libertatem ecclesie nostre predicte apparitorem nostrum prefatum et subapparitorem temere impediendo seu eisdem ne canonica sibi injuncta mandata seu alias eaque suo spectabant officio peragerent injungendo et inhibendo ut prefertur fregerunt violarunt vel quomodolibet perturbarunt in predictam majoris excommunicationis sentenciam dampnabiliter incidisse et sic excommunicatos esse in

king's help, and on 30 Dec. 1335 received his protection for five years. Soon they accused Melton of violating **374** by suspending chapter, placing Minster under interdict, wrongly demanding oaths, and extorting penances, etc. On 22 June 1336, papal judges-delegate were appointed, but any suspension and interdict lifted by 12 Nov. 1336 when election of new dean was confirmed by Melton. See YMA: M1 (1)d, fos 11v–13; *CPR 1334–8*, p.192; *Reg. Benoît XII*, vol.1, p.352, no.3868 (more detailed than *CPL*, II. 536 and with correct date); *Reg. Melton*, III. 164, no.285; **503**n. For rival claims see 'Dispute', pp.110–19.
[863] See **367**n.
[864] MS *apparitorem*.

ecclesia cathedrali predicta singulis diebus dominicis et festivis, pulsatis campanis candelis accensis et extinctis cruceque erecta, intra missarum solempnia quando major populi aderit multitudo solempniter et in genere vos ipsi actualiter et personaliter nuncietis ac per alios faciatis publice nunciari, a denunciacione hujusmodi non cessando donec iidem excommunicati saltem rubore suffusi ad humilitatis gratiam et reconciliacionis affectum se inclinaverint et absolucionis beneficium in forma juris meruerint optinere; inquirentes nichilominus de nominibus hujusmodi malefactorum perturbancium et violancium cum celeritate debita diligenter. Et quid in premissis feceritis qualiterque presens mandatum nostrum fueritis executi necnon de nominibus eorum quos in premissis culpabiles per hujusmodi inquisicionem inveneritis nos certificetis distincte et aperte citra festum sancti Thome apostoli proximo futurum [21 Dec.] per litteras vestras patentes harum seriem continentes. Vale. [Cawood, 8 Dec. 1335.]

464 Note that mandates in same form [as **463**] were sent to M. Richard de Cestr' as canon of York and Ripon; to M. Richard de Eriom as canon of York and rector of Brompton; to M. Thomas Sampson as canon of York and rector of Misterton (*Mistreton*); and to Nicholas de Hugate as canon of York and provost of Beverley. Also to dean of Christianity of York to publish in every church in York. Also to rectors of All Saints', North Street (*Northstret*), St Wilfrid's, York, St Denis's, York, M. William de Cotum, learned in law, M. William de Carleton and M. Eustace de Mundider', notaries, to publish sentence in York [Minster] and other churches in York taking with them those rectors of York churches they chose. Also to official of court of York to publish sentence in every church in the diocese. Cawood, 8 Dec. 1335.

465 [Fo.114v; N.F. 142v] Letter to M. John de Warenn, canon of York, revoking his commissions[865] granted until revoked, to provide poor clerks [to benefices] by virtue of their apostolic graces. Cawood, 16 Jan. 1336.

466 Note of identical revocatory letters to M. Richard de Havering', M. Richard de Eriom, M. Thomas Sampson, M. Richard de Cestr', Nicholas de Hugat, John Giffard, and Robert de Valoignes, canons of York.[866] Cawood, 16 Jan. 1336.

467 [*Inspeximus and ratification of letter of chapter of Southwell allowing Henry de Edenstowe, prebendary of Oxton Secunda, to reside for any 84 days of a year reckoned as beginning on Trinity Sunday, and to count days of arrival and departure as whole days, and to receive his commons, etc. Henry had completed 25 weeks' residence and assisted chapter to recover its rights and liberties before royal justices.*]
LITTERA PRO NON RESIDENCIA DOMINI HENRICI DE EDENSTOWE. Universis sancte matris ecclesie filiis ad quos presentes littere pervenerint, Willelmus etc. salutem

---

[865] Those presently in print: *Reg. Melton*, II. 170, no.443; IV. 186, no.780.
[866] Commissions revoked, presently in print: **442**, **447**, **454**, **457**; *Reg. Melton*, I. 62–3, no.175; 108, nos 362–3; 108–9, no.365; II. 170, nos 442–3; 171, nos 447–8; III. 143, no.250; IV. 185, nos 774–5; 186, nos 779–80; 187, nos 789, 792. No commissions to Giffard and Hugat are in print.

in sinceris amplexibus salvatoris. Noveritis nos recepisse et inspexisse litteras capituli ecclesie nostre collegiate beate Marie Suwell' sigillo ejusdem capituli sigillatas quarum tenor sequitur in hec verba:

Omnibus Christi fidelibus presentes litteras visuris vel audituris capitulum ecclesie beate Marie Suwell' salutem in domino. Considerantes bonum locum quem dilectus confrater noster dominus Henricus de Edenestowe prebendarius prebende de Oxton et Crophill in ecclesia nostra predicta nobis et eidem ecclesie hactenus tenuit, precipue circa recuperacionem jurium et libertatum ecclesie illius et prebendarum ejusdem in itinere justiciariorum domini regis apud Notingham nuper itinerancium deperditorum[867] et per auxilium ipsius recuperatorum, volentesque eo pretextu utilitati ipsius domini Henrici qui duas jam residencias in dicta ecclesia nostra primam videlicet tresdecim septimanarum et aliam duodecim secundum consuetudinem ejusdem ecclesie perfecerit prospicere pariter et honori, de communi consensu capituli nostri in instanti convocacione fratrum nostrorum die lune proximo ante festum sancti Luce ewang[e]liste anno gratie millesimo CCC^{mo}XXXV [16 Oct. 1335] apud Suwell celebrata concessimus pro nobis et successoribus nostris eidem domino Henrico quod si ipse plures residencias in eadem ecclesia nostra facere voluerit, quod ipse residenciam suam in eadem ecclesia nostra singulis annis quam post primam residenciam secundum dictam consuetudinem si residere voluerit facere non tenetur nisi per duodecim septimanas ad plus facere valeat, futuris temporibus per septimanas sive per dies pro voluntate sua[868] dictamen numerum quater viginti et quatuor dierum singulis annis quo ipse hujusmodi residenciam voluerit facere inter diem sancte trinitatis[869] et diem ejusdem trinitatis anni sequentis plenarie compleat, tam die quo ipsum apud villam Suwell' venire quam exinde recedere contigerit pro uno die integro et in partem complementi dictorum quater viginti et quatuor dierum computato sive numerato, et quod ipse communas suas et omnia alia proficia sive emolumenta ad canonicum residentem pertinencia sicut ceteri canonici residentes integraliter percipiat et habeat dumtamen compleat dictum numerum quater viginti et quatuor dierum inter dies sancte trinitatis predictos tam die quo ipsum sic venire quam die quo sic recedere contigerit pro uno die integro et in partem complementi dictorum quater viginti et quatuor dierum computato sive numerato sicut predictum est, quacumque ordinacione sive consuetudine in dicta ecclesia nostra hactenus in contrarium habita sive facta non obstante, dumtamen consensus domini Ebor' archiepiscopi interveniat in hac parte. Nolumus autem quod ista concessio futuris temporibus trahatur in consequenciam nec aliis cedat in exemplum. In cujus rei testimonium sigillum nostrum presentibus est appensum. Datum Suwell in convocacione predicta die et anno supradictis.

Quas quidem litteras et omnia contenta in eisdem nos Willelmus permissione divina Ebor' archiepiscopus Anglie primas antedictus quatenus de jure possumus

---

[867] There, on 13 Nov. 1329, chapter's liberties were subject of *Quo Warranto* proceedings but ultimately vindicated in King's Bench in 1331. Edenstowe secured royal inspeximus of King's Bench record in 1333. See *Placita de quo warranto*, pp.615–16, 636; *CPR 1330–4*, p.485.

[868] Statute of 1225 required 12 weeks' residence to be either continuous or in two parts (*Visitations and Memorials of Southwell Minster*, p.203).

[869] Beginning of residence year (ibid.).

auctoritate nostra pontificali acceptamus approbamus ratificamus et etiam confirmamus, jure jurisdictione dignitate et honore nostris et ecclesiarum nostrarum beati Petri Ebor' et beate Marie Suwell' in omnibus semper salvis. In quarum inspeccionis acceptacionis approbacionis ratificacionis et confirmacionis testimonium sigillum nostrum presentibus est appensum. [Cawood, 31 Dec. 1335.]

468 Mandate to chapter of Southwell for M. William la Zouche, admitted as canon by archbishop pursuant to an expectative grace of Benedict XII,[870] in person of Reginald de Donington, clerk. Bishopthorpe, 11 Feb. 1336.

469 Note of like mandate[871] to same for M. Walter de Segrave, M.A., B.C.L.[872] Bishopthorpe, 12 Feb. 1336.

470 [*Mandate requiring chapter of Ripon to pay procuration of five marks to archbishop's receiver within 15 days.*]
LITTERA DIRECTA CAPITULO RYPON' PRO PROCURACIONE ULTIME VISITATIONIS. Willelmus etc. dilectis filiis capitulo ecclesie nostre collegiate Rypon', salutem [*etc.*]. Cum secundum apostolum non sit magnum si ab eo metantur temporalia per quem spiritualia seminantur,[873] miramur quod procuracionem quinque marcarum sterlingorum nobis ratione officii visitacionis quam ad recreacionem animarum vestrarum nuper[874] non[875] absque sumptibus et labore apud vos paternis affectibus personaliter exercuimus debitam hucusque solvere distulistis. Quocirca vobis mandamus quatinus cum nullus teneatur propriis stipendiis militare, dictas quinque marcas nobis ex causa hujusmodi visitacionis impensi officii debitas et solvi in casu hujusmodi consuetas Willelmo de Thorpe receptori nostro Rypon' infra xv dies a tempore recepcionis presencium continue numerandos integre persolvatis. Et super eo quod feceritis in premissis nos post lapsum dictorum quindecim dierum absque more diffugio distincte et aperte curetis efficere certiores litteris vestris patentibus et clausis habentibus hunc tenorem. Valete. [Cawood, 23 Aug. 1336.]

471 [*Process before archbishop in cause of Feriby v. Chapter of Southwell containing chapter's two certificates acknowledging archiepiscopal citations, rehearsed, and predated letters of proxy. Judgment for plaintiff: William de Feriby, prebendary of Eaton, must be admitted to residence and should receive the daily commons, etc., of a residentiary canon. 30 Nov. 1335–29 Jan. 1336.*]
[Fo.115; N.F. 143] SENTENCIA LATA SUPER PREBENDA DE ETON IN ECCLESIA SUWELL' VIDELICET QUOD SIT RESIDENCIALIS. In dei nomine, Amen. Orta dudum inter dominum Willelmum de Feriby canonicum ecclesie Suwellen' et

[870] Granted, 31 May 1335, at king's request, superseding and cancelling grace in **413** (*CPL*, II. 520; *Reg. Benoît XII*, vol.1, p.81, no.800). William seems to have had to resign it on obtaining **A56**, but was later granted **A57**.
[871] Pursuant to grace of Benedict XII, dated 4 Sept. 1335 (*CPL*, II. 525).
[872] Then fellow of Merton College, Oxford. See *BRUO*, III. 1664.
[873] 1 Corinthians 9.11.
[874] Last recorded visitation was on 17 May 1333 (**388**).
[875] Preceded by *nobis* cancelled by dots.

prebendarium prebende de Eton[876] in eadem actorem ex parte una, et dilectos filios .. capitulum ejusdem ecclesie reos ex altera, super eo quod ipsum ad residenciam in dicta ecclesia juxta ejusdem ecclesie consuetudinem actualiter faciendam in forma et modo et[877] prout alii canonici et prebendarii ejusdem ecclesie recipiuntur admittere, et sibi in eventum quo hujusmodi residenciam fecerit de cotidianis distribucionibus et aliis que canonico residenciario debentur respondere indebite ut asseruit recusarunt materia questionis. Nos Willelmus permissione divina etc. ipsorum diocesanus et patronus ad instanciam dicti domini Willelmi canonici et prebendarii supradicti ipsos capitulum super hiis fecimus ad judicium evocari prout patet in littera certificatoria eorundem cujus tenor sequitur in hec verba:

In Christo patri reverendo ac domino domino Willelmo dei gratia Ebor' archiepiscopo Anglie primati devotum sibi et humile capitulum ecclesie beate Marie Suwell' subjeccionem et obedienciam cum reverencia et honore debitis tanto patri. Mandatum vestrum viij idus Decembris [6 Dec.1335] recepimus in hec verba:

Willelmus permissione etc. dilectis filiis .. capitulo ecclesie nostre collegiate Suwell', salutem [*etc.*]. Querelam domini Willelmi de Feriby canonici ecclesie collegiate Suwell' predicte et prebendarii prebende de Eton in eadem gravem recepimus continentem quod licet ipse dictos canonicatum et prebendam cum suis juribus et pertinenciis universis canonice assecutus ipsamque prebendam cum plenitudine juris canonici pacifice possidens et quiete, a vobis ad residenciam suam in dicta ecclesia juxta ipsius consuetudinem actualiter faciendam admitti pluries et cum instancia petivisset, vos tamen ipsum ad hujusmodi residenciam in forma debita absque causa rationabili admittere distulistis, an dicta prebenda de Eton residencialis fuerit vel non et an canonicus prebendariusque ejusdem qui pro tempore fuerit admitti debeat ad residenciam faciendam in ecclesia Suwell' in forma et prout alii canonici et prebendarii ejusdem ecclesie admittuntur in dubium licet dubium non existat pertinaciter revocantur, in ejusdem et prebende sue predicte prejudicium dampnum non modicum et gravamen, super quo peciit a nobis sibi de oportuno remedio provideri. Nos igitur dicto canonico in justicia deesse non valentes sicuti nec debemus, tenore presencium peremptorie vos citamus quod compareatis coram nobis tercio die juridico post festum Epiphanie domini proximo futurum ubicumque tunc fuerimus in nostra diocesi, canonicum si quod habueritis quare prebenda de Eton residencialis pronunciari et prebendarius ejusdem ad effectualem residenciam faciendam admitti, sibique completa residencia sua de cotidianis distribucionibus et aliis que canonico residenciario debentur integre responderi non debeat pro termino peremptorio et preciso proposituri et ostensuri facturi ulterius et recepturi quod justicia suadebit. De die vero recepcionis presencium et omni eo quod facere volueritis in premissis nos citra dictum diem distincte et aperte certificetis per litteras vestras patentes harum seriem continentes. Valete. [Cawood, 30 Nov. 1335.]

Ad cujus mandati vestri certificacionem sciat vestra paternitas reverenda quod nichil canonicum scimus quominus prebenda de Eton sit residencialis et

---

[876] The first known reference to Feriby as a prebendary is his presence at convocation of canons at Southwell on 16 Oct. 1335 (*Visitations and Memorials of Southwell Minster*, p.216).
[877] Interlined.

ejusdem juris et libertatis censeri[878] in omnibus debeat sicut cetere prebende nostre ecclesie Suwell'. Valeat paternitas vestra reverenda feliciter in dulci Jesu per tempora longiora. [Southwell chapter house, 6 Jan. 1336.]

Quo die tercio juridico post festum Epiphanie domini anno gratie quo supra parte atrice coram nobis in manerio nostro de Cawode nostre Ebor' diocesis personaliter comparente et partis ree[879] licet diucius expectate nullo modo comparentis contumaciam accusante, nos eandem partem ream reputavimus contumacem et in penam contumacie sue hujusmodi sibi viam quicquam ulterius proponendi in dicto negocio preclusimus per decretum, decernentes partem ream predictam nichilominus fore citandam coram nobis ad tercium diem juridicum post festum conversionis sancti Pauli proximo futurum ubicumque tunc fuerimus in nostra diocesi, pronunciacionem nostram in dicto negotio si liqueret et nichil obstaret canonicum audituram facturam ulterius et recepturam quod justicia suadebit.

Quo die exhibita per partem atricem personaliter coram nobis in manerio nostro de Cawode pro tribunali sedente comparentem littera certificatoria citacionis de qua superius fit mencio, sigillo capituli ecclesie Suwell' signata continencie infrascripte:

In Christo patri reverendo ac domino domino Willelmo dei gratia Ebor' archiepiscopo Anglie primati devotum sibi et humile capitulum ecclesie beate Marie Suwell' subjeccionem et obedientiam cum reverencia et honore debitis tanto patri. Mandatum vestrum recepimus xix kalendas Februarii [14 Jan.] in hec verba:

Willelmus permissione etc. dilectis filiis capitulo ecclesie nostre collegiate beate Marie Suwell', salutem [*etc.*]. Cum nos in negocio inter dominum Willelmum de Feriby concanonicum vestrum et prebendarium prebende de Eton in ecclesia predicta ex parte una, et vos capitulum ex altera, occasione residencie qua idem canonicus dicit se posse facere in ecclesia predicta et eorum que sibi cum residenciam fecerit in eadem debeatur et solvi debeantur ut alii canonico residenciario completa residencia sua, ac super quibusdam articulis aliis coram nobis motis legitime procedentes, vos dilectos filios capitulum predictum reputaverimus contumaces et in penam contumacie vestre hujusmodi vobis viam quicquam ulterius proponendi in dicto negocio precluserimus per decretum justicia mediante, tenore presencium peremptorie vos citamus quatinus compareatis per procuratorem sufficientem coram nobis tercio die juridico post festum conversionis sancti Pauli proximo futurum ubicumque tunc fuerimus in nostra diocesi pronunciacionem nostram in dicto negocio si liqueat et nichil obsistat canonicum audituri facturi ulterius et recepturi quod justicia suadebit. Terminum vero peremptorium de quo premittitur cum facti qualitas id exposcat sic duximus moderandum. De die vero recepcionis presencium et de omni eo quod feceritis in premissis citra dictum diem nos certificetis per vestras litteras patentes harum seriem continentes. Valete. [Cawood, 10 Jan. 1336.]

Quod quidem mandatum vestrum reverenter exequentes die et loco in prefato mandato contentis comparebimus ad faciendum omnia et singula prout ipsius mandati tenor exigit et requirit. Valeat paternitas vestra reverenda feliciter in dulci Jesu per tempora longa. [Southwell chapter house, 26 Jan. 1336.]

---

[878] MS *senceri*.
[879] *Et partis ree* interlined.

Parte vero rea per dominum Henricum Ketell capellanum procuratorem suum litteratorie constitutum ibidem comparente et fatente judicialiter se nescire nec quicquam velle proponere nomine dominorum suorum quin pro jure partis actricis et prebende sue in hac parte pronunciari posset et deberet. Nos itaque auditis et plenius intellectis meritis cause seu negocii hujus et super hiis cum jurisperitis deliberacione habita diligenti, quia intencionem partis actricis tam de jure communi quam per confessionem partis ree litteratorie factam et procuratoris ejusdem judicialiter emissam invenimus sufficienter probatam, dei nomine invocato, pronunciamus et decernimus prebendam de Eton esse residencialem ac canonicum et prebendarium ejusdem prebende ad effectualem residenciam admitti ac cotidianas distribuciones et omnia alia et singula percipere debere que canonico residenciario occasione residencie hujusmodi debentur de consuetudine vel de jure, dictamque prebendam de Eton in premissis ejusdem condicionis juris libertatis et nature fuisse et esse per omnia cujus sunt alie prebende dicte ecclesie residenciales declaramus in hiis scriptis, decernentes hanc nostram sentenciam in forma juris per officialem curie nostre Ebor' efficaciter exequendam quociens ex parte canonici et prebendarii prebende de Eton super hoc fuerit requisitus.

Tenor vero mandati dicti procuratoris sequitur in hec verba: Tenore presencium pateat universis quod nos capitulum ecclesie beate Marie Suwell' Ebor' diocesis, facimus ordinamus et constituimus dilectum nobis in Christo dominum Henricum Ketel rectorem ecclesie de Wheteley procuratorem nostrum et actorem verum et legitimum in omnibus causis et negociis statum capituli et ecclesie nostre de Suwell supradicte contingentibus coram quibuscumque judicibus ordinariis .. delegatis et eorum commissariis quamcumque juris notionem optinentibus ad instanciam vel ex officio cognoscenter quibuscumque diebus et locis, dantes eidem potestatem specialem et mandatum generale pro nobis et nomine nostro agendi defendendi ponendi, positionibus respondendi, juramentum de calumpnia et veritate dicenda ac quodlibet aliud genus liciti sacramenti in animas nostras prestandi, status nostri reformati[Fo.115v; N.F. 143v]onem dampna et expensas et interesse quodlibet et in integrum restitucionem petendi et recipiendi, provocandi et appellandi, provocacionum et appellacionum causas prosequendi, alium procuratorem loco sui substituendi substitutum revocandi et procuratoris officium reassumendi, ac omnia alia et singula faciendi que per verum et legitimum procuratorem quovismodo fieri poterunt et expediri eciam si mandatum exigant speciale. Pro eodem procuratore nostro et ejus substituto rem ratam haberi et judicatum solvi sub ypotheca rerum nostrarum promittimus et exponimus cauciones. In quorum omnium testimonium sigillum nostrum commune presentibus apposuimus. [Southwell chapter house, 12 March 1335.]

Lata et data fuit hec sentencia apud Cawode iiii^{to} kalendas Februarii anno domini millesimo CCC^{mo} tricesimo quinto et pontificatus nostri decimonono [29 Jan. 1336].

472 LITTERA SACRISTE ECCLESIE BEVERLACEN'. Note of licence to Henry Basset, chancellor of Beverley Minster, to be absent for two years from 11 July 1336.[880] Southwell, 22 June 1336.

---

[880] Granted a year's absence by chapter from 11 July 1334, and on 13 Aug. 1335 was at Lincoln (*MB*, II, pp.111, 113). See also *BMF*, p.121.

473 CONFIRMACIO PRO JOHANNE DE BOLLESSOVERE. Inspeximus of a charter, previously inspected and confirmed by chapter of Southwell and sealed in chapter house, 29 Jan. 1334, by which John de Houton, prebendary of Oxton [Prima], confirmed his grant to John de Bollessover (*Bollossover*) of Calverton (*Colverton*), Maud, his wife, and his heirs and assignees, for ever, of an area of land in Calverton called Orchard, with an adjacent croft, formerly held by William de Marnham; also of a bovate in Calverton with its appurtenances [formerly] held by John Brunyng' of Calverton in hereditary succession to his kinswoman Agnes, daughter of Thomas, son of Robert, with exception of one selion in South Field in a place called 'Wadburghdale', and another in North Field in a place called 'Thunhokesty', abutting land of the late Stephen Clarys of Calverton, and a third in East Field in a place called [omission] at 'Extongate', next to land of John Lombe. Also granted were three selions in Calverton with their appurtenances which said John Brunyg [formerly] held by hereditary right after the death of Thomas Brunyg', his father: one in South Field in a place called 'Numwell', one in North Field beyond 'Thunhokesty', next to John Gumuld's land, and the third in East Field in a place called 'Julianhole', by Calverton, and abutting John Gomuld's cottage. The lands were to be held by homage and forinsec service, with suit of court twice a year at the great prebendal court at Oxton, and by payment to prebendary and his successors of five silver shillings a year, in equal parts at Martinmas and Midsummer, for all other services, dues and charges. Tenure guaranteed by clause of warranty. Sealed with seal of John de Houton. Witnesses: Richard de Strelley, John de Waldeschef', William de Crophill, and William de Upton, [all] of Oxton; John de Normanton of Calverton; and others. Calverton, 3 Jan. 1334. Archbishop's inspeximus sealed and dated, Southwell, 14 Sept. 1334.

474 Mandate to chapter of Southwell for Robert de Kirklington (*Kirtlyngton*),[881] admitted as canon by archbishop pursuant to an expectative grace;[882] in same form as for Gervase de Wilford [**404**]. Ecclesfield (*Eglesfeld*), 14 July 1336.

475 Mandate to chapter of Beverley for M. Anthony de Goldesburgh, [M.A., B.C.L.], clerk,[883] son of Richard de Goldesburgh, knight,[884] admitted as canon by archbishop pursuant to expectative grace of Benedict XII,[885] in person of John de Braydeston, chaplain. Cawood, 9 Sept. 1336.

---

[881] Apart from 12 months from 30 Nov. 1334, Robert apparently resided on his Leicestershire benefice from 1328 to 1337 when he exchanged it, perhaps to fulfil terms of provision (*The Registers of Bishop Henry Burghersh 1320–1342*, ed. Nicholas Bennett (Lincoln Record Society, vol.87, 1999), I. 120, no.944; 140, no.1106; Lincoln Archives Office: Reg. V, fo.48; *CPL*, II. 534).

[882] Grace of Benedict XII, dated 20 Feb. 1336 (*CPL*, II. 534).

[883] See *BRUO*, II. 781; *BMF*, p.37. His patron was probably Anthony Bek, then resident at Curia (*BRUO*, I. 153).

[884] An archiepiscopal tenant (*Reg. Greenfield*, V. 160, no.2617).

[885] Dated 7 June 1336 (*CPL*, II. 535). On 25 June 1338, M. John de Warenna, canon of York and sub-executor of this provision, conferred on Anthony's proctor prebend of St James, vacant by death of Nicholas de Huggate on 23 June 1338. On 26 June, Warenna inducted and installed proctor at Beverley, who was admitted by chapter on 27 June. Possibly on 3 July, Anthony was admitted in person. See *MB*, II. 120–2.

476 Note of commission, valid until revoked, to official of court of York and prior of St Andrew's [York], to provide Robert de Lackynby (*Lakynby*), [*in forma pauperum*] to benefice in gift of prior and convent of Guisborough (*Gisburn*). Scrooby, 22 Oct. 1336.

477 [*Licence for proctors of Southwell Minster to collect alms in province of York for new work at Minster; with indulgence of 40 days to those contributing.*]
[N.F. 144][886] Willelmus permissione divina Eboracen' archiepiscopus Anglie primas venerabilibus in Christo fratribus .. coepiscopis nostris suffraganeis et dilectis in Christo filiis .. decanis cathedralium ecclesiarum .. capitulis .. abbatibus .. prioribus .. archidiaconis .. officialibus .. decanis .. rectoribus .. vicariis et aliis ecclesiarum prelatis per nostras diocesim et provinciam constitutis, salutem in sinceris amplexibus salvatoris. Gloriosus deus in sanctis suis de ipsorum glorificacione gaudens, in veneracione beate Marie virginis eo jocundius delectatur quo ipsa utpote mater ejus effecta singularis privilegii honore decorari meruit que sanctis ceteris in celestibus altius noscitur collocata. Cum itaque dilecti in Christo filii .. capitulum ecclesie sancte dei genitricis Suthwell' nostre diocesis in divini cultus augmentum ipsam ecclesiam sicut necessario oportuit dilatare ceperint opere sumptuoso[887] quod propriis non suppetentibus ad id facultatibus absque aliorum beneficiorum suffragio non poterunt comode consummare; universitatem vestram rogamus in domino et hortamur attente quatinus ob reverenciam dei et prefate gloriose virginis matris sue in cujus honore eadem ecclesia est fundata procuratores et nuncios juratos dicti .. capituli cum ad vos venerint pias fidelium elemosinas petituri caritativis visceribus benignius admittatis, ipsorum negocium, exposito prius solempniter fabrice ecclesie nostre Ebor' negocio, [**101, 194,**] vestris subditis efficaciter exponentes id eis recommendando studiosius quos ad contribuendum in predicte fabrice Suthwell' subsidium gratas elemosinas et largiciones benivolas inducatis sub informacione solicita verbi pariter et exempli. Et quicquid per vos vel ipsos ad quos prefatum collectum fuerit, faciatis eisdem sine diminucione qualibet nostri intuitu fideliter liberari. Nos autem de ipsius omnipotentis dei misericordia ac ejusdem virginis matris sue beatorum apostolorum Petri et Pauli necnon sanctissimi confessoris Willelmi omniumque sanctorum meritis confidentes, omnibus parochianis nostris et aliis quorum diocesani hanc nostram indulgenciam ratam habuerint, de peccatis suis vere contritis penitentibus et confessis, qui ad fabricam ecclesie Suwell' predicte de bonis suis sibi a deo collatis grata contulerint subsidia caritatis, quadraginta dies de injuncta sibi penitencia deo propicio misericorditer relaxamus. Indulgencias a venerabilibus patribus coepiscopis nostris regni Anglie ad id rite concessas et imposterum concedendas ratas habentes pariter et acceptas, non obstantibus pristinis litteris in contrarium vobis factis.[888] In cujus rei testimonium sigillum nostrum presentibus est appensum. [Southwell, 23 April 1334.]

---

[886] Measures 28.5cm × 17cm: verso in late 16th-century hand: *Indulgentia pro reparacione ecclesie collegiate de Southwell*.

[887] Probably pulpitum, attributed to Ivo de Raughton (died c.1339), but sedilia also dated stylistically to c.1330–40 (J. Harvey, *English Mediaeval Architects*, revised edn (Gloucester, 1984), pp.238–9; A. Hamilton Thompson, 'The Cathedral Church of the Blessed Virgin Mary, Southwell', *Transactions of Thoroton Society*, vol.15 (1912), pp.49–53).

[888] *non obstantibus . . . factis* interlined. See *Reg. Melton*, III. 23–4, no.51.

478 Licence and indulgence [above] reissued.[889] Cawood, 25 Sept. 1337.

479 [Fo.116; N.F. 145][890] COMMISSIO FACTA AD SEQUESTRANDUM BONA DECANATUS EBOR'. Commission granting Thomas Fox, rector of Gilling East, custody of all sequestrated goods of deanery of York, vacant by death of W[illiam] de Colby. He must publish sequestration in York [Minster], in houses annexed to deanery, in deanery, and wherever else appropriate, and notify all interested parties. Bishopthorpe, 10 Nov. 1336.

480 [*Commission appointing keeper of jurisdiction of vacant deanery of York.*]
Willelmus etc. dilecto filio domino Thome Fox rectori ecclesie de Gillyng' nostre diocesis, salutem [*etc.*]. Vacante decanatu ecclesie nostre Ebor' per mortem domini Willelmi de Colby ultimi decani ejusdem, vos in officialem et specialis jurisdiccionis ejusdem custodem preficimus et constituimus per presentes, dantes et concedentes vobis plenam potestatem per totum decanatum et in eo jurisdiccioneque predicta capitula tenendi et celebrandi ipso decanatu vacante, necnon de quibuscumque criminibus defectibus et excessibus inquirendi eosdemque et ea corrigendi reformandi et puniendi, ac etiam in hiis que cause requirunt cognicionem cognoscendi procedendi statuendi diffiniendi et exequendi, ac omnia alia et singula faciendi et expediendi que in hac parte de jure et consuetudine requiruntur, vobis vices nostras committimus cum cohercionis canonice potestate, mandantes quatinus nos de omnibus hiis que feceritis in premissis reddatis plenius et debite cerciores per litteras vestras patentes harum seriem continentes. Valete. [Bishopthorpe, 10 Nov. 1336.]

481 Mandate to chapter of York for M. William de Exonia, D.D., M.A., D.M.,[891] papally collated[892] to prebend of Riccall (*Rikh'*), vacant by death at Curia, so it was said, of Peter [de Mortemart], cardinal priest of St Stephen in Celiomonte. Archbishop had admitted[893] William pursuant to process of M. Henry de Shipton, treasurer of church of Hereford (*Hereforden'*), an executor of his papal grace. Bishopthorpe, 9 Dec. 1336.

482 [*Charter granting two messuages and a croft to vicars of Southwell for their residence.*]
CARTA DOMORUM PRO COHABITACIONE VICARIORUM ECCLESIE BEATE MARIE SUWELL'. Sciant presentes et futuri quod nos Willelmus de Melton permissione divina Ebor' archiepiscopus Anglie primas, dedimus concessimus et hac presenti carta nostra confirmavimus dominis Roberto Gervays Sampsoni de Oxton Johanni Godewyn Henrico le Mye Ricardo Parker Rogero de Westhorp Willelmo de Eton Radulpho de Gibbesmere Ade de Neuton Ricardo de Birton Roberto de Someresby Willelmo Ryvelyng' Willelmo de Hokerton Johanni Alvyne Ricardo de Hokerton et Ricardo de Normanton vicariis ecclesie nostre collegiate beate Marie Suwell' et successoribus suis vicariis ecclesie ejusdem,

[889] Registered by making interlineations to **477**.
[890] On top right-hand part of folio in later, large hand: *Notatur.*
[891] King's clerk by 1330; physician of Queen Philippa in 1336. See *BRUO*, I. 659–60.
[892] By Benedict XII on 7 Aug. 1336, at request of Queen Philippa (*CPL*, II. 534).
[893] One saving clause only.

duo mesuagia in villa de Suthwell simul jacencia in Prestgat' inter mansum
prebende de Southmuskham ex parte occidentali et mansum domini Willelmi
de Erleshagh capellani ex parte orientali; et unum croftum jacens inter mansum
prebende de Normanton ex parte occidentali et croftum Hugonis de Beauveyre
ex parte orientali, ad quoddam mansum pro mora et cohabitacione dictorum
vicariorum ibidem faciendum imperpetuum. Que quidem mesuagia cum dicto
crofto habuimus ex dono et feoffamento dominorum Roberti Gervays Samp-
sonis de Oxton Henrici le Mye Rogeri de Westhorp Ade de Neuton Radulphi de
Gibbesmere et Roberti de Somersby tenenda et habenda predicta mesuagia et
croftum de capitalibus dominis feodi illius predictis vicariis et successoribus suis
in liberam puram et perpetuam elemosinam pro ipsorum mora et cohabitacione
ut supradictum est imperpetuum. In cujus rei testimonium sigillum nostrum
presentibus est appensum. Hiis testibus: magistris Thoma de Nevill, Ada[894] de
Haselbech, Johanne de Barneby, clericis nostris; Johanne de Waynflet', Simone
de Hundon, Henrico Austyn, Roberto Maundevill, et aliis.[895] [17 Feb. 1337.]

483   Commission to M. William de Cotum and M. William de Jafford, dean of
Christianity of York, jointly and severally, to admit, institute, induct, and install
Nicholas de Hugate, clerk, or his proctor, to prebend of Howden in church of
Howden, vacant by death of M. Ralph de Horncastr';[896] patrons, prior and
convent of Durham. Inquisition held on archbishop's orders by commissary of
keeper of spiritualities of church of Howden was attached. Action to be notified
in letters patent. Cawood, 29 March 1337.

484   Commission to Robert de Valoigns and John Giffard, canons of York,
jointly and severally, to confer on William de Kildesby (*Kyldesby*)[897] any York
prebend then vacant or becoming vacant within next 15 days, provided it was
not owed to anyone by a papal grace, and saving always rights of any others; and
to order dean and chapter to do their part for William. Bishopthorpe,
14 April 1337.

485   Note of same commission to M. William la Zouche, dean of York. Place
and date above.

486   [*Second mandate for correction of vicar of Laughton en le Morthen and Alice de
Brompton.*]
[Fo.116v; N.F. 145v][898] LITTERA DIRECTA DECANO EBOR' AD CORRIGENDUM
VICARIUM DE LAGHTON SUPER CRIMINE ADULTERII. Willelmus etc. dilecto filio

[894] MS *Adam.*
[895] See **489** for power of attorney to convey seisin.
[896] Provided with expectative grace, 16 Sept. 1329 (*CPL*, II. 300).
[897] On 6 April 1337, Kildesby, then *receiver of Chamber, had two royal grants of
prebend of Wilton, by reason of vacancy of see in reigns of Edward I or Edward II
(*Chapters*, VI. 55; *CPR 1334–8*, pp.413, 424). However, Francis Orsini was provided, 1
July 1335, and seems to have received its revenues (*CPL*, II. 518; *Accounts rendered by Papal
Collectors*, p.50). William may not have gained possession: he received another royal grant,
22 April 1340, but so did Orsini on 14 Oct. 1340 (*CPR 1338–40*, p.461; *CPR 1340–3*,
p.116). See *Reg. Greenfield*, I. pp.303–4.
[898] On top left-hand part of folio in later, large hand: *Notatur.*

decano ecclesie nostre[899] beati Petri Ebor' ac prebendario prebende de Lagton in Morthing',[900] salutem [*etc.*]. Licet nuper vobis dedimus in mandatis quod dominum Jacobum perpetuum vicarium ecclesie vestre prebendalis de Laghton cum Alicia uxore Willelmi de Brompton super crimine adulterii inter eos ut dicitur commisso diffamatum corrigere curassetis, vos tamen nullum hactenus inde fecistis prout se habet relacio fidedigna in grande periculum anime vestre animarumque suarum et Christi fidelium perniciosum exemplum. Quocirca vobis mandamus firmiter injungentes quatinus dictos vicarium et Aliciam citra festum ascensionis domini proximo futurum [29 May 1337] canonice corrigatis justicie complementum in hac parte facientes, alioquin in vestri defectum extunc tandem excessus correccionem prout ex officii nostri pastoralis debito astringimur dante domino canonice exequemur et cum effectu ipsius adjutorio corrigemus. Et quod in premissis feceritis ac de modo et forma correccionis vestre hujusmodi impendende nos citra dictum diem reddere curetis debite cerciores per litteras vestras patentes harum seriem continentes. Valete. [Malton, 1 May 1337.]

487 Note of letters informing sequestrator in archdeaconry of East Riding, and other interested parties, that with consent of prior and convent of Drax, archbishop had relaxed sequestration on goods of W[illiam] de Colby, [late] dean of York, with respect to his debt of 40s. to prior and convent. 30 July 1337.

488 Commission to M. John de Wodehous', commissary general of official of court of York, to confer upon M. William de la Mare any Beverley prebend then vacant or becoming vacant within a month of date of commission,[901] [with provisos in **484**]; to order chapter to do their part for William; and to expedite all else required. Cawood, 7 Aug. 1337.

489 [*Letter of attorney to convey seisin of properties in* **482** *to vicars of Southwell.*] LITTERA ATTORNATI PRO SEISINA RECIPIENDA IN DOMIBUS VICARIIS SUWELL'. Pateat universis per presentes quod nos Willelmus de Melton permissione divina Ebor' archiepiscopus Anglie primas, attornavimus et loco nostro posuimus dilectum nobis in Christo Walterum de Fery ad liberandum seysinam duorum mesuagiorum simul jacencium in Prestgat et unius crofty in Suwell que habuimus ex dono et feofamento septem vicariorum ecclesie Suwell', sicut plenius patet in carta nobis inde confecta [**482**], vicariis ejusdem ecclesie vel aliquibus seu alicui eorum qui nomine omnium vicariorum dicte ecclesie et ad opus eorundem seysinam admittere voluerint seu voluerit. Ratum et gratum habituri quicquid super premissis duxerit faciendum. In cujus rei testimonium sigillum nostrum presentibus est appensum. [Cawood, 14 Sept. 1337.]

490 COMMISSIO IN NEGOCIO PROVISIONIS RICARDI FRENDE DE UPTON. Note of commission to abbot of Rufford (*Rughford*) and prior of Thurgarton, jointly and severally, to provide Richard Frende of Upton, a poor priest of diocese of York, to a benefice in gift of chapter of Southwell, and to induct him. 23 Sept. 1337.

---

[899] Interlined.
[900] For Dean la Zouche's provision to this prebend see **A56**.
[901] No prebend became vacant then. For William's promotion as provost of Beverley see **497**.

491 [*Mandate to pay remaining revenues of prebend of Oxton Prima to Philip de Daventre whose title had been vindicated by litigation at Curia against James de Signa and John de Houton.*]
RELAXACIO SEQUESTRI INTERPOSITI IN PREBENDA DE CROPHILL IN ECCLESIA SUWELL' AUCTORITATE APOSTOLICA. Willelmus etc. dilecto filio magistro Willelmo de Hundon rectori ecclesie de Kercolston nostre diocesis, salutem [*etc.*]. Cum dudum prebendam de Oxton et Crophill in ecclesia nostra collegiata Suwell', quam dominus Robertus de Notingh' olim obtinuit virtute litterarum apostolicarum in forma constitucionis *Ad compescendas* ad instanciam domini Phillippi de Daventre[902] canonici ejusdem ecclesie nostre et nunc prebendarii prebende predicte, sequestraverimus et per te sequestrari mandaverimus exhibiturum id quod de ipsius prebende fructibus debitis ejus supportatis oneribus superesse contigerit illi qui finalem in causa victoriam optineret; constetque nobis dictum dominum Phillippum, tam contra Jacobum Francisci de Signa[903] quam dominum Johannem de Houton[904] qui se pro canonicis dicte ecclesie gesserunt et pro prebendariis prebende memorate, tam per litteras apostolicas quam processus super eis subsecutos finalem in causa contra utrumque videlicet Jacobum et Johannem in curia Romana victoriam optinere; tibi mandamus quatinus id quod de ipsius prebende fructibus debitis ejus supportatis oneribus superesse contigerit dicto domino Phillippo tamquam finalem in dicta causa victoriam optinenti visis presentibus restituere sategas indilate. Vale. [Cawood, 27 Sept. 1337.]

492 Ordination, in public form [continued in **495**], of a chantry in church of Pickering[905] inspecting:
[1] Letters patent of Edward III[906] giving licence for alienation in mortmain by William Bruys of Pickering (*Pyker'*), of five messuages, one toft and four bovates of land, and 9s. of rent in Pickering, Middleton (*Midelton*), and Kingthorpe (*Kynthorp*), to a chaplain celebrating daily in church of Pickering for souls of William and his ancestors; M. William de Pyker'; M. Robert de Pyker'; and all faithful departed. York, 4 July 1334.[907]

493 [Fo.117; N.F. 146] INDUCCIO SUCCENTORIS ECCLESIE EBOR' EX CAUSA PERMUTACIONIS. Mandate to dean and chapter of York, on certificate of Robert, bishop of [Salisbury], for induction and installation of Robert de Sprottele,[908] chaplain, or his proctor in his name, as succentor of York, patron, the archbishop; on exchange for church of East Ilsley (*Esthildesley*). Cawood, 11 April 1338.

494 Note that Robert de Sprottele swore obedience to archbishop in person of Thomas de Harpham,[909] his proctor. Place and date above.

---

[902] For his prior provision see **267** and n.
[903] In 1330, he had tried unsuccessfully to establish title to prebend of Eaton (**338** and nn).
[904] For his later provision see **279**. He was in possession in Jan. 1334 (**473**).
[905] Pickering was a peculiar of dean of York.
[906] *CPR 1330–4*, p.557.
[907] Indented line along foot of entry leads up fo.117 to **495** where ordination continues.
[908] A Chancery clerk (*CCR 1337–9*, p.447).
[909] Occurs as an advocate of court of York in 1339 (Denton and Dooley, *Representatives of Lower Clergy in Parliament 1295–1340*, p.121).

495 PICKERINGE CANTARIA.[910] [Continuation of **492** inspecting]:

[2] Indented charter of Thomas [de Multon], abbot of St Mary's, York, and of his convent, giving licence to William de Bruys, knight, his heirs and assignees, to grant a messuage and two bovates of land held of their fee in Middleton (*Midelton juxta Pyker'*) and its district, to a chaplain celebrating daily in St Peter's church, Pickering, for ever, for souls of M. William and M. Robert de Pyker';[911] Adam de Bruys and Maud, his wife; aforesaid William Bruys, and Maud, his wife, his ancestors, heirs and kinsfolk; and for faithful departed; and rendering [due and accustomed services] to abbey. One part of indenture was sealed with common seal of abbey, to remain with William; the other with William's seal, to remain with abbey. Witnesses: Ralph de Hasting', William Playce, and John de Moryn, knights; John de Kernotby and Robert de Malton. Abbey chapter house, 27 Dec. 1337.

[3] Letters patent of earl of Lancaster, licensing the grant of lands and rents in Middleton and Kingthorpe: Henry de Lancastr', sei[gnur] de Kedwelly, a touz yceaux qe ceste lettre verront ou orront, saluz en dieu. Sachiez nous avoir graunte et[912] done conge tant com[me] en nous est a monsieur William de Bruys qen lonur de dieu et seinte eglise il puisse aproprier en pure et perpetuel almoigne treis mesuages, un toft', quatre bovez de terre en la ville de Midelton, et deux mesuages en la ville de Pyker', et cynk' souldz de rent en la dite ville et quatre soldez et sis darrez de rent' en la ville de Kynthorp a avoir et tenir les avantditz mesuages, bovez de terre et rentes al avantdit' perpetuel almoigne des chiefs seignurs de mesme le fee par les services des yceux dews et accustomez sanz contredit de nous ou de nous[913] heirs as touz iours. En tesmoignance de queu chose nous avoms fait faire cestes noz lettres overtes enseales de nostre seal. Don' a Donstaynburgh le xiii iour de maii, lan du regne[914] nostre seignur le Roi Edward tierce puis le conquest' disne [1336].

[4] Deed of Walter de Harpham, rector of Middleton, giving licence to William de Bruys, knight, his heirs and assignees, to grant a messuage and a bovate of land in Middleton and district to a chaplain celebrating daily [as in (2)], and rendering due and accustomed services to Walter and his successors. Sealed with his seal. Witnesses: Ralph Hasting', Walter Persay, William Persay, knights; John de Dalton, John de Pyk', and many others. Pickering, 30 Sept. 1337.

[5] Chirograph of John de Clyfton giving licence to William de Bruys, knight, his heirs and assignees, to grant all the lands and tenements held of him in Middleton and district to a chaplain celebrating daily [as in (2)] and rendering due and accustomed services to John and his heirs. Sealed, and parts retained, [*mutatis mutandis* as in (2)]. Witnesses: [as in (4) but reading Percehay for Persay]. York, 28 Dec. 1337.

[6] Tripartite charter of William Bruys, knight, confirming endowment he had granted to Richard de Barton, chaplain and his successors, as chaplains of William's chantry, founded in honour of God, St Mary, and all the saints, in

---

[910] Written in italic hand.
[911] William and Robert were sons of Adam de Bruys (*BRUO*, III. 1432, 1533).
[912] Interlined.
[913] Changed from *noz*.
[914] Interlined.

Pickering church, to pray daily for his soul and that of Maud, his wife; for the souls of Adam and Maud, his parents; M. William and M. Robert de Pyker'; his ancestors, heirs, uncles, and aunts; Sir William de Bergh and Sir Alexander de Bergh, [knight]; and all the faithful departed.

Total endowment: four messuages, a toft, four bovates of land, and annual rents of 13s.7d. In Middleton: three messuages, one toft, and four bovates of land. Annual rents there from William's free tenants with their services and fealty: 6d. from a messuage held by prioress of Rosedale (*Rossedal'*); 1d. from a messuage held by Nicholas de Briniston; 6d. from toft held by Roger de Midelton. In Pickering: one messuage, and following rents: 3s. from a messuage held by John Todde; 3s. from a messuage held by Laurence de Neuton, chaplain; and 2s. from a messuage held by Thomas de Saldham. And rent of 4s. 6d. from a messuage and one bovate of land in Kingthorpe held by Roger de Alverstan. Richard de Barton, and his successors as chaplains, were to hold [Fo.117v; N.F. 146v] of chief lords of the fee, rendering all due and customary services and charges in place of William and his heirs. They might enter upon all aforesaid lands and tenements into whosoever's hands they might come, and distrain for arrears of rent until all was paid.

Richard[915] and his successors, whilst in good health, must say daily matins, vespers, and all other offices in church of Pickering; also office of dead every day for soul of William and others aforesaid, except that on Saturdays they must say a Lady Mass, and on Sundays and double feasts, the Mass of the day, and also *Placebo* and *Dirige* each day for souls aforesaid, except if prevented by reasonable cause. If sick or otherwise hindered, they must find another chaplain to take these services. If Richard or his successors should become disqualified, unsuitable, or unworthy to perform these services, and this were legitimately proved, they were to be deprived by William or his heirs, notwithstanding any protest; or in their default, by the dean and chapter of York. Within 20 days of the departure, death, deprivation, or preferment of a chaplain, William shall appoint another suitable priest, confer aforesaid tenements and rents upon him, and present him to dean and chapter for institution, to hold for life on terms above. If William's heirs neglected or wickedly refused to appoint, and to confer the tenements and rents, or delayed doing so beyond 20 days, dean and chapter should, within a further 20 days, choose and institute a suitable priest to the chantry and its tenements and rents, to hold for life, or as long as he lived worthily; saving the right of William and his heirs to choose a priest and confer endowments at next and subsequent vacancies. If William's line died out, dean and chapter should appoint and confer endowments on every occasion, as above, unless a legitimate heir should appear later. Immediately after institution, Richard and his successors must swear on the gospels to maintain all the [chantry] ornaments handed over to them by indenture, and to observe all the contents of this charter all their lives, saving always the rights of the mother church of Pickering. [Warranty clause follows.] Sealed with seals of William, Richard, and dean and chapter: one part to remain with Richard and his successors; the second with William and his heirs; and the third with dean and

[915] From here, charter follows, *mutatis mutandis*, and almost verbatim, regulations ordained for Stillingfleet chantry in 1336, though with some omissions. See *Reg. Melton*, II. 175–8, no.472.

chapter. Witnesses: Ralph de Hasting', William Playce, Walter Percehaye, John Moryn, knights; Thomas Brette, Richard de Setrington, Robert Playce, and others. York, 23 Jan. 1338.

Archbishop approved all these things and ordered them to be observed in perpetuity, and confirmed and ratified them, saving always the rights, jurisdiction, estate, privilege, liberty, and dignity of the archbishops, and of the church of York. Sealed with archbishop's seal, and written and marked with notarial sign of William, son of John de Wrelleton, clerk of diocese of York. Cawood, 30 Jan. 1338.

Abbreviated subscription follows.

496 Commission to M. Thomas Sampson, D.C.L., canon of York, to confer on M. William de Carleton, clerk, a canonry in chapel of St Mary & Holy Angels, York, and the next vacant prebend he should accept,[916] saving apostolic authority and the right of any other; with power to induct. Cawood, 7 May 1338.

497 [Fo.118; N.F. 147][917] Letter collating M. William de la Mare, canon of York and archbishop's kinsman, to provostry of Beverley, vacant by death of Nicholas de Hugat,[918] in person of M. Gilbert de Alberwik. Cawood, 24 June 1338.

498 Mandate to M. J de Burton, archbishop's sequestrator at Beverley, until further notice to sequestrate, and keep fast, at his peril, revenues of provostry of Beverley, and all goods of late Nicholas de Hugate, last provost. Cawood, 24 June 1338.

499 Mandate to chapter of Beverley to induct M. William de la Mare [as in **497**], to provostry of Beverley, and have its revenues paid to him in full. Cawood, 24 June 1338.

500 Mandate[919] to dean and chapter of York for M. Hugh de Wylughby, on whom, in person of M. John Martel de Chilewell, clerk, his proctor, M. Richard de Chilewell, M.A., rector of Tunworth (*Tuneworth*), diocese of Winchester, as sub-executor of a provision,[920] had conferred prebend of Barnby, vacant by death of Nicholas de Hugat'. Archbishop had admitted Hugh in person of his proctor. Cawood, 3 July 1338.

501 Certificate of Simon de Islep,[921] canon of Lincoln and vicar general of Henry, bishop of Lincoln, pursuant to archbishop's commission, dated Cawood, 16 June 1338, rehearsed, showing that he had expedited exchange between M. Thomas de Asshele, [B.Cn.L.], prebendary of Woodborough in Southwell, and rector of St Mary Stoke, Ipswich (*Stoke juxta Gipwicum*), diocese of Norwich

---

[916] William died as prebendary in 1361 (YMA: L2 (4), fo.31v).
[917] Above caption in very small, later hand: *hic*.
[918] Died 23 June 1338 (*MB*, II. 120).
[919] Above caption in very small, later hand: *hic*.
[920] See **459**.
[921] See *BRUO*, II. 1006–8.

(*Norwic'*), and Robert de Edenestowe, rector of Bringhurst (*Bringhirst'*), diocese of Lincoln. As requested, Edenestowe's induction had been reserved to archbishop. Sealed with bishop of Lincoln's seal, used, by his mandate, in office of vicar general. Lincoln, 28 June 1338.

502 Note of letters to [Robert de Edenestowe], containing tenors of letters to him from M. Simon [de Islep] and chapter of Southwell, confirming and ratifying his admission and installation [as prebendary of Woodborough in Southwell], 'jure jurisdiccione etc., in omnibus semper salvis'. Bishopthorpe, 23 July 1338.[922]

503 [Fo.118v; N.F. 147v] OBEDIENCIA MAGISTRI WILLELMI[923] LA ZOUCH DECANI[924] ECCLESIE EBOR' Notarial instrument giving general notification that on 29 June 1338, in chapel of archbishop's palace in York, M. William la Zouche, dean of York, came personally before archbishop and [conditionally] swore fealty and obedience thus: Ego Willelmus decanus ecclesie beati Petri Ebor' ero fidelis et obediens vobis patri et successoribus vestris canonice intrantibus in canonicis mandatis. Sic me deus adjuvet et hec sancta dei evangelia. Et si hujusmodi juramentum non fore prestandum per dominum papam contigerit declari pro non prestito habeatur, alioquin in suo robore perseveret et prestetur pacifice in futurum.[925] Archbishop and dean and chapter were to write to pope about the oath.[926] Present: M. Robert de Nassington, precentor; M. William de Alberwyk', chancellor; M. Thomas Sampson, Richard de Havering', and Robert de Valoingnes, canons of York; M. Thomas de Nevill, D.C.L., and M. Adam de Haselbech, canon of Howden, archbishop's household clerks; Richard de Snoweshull, Eustace Mundesdire, and William de Wrelton, notaries; and a great many other clerks and laymen.

Attested by John, son of Thomas de Barneby super Done, archbishop's scribe. Et ego Willelmus Johannis de Wrelleton clericus Ebor' diocesis publicus auctoritate apostolica et imperiali notarius omnibus et singulis dum sic ut premittitur una cum notariis et testibus suprascriptis presens interfui eaque sic fieri vidi et audivi, ac me in testem subscripsi meoque signo[927] et nomine consuetis signavi de mandato dicti patris archiepiscopi Ebor' in testimonium premissorum.

504 [Fo.119; N.F. 148] Mandate to chapter of Beverley for William, son of Geoffrey de Scrope (*le Scrope*), clerk of diocese of York,[928] admitted[929] as canon by

---

[922] Rest of folio blank.
[923] Interlined.
[924] William had been elected dean on 12 Nov. 1336 (John Le Neve, *Fasti Ecclesiae Anglicanae*, ed. T.D. Hardy, 3 vols (Oxford, 1854), III. 123). (Date of Zouche's election is not given by authority cited in *Fasti*, VI. 6.)
[925] Form of oath not yet fixed (**372** and n).
[926] Melton apparently wanted dean to swear obedience for himself and also for whole chapter ('Dispute', p.116). His views seem not to have received papal support for, in 1366, the then dean's proctor swore obedience only on his master's behalf (BI: Reg. Thoresby, fo.64).
[927] Both signs drawn in register: reproduced in Purvis, *Notarial Signs*, p.18.
[928] Then clerk of king and Queen Philippa (*CPL*, II. 540).
[929] Saving clauses omitted.

archbishop pursuant to executorial letters[930] of Adam, bishop of Winchester, sole executor. Cawood, 31 Aug. 1338.

505 Commission to Robert, bishop of Salisbury, to expedite an exchange between M. Gilbert de Bruera, prebendary of Dunnington in York, patron, the archbishop, and of Ryton (*Ruyton*) in Lichfield; and John de Sancto Paulo, prebendary of prebendal church of Edington (*Edyngdon*) in collegiate church of Romsey (*Romeseye*).[931] Archbishop reserved to himself power of ordering John's induction and receiving his oath of obedience. Cawood, 23 Oct. 1338.

506 Letter instituting M. Richard de Baldok', chaplain, to church of Stanford, diocese of Lincoln, patrons, abbot and convent of Selby; by exchange with M. Thomas de la Mare for prebend of Weighton in York; on commission of M. Simon de Islep, canon of Lincoln [*etc.*, as in **501**], sealed [as in **501**] and dated Peterborough (*Burg' sancti Petri*), 13 Oct. 1338, rehearsed, reserving to himself or bishop of Lincoln the induction of Richard and his oath of obedience, having previously ordered inquiry by official of archdeacon of Northampton. Archbishop had instituted Richard in person of M. John de Erdelay. Cawood, 23 Oct. 1338.

507 Letter collating and instituting M. Thomas de la Mare, clerk, to prebend of Weighton in York, by exchange for church of Stanford. Cawood, 23 Oct. 1338.

508 Partly marginal note of mandate to dean and chapter of York to do their part for M. Thomas [de la Mare]. Sealed with pendent seal on orders of archbishop, contrary to usual method. Place and date above.

509 Certificate pursuant to commission of M. Simon de Islep, showing that archbishop had expedited exchange [at **506**], and admitted and instituted M. Richard [de Baldok'] to the church of Stanford, after an inquiry by official of archdeacon of Northampton (*North'*), forwarded to him, had found in favour of presentee and patrons. Sealed with archbishop's seal. Cawood, 23 Oct. 1338.

510 [Fo.119v.; N.F. 148v] Letter, sealed with archbishop's seal, collating M. William de la Mare, chaplain, to prebend of Ulleskelf in York, vacant by death of M. Richard de Erium (*Eriom*); with mandate to dean and chapter to do their part. Bishopthorpe, 1 Nov. 1338.

511 Letter collating Thomas de Ripplingham, chaplain, to prebend of Eaton in Southwell by exchange, which also included church of Huggate; with William de Feriby for church of Brompton in Pickering (*Brumpton in Pikeringlith*);[932] with mandate to chapter of Southwell for installation of Thomas, who was archbishop's kinsman. Cawood, 14 Dec. 1338.

---

[930] By virtue of mandate, dated 8 May 1337, granted at request of king and queen, for an expectative grace (*CPL*, II. 540). William does not seem to have gained a Beverley prebend.
[931] i.e. Romsey Abbey. John was a Chancery clerk and a sometime keeper of Great Seal. See *BRUO*, III. 1629–30, which omits this exchange and postdates his petition for Edington.
[932] *Reg. Melton*, II. 184, no.500.

512 Letter collating Robert de Kildesby,[933] chaplain, in person of his proctor, to prebend of Halloughton (*Halughton*) in Southwell by exchange with Terricus (*Terricy*) de Capella[934] for chapel of Swineshead (*Swyneshened, Swynestede*), diocese of Lincoln; with mandate to chapter of Southwell for installation. Cawood, 8 Jan. 1339.

513 Letter collating and instituting Nicholas de Etton, chaplain, as succentor of York [Minster] by exchange with Robert de Sprotteley for church of Leven. Cawood, 1 June 1339.

514 Memoranda that letters patent [sealed] on dorse (*indorsatam*) and dated [as in **513**], containing mandate to dean and chapter of York, in customary form, for induction and installation of Nicholas [de Etton] as succentor, were revoked, and others, sealed with archbishop's pendent seal, were issued next day in this form: Willelmus etc. decano et capitulo ecclesie nostre beati Petri Ebor', salutem etc. Quia domino Nicholao de Eton succentoriam in ecclesia nostra Ebor' predicta per resignacionem domini Roberti de Sprotley ultimi succentoris ejusdem ex causa permutacionis facte cum ecclesia de Leven quam ipse primitus optinebat vacantem et ad nostram collacionem spectantem contulimus intuitu caritatis cum suis juribus et pertinenciis universis, vobis mandamus quatinus in premissis et ea contingentibus circa dictum dominum Nicholaum vel procuratorem suum ejus nomine ulterius exequamini quod est vestrum. Valete. [Cawood, 2 June 1339.]

515 [*Archbishop confirms sentence augmenting stipends of vicars of Ripon by 40s. each, together with offerings, dismissing an appeal by chapter and prebendaries.*]
[Fo.120; N.F. 149] AUGMENTACIO PORCIONUM VICARIORUM ECCLESIE RIPON'. Archbishop had heard and fully considered an appeal [by chapter and named prebendaries of Ripon] from definitive sentence of official of court of York and his commissary general about the augmentation of portions of the vicarages of Ripon:
[**Official's preamble and Citation of Documents**] Archbishop Thomas [Corbridge] had ordered each canon of Ripon to keep in perpetuity a perpetual vicar to exercise cure of souls of his prebendal parishioners, and take part in divine service in mother church of Ripon, for which they were each to receive a stipend of six marks a year, payable by prebendaries.[935] These stipends were later paid from the Common Fund as ordered in a statute of Archbishop Melton,[936] who in his visitations and by common report found them insufficient.
[i] Petition of college or society of perpetual vicars of Ripon requesting Archbishop Melton to increase their inadequate portions from the revenues of the rich benefices which they served. Firstly, because each had cure of souls in the prebendal parish and lands of his master. Some places where they were very

---

[933] King's clerk and probably *clerk of Spicery (*CPR 1334–8*, p.554; *Chapters*, IV. 108).
[934] Occurs as prebendary in 1337, and probably succeeded Lambert de Threckingham, latterly *baron of Exchequer, who was still in possession in 1331 (*CPR 1334–8*, p.487; *Edward II*, p.307; *CPR 1330–4*, p.485).
[935] *MR*, II. 44.
[936] **354**.

frequently obliged to visit sick and exercise their ministry were nine miles from Ripon, which they travelled alone (*solivagi*) like serfs (*ut famuli*), because their portions would not suffice to maintain and hire horses or servants. Secondly, besides the cure of souls, they were bound by a Ripon ordinance to be personally present at each service in the choir of church of Ripon, and since both these daily activities clashed (*concurrente*), they hired assistants, which left them with nothing, or not enough to live on. Even without any deduction, their stipends were not sufficient in the event of serious illness or old age, since that same ordinance then required them to engage a suitable substitute for the choir and the cure. Nor would they suffice in time of dearth.

[ii] Archbishop's commission appointing official of court of York; M. John de Crakhale, canon of Ripon;[937] and John de Barneby, rector of Barnby upon Don, jointly and severally, to take cognisance and proceed, order, determine, and expedite all things necessary to augment prebendal vicarages of Ripon from prebendal revenues, so that vicars could be adequately maintained and meet their obligations. According to comperta at archbishop's last and previous visitations,[938] the vicarages were too poor. Cawood, 12 Jan. 1338.

[iii] Archbishop's commission appointing official of court of York; his commissary general; and M. John de Crakhale and M. John de Barneby, jointly and severally, to take cognisance and proceed against chapter and canons of Ripon in the business of augmenting portions of vicars of Ripon, on whose account archbishop was proceeding against them *ex officio*; to join their proceedings to their [previous] acts, and those of archbishop, and of any other of his commissaries in this matter; [Fo.120v; N.F. 149v] and to order, determine, and expedite the business. Action to be certified in letters patent with record of process annexed. Cawood, 28 Feb. 1338.

[**Proceedings before official and other commissary**] Having been cited by archbishop, the chapter came first by Richard de Assheton, clerk, and later by John Lacer, its proctors. The prebendaries came personally or by proctor: M. Richard de Cestr', first personally, and afterwards by John Lacer; M. Alan de Connesburgh, first personally, and afterwards by William de Fratribus; M. Robert de Baldok', first by John de Bollyng', junior, and later by John de Beverlaco; M. Thomas de Freskeneye, first by Adam de Bondegate, chaplain, and later by M. William de Langeton, clerk; William de Cusancia by Alan de Rypon, chaplain; and John le Smale, first by Richard de Assheton, clerk, and later by John Lacer. The chapter's proctor took the oath of calumny upon certain articles (*capitulis*), and refused it upon others. Judicial interrogatories were put *ex officio* to canons and chapter. Following their answers, witnesses on behalf of the office and on behalf of the chapter and canons were produced, sworn, and examined, and their statements published; and certain instruments exhibited on behalf of chapter and canons. Terms were appointed to speak against the witnesses and their sayings and to propound and introduce all acts. Later, when the business had been legitimately concluded, a term was assigned to hear sentence.

[**Definitive sentence of official and other commissary published 4 July 1338**] Having found that vicars' portions were inadequate and prebendal

[937] Then or later prebendary of Stanwick.
[938] Last recorded visitation had been in 1333 (**388**).

revenues very great, and having invoked the grace of the Holy Spirit,[939] the official of court of York and his commissary general, acting as special commissaries, pronounced that as well as the portion contained in aforesaid ordinances, all vicars and their successors should for ever receive 40s. a year from revenues of prebends they served, in four equal payments, at times and under penalties specified in Archbishop Thomas [Corbridge's] ordinance.[940] In addition, gifts of the faithful were also reserved to them. Prebendaries were condemned in persons of their proctors, and the proctors in the name of their masters to make these annual payments in perpetuity. Whenever a vicar was away from Ripon ministering the sacraments, or absent for any cause, or temporarily or permanently hindered so that he could not return in time or was unable to attend canonical hours in church of Ripon, he must provide, at his own expense, a suitable priest-substitute to minister there in divine service. No deacon or subdeacon should take upon himself anything appertaining to office of a priest in singing psalms, saying the hours, and celebrating divine offices in the choir, especially in Lent when this was said to happen frequently. If all vicars were absent from the choir hearing confessions or for other legitimate reasons, the hebdomadary vicar must choose a suitable priest in his place to celebrate and perform [what in] divine service pertained to a priest. Vicars and ministers should be compelled to observe all this faithfully by sanctions and procedures contained in Archbishop [Corbridge's] ordinance. The chapter and canons who had opposed [any increase] were condemned in costs, reserved to the archbishop as committent, or to them as his commissaries if, and so far as by law they were owed.

[**Appeal proceedings before Archbishop**] John Lacer appeared before archbishop as proctor of chapter of Ripon and of [four below-named] prebendaries;[941] and John de Haddon as proctor of aforesaid commissaries. Lacer presented following libel to Haddon.

Libel propounded by proctor of chapter of Ripon, and of M. Richard de Cestr', M. Alan de Connesburgh, John le Smale, and William de Cusancia, prebendaries of Ripon, before Archbishop Melton or one or more of his commissaries, against M. John de Aton, official of court of York, and M. John de Wodehous, rector of Sutton on Derwent, [his commissary general], the archbishop's special commissaries in cause concerning the augmentation of portions of vicarages of Ripon, and against any promoter of archbishop's office in this matter, and anyone lawfully appearing before archbishop on their behalf in court. The special commissaries [Fo.121; N.F. 150] proceeding *ex officio* at suit of vicars of Ripon, had wrongly without reasonable and just cause, and against justice, definitively decreed that the portions of vicarages, very well known to be quite sufficient, be augmented by an excessive sum from revenues of each prebend; and unjustly condemned chapter and canons in costs. From his commissaries' unjust actions, appeal had been and was made to archbishop on behalf of, and by the party of chapter and canons.

Having proved what must be proved by law, Lacer petitioned archbishop to declare that his commissaries had acted wrongly and unjustly, and that the

---

[939] In margin in later hand: *nota*.
[940] Terms: 1 Jan.; 1 April; 1 July; and 1 Oct. (*MR*, II. 45).
[941] Smale and Cusancia here called *Magistri*.

appeal of the chapter and canons was good and legitimate, and that everything attempted after[942] or contrary to said appeal be revoked and cancelled.

The suit was contested negatively. Each proctor took oath of calumny on behalf of their masters, and the party of appellants set forth certain alleged injustices in the commissaries' sentence. A term was given to propound and introduce all acts. On that day, party of appellants exhibited certain propositions containing allegations relating to law and fact, on account of which it was claimed that the augmentation of vicarage portions ought not to have been made. In so far as these consisted in fact, they were later rejected after lengthy discussions. The cause was concluded, and a term appointed for parties to hear sentence.

[**Archbishop's sentence published and delivered at Cawood, 1 Dec. 1338**] On that day, chapter and canons were contumaciously absent, their absence being made good from that time. The archbishop, having invoked the name of God and after discussion with those learned in the law, dismissed the appeal, and confirmed his commissaries' sentence, and ordered the presents to be sealed with his seal.[943]

516 Letter collating William de Feriby,[944] chaplain, to prebend of Sharow in Ripon, by exchange with M. Alan de Conyngesburgh for prebend of Ruscombe Southbury (*Roscomp*) in Salisbury cathedral. Alan had resigned in person of John de Chaddesden, clerk, his proctor, and archbishop had invested William by his gloves. Bishopthorpe, 20 July 1339.

517 Letter collating M. Alan de Conyngesburgh, D.C.L., to prebend of Ruscombe Southbury in Salisbury cathedral, patron, bishop of Salisbury; by exchange for prebend of Sharow (*Sharrohowe*) [as above], on commission of Robert, bishop of Salisbury, dated Lambeth (*Lamhith*), 12 July 1339, rehearsed, reserving power to bishop or those to whom it belonged to order Alan's induction and installation, and receive his oath of obedience. Archbishop had collated Alan in person of John de Chaddesden, whom he had invested by his gloves. Bishopthorpe, 20 July 1339.

518 Note of customary mandate to chapter of Ripon to do their part for William [de Feriby]. Place and date above.

519 [Fo.121v; N.F. 150v] Certificate pursuant to commission of Robert, bishop of Salisbury showing that archbishop had expedited exchange of prebends of Ruscombe Southbury and Sharow (*Sharrehowe*) [as in **517**]. Sealed with archbishop's seal. Bishopthorpe, 20 July 1339.

520 Certificate pursuant to commission of John de Wodeford (*Wodeforde*), dean of king's free chapel of St Martin le Grand, London, dated Castle

---

[942] Original appeal mentioned in libel should have been made within ten days of commissaries' definitive sentence given 4 July 1338. See *Extra*, II. 27. 15.

[943] Transcribed in *MR*, IV. 10–19.

[944] He had gained Ruscombe Southbury by exchange for Brompton, Yorks, on 4 July 1339 (*Fasti*, III. 82). See also **511**.

Donington (*Donigton*), 27 July 1339, rehearsed, showing that archbishop had expedited exchange between John de Wodehous,[945] prebendary of Tolleshunt Knights (*Tolishunte, Tolishunte Militis, Tolishunt Militis*) in chapel of St Martin le Grand; and John de Ellerker, prebendary of Botevant (*Boteavaunt, Botevaunt*) in York. Archbishop had collated Ellerker in person of M. Robert de Neuwenham, clerk, his proctor, and reserved his installation, induction, and oath of obedience to dean as requested. Sealed with archbishop's seal. Bishopthorpe, 31 July 1339.

521 Letter[946] collating John de Ellerker to prebend of Tolleshunt Knights in chapel of St Martin le Grand [by exchange and pursuant to commission in **520**], in person of M. Robert de Newenham, clerk, [Fo.122; N.F. 151][947] whom archbishop had invested by his gloves. Bishopthorpe, 31 July 1339.

522 Letter collating John de Wodehous' to prebend of Botevant (*Botavaunt*) in York by exchange [pursuant to commission in **520**]. Archbishop had invested him by his gloves. Bishopthorpe, 31 July 1339.

523 Note of customary mandate to dean and chapter of York, sealed on archbishop's orders with his pendent seal, to do their part for John [de Wodehous']. Place and date above.

524 [*Mandate to dean and chapter of York to re-admit M. Thomas de Nassington to prebend of South Newbald in accordance with definitive sentence given at Curia against M. William de la Mare.*]
Willelmus etc. dilectis filiis .. decano et .. capitulo ecclesie nostre beati Petri Ebor', salutem [*etc.*]. Dudum inter magistros Thomam de Nassington ex parte una et Willelmum de la Mare ex altera[948] super prebenda de Southnewbald nostre diocesis orta in curia Romana materia questionis ac lite inter eosdem super ipsa prebenda in eadem curia pendente aliquamdiu, per sentencias diffinitivas pro dicto[949] magistro Thoma et contra prefatum magistrum Willelmum latas sopita; nos secundum vim formam et effectum litterarum apostolicarum instrumentorum et processuum nobis super hiis directorum eundem magistrum Thomam et procuratorem suum ejus nomine ad dictam prebendam de Southnewbald ejusque possessionem quantum ad nos pertinet admisimus restituimus et reintegravimus, justicia id poscente. Vobis mandamus quatinus in forma litterarum apostolicarum et instrumentorum ac processuum super hiis habitorum exequamini ulterius quod est vestrum. Valete. [Cawood, 17 Oct. 1339.]

---

[945] Then keeper of Hanaper of Chancery (*Chapters*, IV. 76, n.3).
[946] Marginalia of 16th century: *Prebenda de Botevante*.
[947] Only around 18cm long: rest cut away.
[948] William had exchanged this prebend for Wilton in 1329 (**307**) but the treasurership to which papacy believed Wilton was annexed had already been reserved by pope (**283**n), and William eventually lost it to Cardinal Mortemart (**427**n). His action against Thomas's title (**381**) may therefore have been based on the constitution *Si Beneficia* (*Sext.* III. 4. 20).
[949] Interlined.

525 Letter instituting William de Barneby, deacon, to prebendal vicarage of Saltmarshe (*Saltmersk'*) in church of Howden, vacant by resignation of M. John de Snaynton; patrons, prior and convent of Durham. William had been charged to reside as required by the legatine constitution.[950] Cawood, 31 Dec. 1339.

526 Note of mandate to keeper of spirituality of Howdenshire (*Houedenschire*) for induction of William [de Barneby], or his proctor, to vicarage of [Saltmarshe]. Place and date above.

---

[950] *Sacrorum canonum* (*Councils and Synods*, II. 757–8).

APPENDIX A

Papal provisions and provisory faculties to the four great churches for which no admissions or collations are recorded in Capitula section or Sede Vacante Register of 1315–17

(Unless otherwise stated, graces were for canonries and prebends.)

A1   16 March 1317: John de Sandal: expectative grace for Southwell (*CPL*, II. 148). Prebendary of Normanton by 30 July 1318 (*CPR 1317–21*, p.194). Nephew of John de Sandale [then bishop of Winchester] (*CPL*, II. 89).

A2   26 March 1317: James de Berkhampstead (*Berchamsted, Berkamsted, Berkhamstede*): expectative grace for Beverley, requested by Queen Isabella, of whose castle chapel at Wallingford James was dean (*CPL*, II. 146; *MB*, II. 14 – where mistakenly called John).

A3   26 March 1317: M. William de Burton (*Birton*): expectative grace for Southwell (*CPL*, II. 147). Prebendary by 22 Sept. 1329 (*Memorials of Southwell*, p.215). Probably served John Hotham, bishop of Ely (*CPR 1313–17*, p.570; *CPR 1321–4*, p.267).

A4   28 March 1317: Richard de la Lee: expectative grace for Ripon (*CPL*, II. 145). Prebendary of Studley (**170**).

A5   23 May 1317: William Restore: expectative grace for non-sacerdotal prebend in York, requested by Philip V of France (*Reg. Jean XXII*, vol.1, p.352, no.3857).

A6   3 June 1317: John Dastin: expectative grace for Southwell, requested by Cardinal Neapoleo Orsini, John being his clerk (*CPL*, II. 161; *Reg. Jean XXII*, vol.1, p.367, no.4014).

A7   15 June 1317: Parceval, son of Anthony, lord of Bargiis: expectative grace for Southwell, requested by Amadeus, count of Savoy (*CPL*, II. 161; *Reg. Jean XXII*, vol.1, p.375, no.4096).

A8   5 Feb. 1318: Cardinal Gaucelin [of Eauze]: direct provision to prebend of [Driffield] in York, on consecration of William Melton as archbishop of York (*CPL*, II. 168). But see **232**n.

A9   24 Sept. 1318: faculty renewed for Queen Isabella to nominate to an expectative grace in Beverley (*CPL*, II. 146, 183). Probable nominee: Thomas de Weston, her clerk (*MB*, I. 399; II. 12, 14, 19; *CPR 1317–21*, p.3; *Chapters*, V. 242).

A10 24 Sept. 1318: like faculty for Queen Isabella to nominate to an expectative grace in Ripon (*CPL*, II. 146, 183). Probable nominee: Peter de Nantolio, four of whose kinsfolk were members of her household (*The Household Book of Queen Isabella of England for the fifth regnal year of Edward II, 8 July 1311 to 7 July 1312*, ed. F.D. Blackley and G. Hermansen (Edmonton, Canada, 1971), p.249: *CCR 1313–18*, p.259). Prebendary of Monkton (**171, 174**).

A11 24 Sept. 1318: like faculty for Queen Isabella to nominate to an expectative grace in Southwell (*CPL*, II. 146; *Reg. Jean XXII*, vol.2, p.283, no.8453). Nominee unknown.

A12 24 Sept. 1318: like faculty for Queen Isabella to nominate to an expectative grace in York (*CPL*, II. 146, 183). Probable nominee: Peter de Vernoun who was claiming prebend of Weighton in York, 11 Dec. 1326, and occurs as her clerk in 1313, and her chaplain in 1323 (Reg. Melton, fo.575; n.f. 715; *CPL*, II. 114, 232).

A13 10 Sept. 1319: faculty for M. Rigaud de Asserio and abbots of Waltham and Beauchief to nominate to prebend of St Martin in Beverley Minster (*CPL*, II. 200). Nominee: M. Robert de Northburgh: installed 5 Sept. 1321; probably studying at Orléans in 1323 (*MB*, I. 393–4; II. 41).

A14 31 May 1320: [M.] William de Ottringham: expectative grace for Beverley (*CPL*, II. 197). For William see **33**.

A15 1 Feb. 1322: faculty for archbishop to collate to archdeaconry of East Riding, reserved to pope on departure, pursuant to *Execrabilis*, by about 1 Feb. 1318, of Bertrand de Fargis (*CPL*, II. 219; *Reg. Melton*, III. 19, no.43). Nominee: M. Denis Avenel, collated 4 May 1322 (Reg. Melton, fo.287; n.f. 348).

A16 7 July 1322. M. Benedict de Paston: direct provision to prebend of [St Andrew] in Beverley, on consecration of Roger de Northburgh as bishop of Coventry and Lichfield (*CPL*, II. 222). Papal chaplain by 1326; died at Curia before 17 Aug. 1330 (*CPL*, II. 252; *Reg. Jean XXII*, vol.9, p.410, no.50598). See also *BRUO*, III. 1433–4.

A17 15 July 1322: Elias Talleyrand (*Talairandi*): direct provision to archdeaconry of Richmond, on consecration of Roger de Northburgh as above (*CPL*, II. 218). Mandate to dean and chapter of York, 2 Nov. 1322 (*Reg. Melton*, I. 20, no.62). Studying civil law on promotion (*CPL*, II. 210).

A18 2 June 1323 × 29 Jan. 1326: William de Fieschi: direct provision to prebend of Strensall in York which was reserved to pope shortly before vacated by marriage of Aymo of Savoy (*Reg. Jean XXII*, vol.4, p.292, no.17569). Mandate to dean and chapter, 29 Jan. 1326 (Reg. Melton, fo.567; n.f. 705). Probably in household of Cardinal Luke Fieschi in 1318 (*CPR 1317–21*, p.197). For later loss and recovery see **336, 418n**.

A19   15 Sept. 1323: William de Airmyn: expectative grace for a dignity, parsonage, or office with or without cure of souls in York Minster (*CPL*, II. 239; *Reg. Jean XXII*, vol.5, p.6, no.18246).

A20   19 Dec. 1323: M. Peter Justi de Aquila: papal collation (ineffective) to prebend of [Oxton Prima] in Southwell, requested by Pilifort de Rabestens, cardinal priest of St Anastasia, by exchange with Richard de Malumbris, for canonry and prebend in church of Frigento (*Frequentin*) (*Reg. Jean XXII*, vol.5, p.46, no.18650 correcting *CPL*, II. 236). Peter was a curial scribe, and in 1316 chaplain of Peter de Colonna, cardinal deacon of St Angelus (*Reg. Jean XXII*, vol.1, p.84, no.831).

A21   21 Feb. 1325: Henry de Vilars, canon of Lyons: expectative grace for York (*CPL*, II. 244). Then aged 21; third member of his family later to become archbishop of Lyons (*Reg. Jean XXII*, vol.10, p.202, no.53475; Eubel, *Hierarchia Catholica*, I. 316).

A22   16 Oct. 1325: Berengar, son of Raymond de Laudun, lord of Montfaucon: expectative grace for a prebend, dignity, parsonage, or office with or without cure of souls in York Minster, requested by Queen Isabella, he being aged 15 (*CPL*, II. 247; *Reg. Jean XXII*, vol.6, p.20, no.23586). Mandate to dean and chapter, 16 July 1326 (Reg. Melton, fo.572, n.f. 712).

A23   22 Jan. 1326: Galhardus de Pindères (*Praderiis, Pynderiis*): expectative grace for York (*CPL*, II. 248). Mandate to dean and chapter, 20 June 1326 (Reg. Melton, fo.572; n.f. 712).

A24   27 Feb. 1328: Humphrey de Charlton: direct provision (ineffective) to prebend of [Stillington] in York, on consecration of Thomas de Charlton as bishop of Hereford (*CPL*, II. 269). He was about to begin, or had already begun studies at Oxford (*BRUO*, I. 390–1).

A25   13 June 1328: Robert de Woodhouse: direct provision to archdeaconry of Richmond, requested by king and Queen Isabella, on consecration of Elias Talleyrand as bishop of Auxerre (*CPL*, II. 273). Mandate to dean and chapter, 12 Sept. 1328 (*Reg. Melton*, I. 42, no.134).

A26   8 July 1328: Edmund, son of William Trussell (*Trousel*), knight: expectative grace for prebend, dignity, parsonage, or office with or without cure of souls in York Minster (*CPL*, II. 278; *Reg. Jean XXII*, vol.7, p.327, no.41848). William was in royal service from time of Queen Isabella's return, and engaged in diplomacy in 1330s (*Dictionary of National Biography*, vol.19, pp.1197–8).

A27   11 Oct. 1328: Otto, son of Andrew Sapiti: direct provision (ineffective) to prebend of [Wistow] in York, vacant on consecration of Roger de Northburgh as in **A16** (*CPL*, II. 282). Andrew was king's clerk, and his proctor at Curia, and Otto was at Curia in 1337 (Wright, *Church and English Crown*, pp.110–11; *The Register of John Kirkby, Bishop of Carlisle 1332–1352 and the Register of John Ross,*

Bishop of Carlisle, 1325–32, ed. R.L. Storey (Canterbury and York Society, vol.79, 1993), 75, no.393, 83, no.433).

A28   16 Sept. 1329: Robert de Aspall (*Aspal*): expectative grace for Ripon (*CPL*, II. 309). Probably a kinsman of Robert de Aspall, knight, steward of lands of Queen Philippa in 1331 (Manchester: John Rylands Library: Latin MS 235, fo.14v).

A29   16 Sept. 1329: Simon de Beverley: expectative grace for Beverley (*CPL*, II. 300). In 1327 presented by king to church of St Nicholas, Hertford (*CPR 1327–30*, p.3).

A30   23 Nov. 1329: M. John de Brinkhill (*Brenkhel, Brenkhill, Brinkhil, Brynkel*), D.C.L.: expectative grace for Beverley, probably requested by University of Oxford (*CPL*, II. 322; *BRUO*, I. 293). Mandate to chapter, 24 Dec. 1330 (Reg. Melton, fo.579; n.f. 721). Occurs in 1326 as a poor priest (*CPL*, II. 251).

A31   23 Nov. 1329: M. Walter de Burton: expectative grace for York (*CPL*, II. 322). Mandate to dean and chapter, 23 Dec. 1330 (Reg. Melton, fo.579; n.f. 721). Clerk of Ralph Shrewsbury, bishop of Bath and Wells, when provided (*BRUO*, I. 321). Amoved from prebend of Bilton in York (**342**).

A32   20 Dec. 1329: M. Manuel de Fieschi: direct provision to archdeaconry of Nottingham on consecration of John de Grandisson as bishop of Exeter (*CPL*, II. 314). Mandate to dean and chapter of York, 27 March 1330 (*Reg. Melton*, IV. 134, no.591).

A33   3 Feb. 1330: M. Thomas de Garton: expectative grace for Beverley (*CPL*, II. 305). Mandate to chapter, 25 March 1331 (Reg. Melton, fo.583v; n.f. 725v). *Keeper of Wardrobe when provided (*Chapters*, VI. 27). See also *BRUC*, p.252.

A34   25 Feb. 1330: M. Alan de Conisbrough: expectative grace for York, requested by archbishop (*CPL*, II. 306).

A35   13 June 1330: William de Clyf: expectative grace for Southwell (*CPL*, II. 318). Mandate to chapter, 21 March 1332 (Reg. Melton, fo.584; n.f. 726). King's clerk in 1334 (*CPR 1334–8*, p.26).

A36   1 July 1330: Edmund, son of William Trussell, knight: enlargement of **A26** to include any sub-archiepiscopal dignity in York Minster (*Reg. Jean XXII*, vol.9, p.357, no.50059).

A37   29 July 1330. M. William de Coleby: expectative grace for prebend, dignity, parsonage, or office with or without cure of souls in York Minster, requested by Queen Philippa (*CPL*, II. 319; *Reg. Jean XXII*, vol.9, p.388, no.50395). Enlarged by **344**.

A38   17 Aug. 1330: Bertrand de Cardaillac (*Cardalhaco*): direct provision to prebend of [St Andrew] in Beverley Minster, on death of M. Benedict de Paston

(*CPL*, II. 324). Mandate to chapter, 10 Feb. 1331 (Reg. Melton, fo.581v; n.f. 723v). Then at university and aged 19 (*Reg. Jean XXII*, vol.9, p.66, no.47137; vol.13, p.14, no.61512). See also *BMF*, p.24.

A39   5 Feb 1331: Reginald de Cazères (*Cazeriis, Cozeris*): expectative grace for York (*CPL*, II. 340).

A40   11 March 1331: Robert de la Felde of Hemel Hempstead (*Hemelhamstede*): expectative grace for Southwell (*CPL*, II. 332). Mandate to chapter, 4 March 1332 (*Reg. Melton*, IV. 156, no.675). Comptroller of Pipe, 1327–30 (*Exchequer*, p.71).

A41   10 Sept 1331: Anibaldus [Gaetani de Ceccano], cardinal priest of St Laurentius in Lucina: direct provision to archdeaconry of Nottingham, on exchange with M. Manuel de Fieschi for prebend of Milton Manor in Lincoln (*CPL*, II. 359). Mandate to dean and chapter of York, 23 Nov. 1331 (*Reg. Melton*, IV. 153, no.657).

A42   12 Oct. 1331: [M.] Thomas de Boynton: direct provision (ineffective) by surrogation to title of John de Crosseby in prebend of St Stephen in Beverley Minster, requested by Queen Isabella (*CPL*, II. 359–60). Occurs 1332 as proctor of chapter of Beverley at Curia (*MB*, II. 101).

A43   10 Dec. 1331: M. John de Newton (*Neuton, Neutone*), M.A., B.C.L.: expectative grace for Southwell (*CPL*, II. 362). One of archbishop's proctors for making triennial visitation to Curia, 1329, 1332 (Reg. Melton, fo.27, n.f. 44; fo.36v, n.f. 53v).

A44   30 Nov. 1332: M. John de Kilnhurst (*Kilnehurst*), skilled in civil and canon law: expectative grace for Southwell (*CPL*, II. 371). One of archbishop's proctors for making triennial visitation to Curia, 1329 (Reg. Melton, fo.27; n.f. 44).

A45   19 March 1333. Arnold de Gavarreto: expectative grace for York, requested by John, king of Bohemia (*CPL*, II. 373).

A46   24 March 1333: M. Edmund de Grimsby (*Grymesby*): expectative grace for Southwell (*CPL*, II. 372). Incorrectly said to have gained a prebend by Nov. 1333 (*CPL*, II. 407; *Reg. Jean XXII*, vol.14, p.59, no.62122). King's clerk; keeper of Great Seal, 1340–1, 1351 (*CPL*, II. 387; *Chapters*, VI. 13–14).

A47   18 June 1333: M. Edmund de Grimsby: expectative grace for Beverley, requested by Edward III (*CPL*, II. 387). Incorrectly said to have gained prebend by Nov. 1333 (*CPL*, II. 407; *Reg. Jean XXII*, vol.14, p.59, no.62122).

A48   18 June 1333: [M.] Ralph de Horncastle (*Horncastre*): expectative grace for Southwell (*CPL*, II. 374). Archbishop's proctor at Curia, 1320–3 (Reg. Melton, fo.11, n.f. 18; fo.17, n.f. 24). Also curial proctor of bishop Cobham of Worcester in 1320s (*Register of Thomas de Cobham*, pp.103, 253, 261).

A49 29 July 1333: Robert de Tawton (*Tauton*): expectative grace for York, requested by Edward III (*CPL*, II. 387). See **405** and n.

A50 4 Sept. 1333: Hugh de Glanville (*Glaunvill*): expectative grace for Beverley, requested by Queen Philippa (*CPL*, II. 387). An auditor in Exchequer, 1323–31, he occurs as her chief auditor, 1330–1, and was appointed her receiver, 15 Feb. 1333 (*Exchequer*, p.112; Manchester, John Rylands Library: Latin MS 235, fo.14v; *The English Government at Work, 1327–1336*, ed. J.F. Willard and W.A. Morris (Medieval Academy of America, 1940), I. 285).

A51 21 Sept. 1333: John, son of John de Oxenford: expectative grace for Southwell (*CPL*, II. 397).

A52 22 Sept. 1333: Ralph de Serlby (*Serulby*): expectative grace for Beverley, requested by Queen Philippa, Ralph being her clerk (*CPL*, II. 407; *Reg. Jean XXII*, vol.13, p.13, no.61498).

A53 28 Oct. 1334: [M.] Henry de Harrowden (*Haroudon*): direct provision to prebend of [Dunham] in Southwell on death of Thomas de Sancto Albano – reserved to pope's collation, 11 Oct. 1333 (*CPL*, II. 412; *Reg. Jean XXII*, vol.14, p.217, no.64193). Probably previously or then resident at Curia. For chequered career and long struggle to gain possession, probably not achieved much before 1347 see *BRUC*, pp.288–9; BI: Reg. Zouche, fo.227.

A54 by c.1334: John de Sancto Paulo: unregistered expectative graces for Beverley and Ripon (*BRUO*, III. 1630 – based on PRO 31/9/17a, fos 19v–20v). Chancery clerk (**505**n).

A55 9 Jan. 1335: John Gaetani, cardinal deacon of St Theodorus: expectative grace for prebend, dignity, parsonage, or office in York Minster, having failed to retain sacristy of chapel of St Mary & Holy Angels, York, [wrongly] accepted by virtue of **27** (*CPL*, II. 516; *Reg. Benoît XII*, vol.1, p.39, no.298).

A56 30 Nov. 1335: M. William la Zouche: direct provision to prebend of Laughton in York on death of John Gaetani, cardinal of St Theodorus, requested by Queen Philippa, William being her clerk and also Keeper of Privy Seal (*CPL*, II. 524).

A57 11 April 1336: M. William la Zouche: expectative grace for Southwell, requested by Edward III (*CPL*, II. 534).

A58 7 May 1338: John de Geddington (*Gedinton*): expectative grace for Southwell, requested by Queen Philippa, John being her clerk (*CPL*, II. 544).

APPENDIX B

Analysis of papal provisions to the four great churches

In 1265 a far reaching principle was first given expression: that the Roman pontiff had the right to the full disposal or reservation of all churches, parsonages, dignities and other ecclesiastical benefices. It was to become part of canon law,[1] and between 1274 and 1335 its implications were fully developed and given legal definition in a series of papal decrees.[2] In practice, however, the popes restricted provisions in England to benefices in ecclesiastical patronage, some of the richest of which lay in the gift of the archbishops of York in the four great churches of their diocese. William Melton's episcopate coincided with the final development of the system of provisions and its vigorous application by the redoubtable lawyer-pope, John XXII.

York had been the richest chapter in England in 1291,[3] and although the impact of the Scottish invasions, beginning in 1318, reduced the income of some prebends, the 33 available to secular clergy[4] averaged, nevertheless, almost £41. There were, however, wide variations: five were assessed at £100 or more whilst exactly a third were valued at less than £20. Richest of all the dignities, the deanery (£373 6s. 8d.) was elective, and unlike the rest not in the archbishop's gift. The treasury (£73 6s. 8d.), subdeanery (£53 6s. 8d.) and five archdeaconries (average of £52, with Richmond, despite the Scots, still the richest at £100) were all highly desirable prizes. Much less well endowed were those of the precentor (£10), succentor (£13 6s. 8d.), and chancellor (£33 6s. 8d.).[5] No provisions were made to them, and this accounts for the low percentage of dignities gained overall by provision (Table One). Southwell was unaffected by war and its 16 prebends varied in value from £5 to £40, with nine worth £20 or more, giving an average of almost £26.[6] The provostship of Beverley (a dignity) was taxed at £40, and the eight Beverley prebends from £16 to around £45, but their true value may have been at least double their assessment.[7] This would partly help to explain why they attracted, proportionally, the highest number of provisions.

---

[1] *Sext.* III. 4. 2.

[2] See Wright, *Church and English Crown*, pp.6–14.

[3] R.B. Dobson, 'The Later Middle Ages, 1215–1500', pp.55–6 in *A History of York Minster*, ed. G.E. Aylmer and R. Cant (Oxford, 1977).

[4] Two were appropriated to religious houses (*Fasti*, VI. 38, 76).

[5] For all valuations see *Statutes of Lincoln Cathedral*, II (1), [p.12 above, n.98] pp.133–4.

[6] *Taxatio ecclesiastica Angliae et Walliae auctoritate P. Nicholai IV, circa A.D. 1291*, [ed. T. Astle, S. Ayscough and J. Caley] (Record Commission, 1802), p.312. Original returns for the diocese of York survive only for Nottinghamshire.

[7] *BMF*, p.xxii. *Taxatio* figures are on pp.xxiv, 2n. None survive for prebend of St Katherine, perhaps the richest of all. The three lesser, poorer dignities were in gift of provost.

Ripon had been sacked by the Scots in 1318 and this necessitated the re-assessment of its seven prebends at between £5 and £13 3s. 4d., with an average of £10 3s. 4d.[8] It is probably significant that 40 per cent of all provisions there were granted in 1317, when five of its prebends were still worth £40 or more.[9] The archbishop also had collation to the 12 prebends and sacristy of the chapel of St Mary and the Holy Angels, York. These, however, were of little value, ranging from £4 to £6 13s. 4d.,[10] and attracted no provisions in Melton's time, although an unsuccessful attempt was made on behalf of Cardinal John Gaetani to claim the sacristy in 1333 (**A55**). The chapel is not, therefore, included in the tables below.

Table One analyses the number of grants made on or by papal authority to the four great churches between 1316 and 1340. The 171 provisions were shared amongst 148 provisors, and it should be noted that men holding two or more provisions appear twice or more often in subsequent tables. On three occasions, a provision was made to both a York dignity and prebend, and each of these has been counted as two. The figures for 1316–1334 mark an unprecedented growth in the number of provisions, which consequently resulted in a massive erosion of archiepiscopal patronage. John XXII granted, proportionally, more than two and a half times as many graces as did his predecessor, Clement V, during his pontificate between 1305 and 1314. Most striking was the impact at Ripon where, proportionally, there was an almost eight-fold increase. At Beverley, it was well over sixfold; at Southwell nearly fourfold; whilst at York provisions rose proportionally by around 80 per cent. Moreover, John gave Melton, in proportion, little more than half the provisory faculties that Clement had granted to the previous archbishop.[11] (This was an important consideration since faculties, which allowed the recipient to nominate persons of his choice were, when granted to ecclesiastics, almost assured of a successful outcome.) Between 1335 and 1340, under the less prodigal Benedict XII, there was a steep decline in grants, which fell back to almost the same levels as in Clement's time. Whilst this somewhat reduced encroachments on archiepiscopal patronage, the benefits were partly offset by the pope's unwillingness to grant Melton even a single provisory faculty.

Table Two attempts to classify provisors' patrons. Almost half the relevant entries in the papal registers identify them explicitly or implicitly. In a few instances joint patrons are named, and the table has been weighted to take these cases into consideration together with that of a cardinal provided after his appointment by regalian right. It therefore contains percentages not raw figures. Sufficient evidence exists to link almost all the remaining provisors to a patron, or in the case of those known to have enjoyed a complex and changing network of support, to their probable patron about the time of their provision. M. John de Luterell, for example, received royal favour in the mid-1320s and strong

---

[8] *Historical Papers and Letters from Northern Registers*, p.282.

[9] *Taxatio*, p.308. Revenues may have recovered somewhat by 1338 (**515**).

[10] Thompson, 'The Chapel of St Mary and the Holy Angels . . .', p.65.

[11] Clement granted about 26 faculties and provisions. Beverley: *MB*, I. 127/*Regestum Clementis V*, 7 vols (Rome, 1885–8), I. 1019 (correcting *CPL*, II. 14); *CPL*, II. 29. Ripon: *CPL*, II. 29. Southwell: *CPL*, II. 14, 29, 49, 92. York: **448**; *CPL*, II. 3, 5, 6, 12, 29, 45, 66, 80, 97, 101, 122 (excluding prebend), 558; *Reg. Greenfield*, I. 29, no.79; 41, no.114; 57, no.148; 84, no.174 (*CPL*, II. 79 is probably a ratification of ibid. 6).

TABLE ONE Numbers of Provisions to the Four Great Churches

| | BY JOHN XXII – 1316–1334 | | | | | | | | | BY BENEDICT XII – 1335–1342 (to 5 April 1340) | | | | | | | SUM TOTALS |
| | DIRECT | | EXPECTATIVE | | BY PROVISORY FACULTY | | TOTALS | | | DIRECT | | EXPECTATIVE | | TOTALS | | | |
	Granted	Effective	Granted	Effective	Granted	Effective	Granted	% Effective	% of admissions pre-1336	Granted	Effective	Granted	Effective	Granted	% Effective	% of admissions 1335–1340	
BEVERLEY prebends and provostship	4	3	22	2	3	2	29	24.14	66.67	–	–	2	1	2	50.00	50.00	31
RIPON prebends	–	–	15	7	2	2	17	52.94	64.28	–	–	–	–	–	–	–	17
SOUTHWELL prebends	3	2	29	11	2	?	34	38.23	61.11	–	–	6	1	6	16.67	–	40
YORK dignities	8	8	3	1	1	1	12	83.33	52.63	1	1	–	–	1	100.00	25.00	83
YORK prebends	16	14	44	14	3	2	63	47.62	62.50	4	4	3	1	7	71.43	55.56	
TOTALS	31	(87.10)%	113	(30.97)%	11	(63.64)%	155	44.52	61.11	5	(100.00)%	11	(27.27)%	16	50.00	25.00	171

TABLE TWO Patrons and Connections of all Provisors in the Four Great Churches

	Royal[1]	Royal Officials or Servants	Magnates	Curia	Lay Rulers and Lords overseas	Archbishop	Diocesan	Other English Prelates	University	Unknown
BEVERLEY prebends	48.38 *3.23*	–	6.45	16.11	3.23	6.45	3.23	3.23 *3.23*	3.23	3.23
RIPON prebends	52.94	11.76	–	5.89	5.89	11.76	–	–	–	11.76
SOUTHWELL prebends	30.00 *7.50*	10.00	2.50	15.00	5.00	12.50	–	2.50	5.00 *5.00*	2.50 *2.50*
YORK: dignities	23.08 *3.85*	7.69	–	46.15 *3.85*	7.69	7.69	–	–	–	–
prebends	40.00 *3.57*	1.43	1.43	25.00 *5.00*	9.28	5.71	–	4.29	– *1.43*	2.86
TOTALS	43.27	4.68	2.34	23.10	6.72	8.19	0.58	3.51	3.51	4.10

Note: Figures in italics refer to provisions by Benedict XII.

[1] Includes two provisions secured by earl of Kent.

backing from the bishop of Exeter in 1330, but his direct provision came in 1334 from a pope who regarded him with some affection, and whom John had served for several years in his capacity as a distinguished theologian.[12] For a very few canons, no patrons have been identified. Most of these clerics were probably rather obscure men, some apparently still without a benefice, like M. Walter de Greenwick, a poor clerk, hoping in vain for a prebend at Beverley, only a few miles from his place of birth (**439**). Inevitably, the table risks over-simplification and allows no place for subtle nuances, but the broad outlines do not seem in doubt. The most extensive patronage was that exercised by the English court: the kings, the queens, their ministers, and others in their service. It accounted, directly or indirectly, for nearly half of all provisions, and was preponderant in all four churches. Almost another quarter was granted through the good offices of cardinals and others at the Curia, including half those made to the lucrative York dignities. Except at Ripon, curial influence was the second most important source of patronage. In contrast, less than nine per cent of all provisions could be attributed to the archbishop.

The occupations of provisors, so far as they can be discovered, broadly reflect the pattern of patronage, with those in royal or curial service making up over 60 per cent of the whole (Table Three). However, not all enjoying court patronage were engaged in day to day royal administration. Partly this was because the title 'king's clerk' was for some merely honorific, and partly because royal favour was widely sought. Similarly, though provisors included five cardinals, chaplains and other members of cardinals' households, as well as English clerks on the fringes of the papal court, fewer are known to have resided or been employed at the Curia than probably owed their provisions to curial influence. So, too, not all who had some connection with the archbishop served him in the diocese or full-time. There seems to be one exception to this trend: more were engaged in study than the few distinguished graduates who owed their graces to petitions by the University of Oxford. The majority were already *magistri*, and almost all seem to have been at an English or foreign university. They were drawn from most patronage groupings, those of court and Curia being the most prominent.

Rather less than one half of all provisions secured a benefice (Table Four). Much depended on the type of grace, as can been seen in Table One. Normally, direct provisions[13] were effective, except when granted, sometimes in error, to prebends with sitting incumbents. Royal resistance was not usual,[14] and if the pope were resolute, his nominee usually gained possession if sufficiently persistent, though it took M. Henry de Harrowden more than ten years (**A53**). At least three-fifths of all provisory faculties are also known[15] to have been successful. In contrast, the record of expectative graces was abysmal. Even with reliable local proctors ready to accept a benefice in their masters' names as

---

[12] *BRUO*, II. 1181–2.

[13] Most resulted from general reservations, a category much enlarged by papal decrees. For special reservations see **335n**, **A18**, **A53**.

[14] The most noteworthy exception concerned the treasury of York Minster and Edward II (*Fasti*, VI. 12–13). Edward III withdrew his opposition to Cardinal Mortemart's later provision there.

[15] Evidence from Southwell is wanting.

TABLE THREE Occupations of all Provisors in the Four Great Churches

	Royal Clerks[1]	Magnates' Clerks	Curiales	Overseas Rulers' Clerks	Unknown – presumed overseas	Melton's Clerks and Officials	Within diocese of York	Other English Prelates' service	Students	Unknown – but in England
BEVERLEY prebends	15 (48.38) *1 (3.23)*	–	4 (12.90)	–	2 (6.45)	1 (3.23)	1(3.23)	1 (3.23)	3 (9.67) *1 (3.23)*	2 (6.45)
RIPON prebends	7 (41.18)	–	–	–	3 (17.64)	1 (5.89)	–	1 (5.89) (of former archbishop)	3 (17.64)	2 (11.76)
SOUTHWELL prebends	14 (35.00) *3 (7.50)*	1 (2.50)	8 (20.00)	–	2 (5.00)	2 (5.00)	1 (2.50)	? 1 (2.50)	3 (7.50) *2 (5.00)*	2 (5.00) *1 (2.50)*
YORK: dignities	3 (23.08)	–	4 (30.77)	–	1 (7.69)	1 (7.69)	–	–	2 (15.39) *1 (7.69)*	1 (7.69)
prebends	25 (35.71) *2 (2.86)*	–	14 (20.00) *3 (4.29)*	4 (5.71)	9 (12.85)	2 (2.86)	1 (1.43)	2 (2.86)	5 (7.14) *2 (2.86)*	1 (1.43)
TOTALS	70 (40.94)	1 (0.58)	33 (19.30)	4 (2.34)	17 (9.94)	7 (4.09)	3 (1.75)	5 (2.93)	22 (12.87)	9 (5.26)

Note: figures in italics refer to provisions by Benedict XII.
[1] Includes two clerks of earl of Kent.

TABLE FOUR Effectiveness of Patronage

(1) Successful provisors as a percentage of all provisors in each category of patronage

(2) Percentage of provisors' benefices held by each category of provisors

	PROVISIONS				Royal¹	Royal Officials etc	Magnates	Curia	Lay Rulers etc overseas	Archbishop	Diocesan	Other English Prelates	University	Unknown	
	Granted	Effective													
BEVERLEY prebends	31	8 25.80	(1)		6.25	–	50.00	80.00	nil	50.00	nil	50.00	nil	nil	100.00
			(2)		12.50	–	12.50	50.00	nil	12.50	nil	12.50	nil	nil	
RIPON prebends	17	9 52.94	(1)		55.55	50.00	–	nil	nil	100.00	–	–	–	50.00	100.00
			(2)		55.55	11.11	–	nil	nil	22.23	–	–	–	11.11	
SOUTHWELL prebends	40	14 35.00	(1)		26.67	100.00	nil	50.00	nil	20.00	–	nil	50.00	nil	100.00
			(2)		28.57	28.57	nil	21.44	nil	7.14	–	nil	14.28	nil	
YORK dignities	13	11 84.61	(1)		71.43	nil	–	100.00	100.00	100.00	–	–	–	–	100.00
			(2)		22.73	nil	–	59.09	9.09	9.09	–	–	–	–	
YORK prebends	70	35 50.00	(1)		40.98	nil	nil	76.19	23.08	75.00	–	33.33	100.00	nil	100.00
			(2)		35.71	nil	nil	45.71	4.29	8.57	–	2.86	2.86	nil	
TOTALS	171	77 45.03	(1)		33.78	62.50	25.00	74.68	21.74	57.14	nil	33.33	50.00	14.28	100.00
			(2)		32.47	6.50	1.29	38.31	3.25	10.39	nil	2.60	3.90	1.29	100.00

¹ Includes two clerks of earl of Kent.

soon as it was known to be vacant, and sub-executors, preferably local men of some standing, prepared to act with the greatest speed, success was often elusive.[16] Direct provisions always took precedence. Competition was intense and led to waiting lists, disputed and sometimes violent successions, and troublesome and expensive appeals. Philip de Daventry, for instance, must have possessed considerable stamina and patience to spend seventeen years in waiting and litigation before securing a prebend at Southwell (**267, 491**). Over such lengthy periods of time even the personal circumstances of a king's clerk might alter. John de Denton, a Norfolk man and a clerk of Edward II, was admitted by proctor to a Southwell prebend in 1333 after nine and a half years, only to find it seized, with the approval of Edward III, by a local Nottingham-shire clerk in royal service. By then, John was studying canon law. With the old king, his master dead, and the earl of Kent, another patron, executed, he was powerless to resist.[17] Inevitably, with the passage of time, even of a few years, death often intervened. Finally, at the end of 1335, Benedict XII dashed some cherished hopes by revoking those of his predecessor's graces which had not by then taken effect.[18]

Table Four illustrates the varying fortunes of provisors according to patronage category. *Curiales* were more than twice as successful as those enjoying royal patronage because most of the former were directly provided. Although the archbishop's men gained few prebends or dignities, over half did succeed (a far greater proportion than royal provisors), largely because Melton received six provisory faculties to nominate to the four great churches. It is also clear that until 1335, beneficiaries of the Crown in their rush to acquire expectative provisions increasingly overloaded the system, so that more and more over the years its returns became seriously diminished. The greater the number with such graces, the smaller was the proportion able to achieve success.

Provisions severely curtailed the archbishop's patronage and his freedom of action to make collations was further restricted by exchanges. Although these all required his formal approval, only a minority benefited his known clerks and relations. Apart from the chapel of St Mary and the Holy Angels, to which he promoted some kinsmen and lesser members of his household, he is known to have made only thirteen collations to the four great churches during the twenty-two and a half years of his episcopate. Even so, two were later set aside by direct provisions, and a third was prevented from taking effect until the death of a provisor.[19] Once, thanks to urgent intelligence from London about the death of John de Crosby, Melton was able to steal a march on provisors, and collate one of his clerks to the litigious prebend of St Stephen in Beverley Minster once it had been vacant for over a month – the deadline for making claims. With one exception, the remaining collations succeeded partly because they were made to the poorer York prebends and dignities, which were less attractive to provisors,

---

[16] That outside lobbying to gain a £10 York prebend was thought necessary indicates the uncertainties of the system (**153n**). Nor could preferential treatment promised by the provost of Beverley for M. John de Crosby secure him an untroubled succession (**303** and n).

[17] **403** and nn. For his link with the earl of Kent see *CPL*, II. 203.

[18] G. Mollat, *Les Papes d'Avignon, 1305–1378*, 9th edn (Paris, 1949), pp.77–8.

[19] **114, 211, 328**n, **365, 378, 384, 386, 405, 497, 510**; **259, 326**n/**327/517**, *Fasti*, VI. 24.

and partly because by 1338 far fewer provisors were around, thanks to Benedict XII. Melton was, of course, legally powerless to resist provisions openly, and indeed the *Capitula* section of his register contains many clauses which were designed to safeguard the claims of all provisors. However, he had, in 1319, guardedly expressed his concern to John XXII about the number of graces already bestowed, and his difficulty in rewarding his household clerks, an anxiety also expressed by two other contemporary English bishops whose cathedrals had secular chapters.[20] Intriguingly, however, in 1325, he apparently brushed aside with impunity three provisors (all royal clerks) in whose names the prebend of St Katherine in Beverley had been formally claimed seven weeks before (**211, 212**).

The provenance of provisors can only be roughly charted owing to the difficulties and uncertainities of identifying surnames. However, looking first at those in the chapters of Beverley, Ripon, and Southwell, taken as a whole, it would seem probable that about a third were natives of the diocese of York, and that they constituted only a sizeable minority of all Englishmen receiving graces there. Somewhat more than a half had royal connections – unsurprisingly in view of the number of northern clerks in royal service[21] – but most provisors enjoying court patronage came from beyond diocesan boundaries. All the locals at Ripon were Yorkshiremen, and most at Beverley, the largest number being from the East Riding. Southwell had the smallest local contingent, and of these Nottinghamshire clerks were in a minority. Foreign provisors were nowhere in conspicuous numbers, and received only 17 per cent of all provisions, so although their success rate was not much lower than that of the English, only five actually became prebendaries.

In York Minster, by contrast, foreigners were in the ascendant. They received almost half (49.44 per cent) of all provisions, and because two-thirds gained a prebend or dignity they constituted more than half (52.50 per cent) of all York's successful provisors. Moreover, they did better financially than English clerks. Nearly two-fifths who were directly provided were granted two or more graces, so their average annual income was almost £20 higher than Englishmen with direct provisions. Nearly a third (six) ended up with over £100 a year. Even those who owed their success to expectative graces did on average, with one important exception, £11 better than their English counterparts. Only the deanery eluded them. This foreign presence, or rather absence, may well have caused resentment. The archbishop, for instance, complained that the non-residence of an Italian subdean robbed the minster of its official penitentiary, and that his dilapidations were the cause of much scandal (**359**). Moreover, Melton had only been able to obtain prebends worth a mere £10 and £20 for two of his clerks whom he had appointed by provisory faculty, and they had been obliged to wait for three and seven years, respectively, to join the chapter.[22] And in 1330, Guy de Calma arrived in York to publish the sentence amoving the archbishop's

---

[20] *Historical Papers and Letters from Northern Registers,* p.290; *Reg. Melton,* III. 12–13, no.38; W.A.Pantin, *The English Church in the Fourteenth Century* (Cambridge, 1955), pp.70–1.
[21] J.L. Grassi, 'Royal Clerks from the Archdiocese of York in the Fourteenth Century', *Northern History,* vol.5 (1970), pp.12–33.
[22] A third was luckier because the faculty was explicitly for the archdeaconry of the East Riding (**A15**).

Yorkshire kinsman from the Treasury to make way for Cardinal Mortemart. Local feelings were outraged, and several of Guy's men were killed in the ensuing violence (**335**n). Other natives of the diocese also fared badly, receiving in all only around 13 per cent of provisions. On the other hand, royal interests certainly did not suffer. A quarter of the foreigners owed their graces either directly to the king and queen, or in the case of William Fieschi (**418**n) regained a prebend by direct royal intervention. And provisions and papal sensitivity ensured that two royal clerks, neither natives of the diocese, succeeded one after another to the deanery. As for enemy aliens, only one is known, and he was amoved by the king soon after war with France began (**379**n).

Between 1316 and 1340, provisions to the four churches had brought advantages to both the English and papal courts, though perhaps fewer to leading families in the diocese. A roughly acceptable balance between national/ local and papal interests had been kept, though less satisfactorily at York, but war and growing hostility to aliens after 1337 would add to existing tensions. In 1343, strong opposition to all alien provisors surfaced in Parliament, which was partly concerned to restrict the benefits of ecclesiastical patronage to the king's subjects, the sons of great lords and others.[23] When diplomats later met the new pope to discuss the supposed evils of alien provisors, it was the provision of Cardinal Elias Talleyrand to the deanery of York[24] which immediately ignited the heated exchange that brought talks to an abrupt end.[25] Controversy over minster patronage thus added to the general, growing bitterness.[26] Parliamentary complaints were eventually to find expression in the Statute of Provisors of 1351.

[23] *Rotuli Parliamentorum*, 7 vols (Record Commission, 1783–1822), II. 141, no.19; 143–5, nos 59–60.
[24] So setting aside the election of Thomas Sampson, the son of an eminent York family (*Fasti*, VI. 6–7; *The Parliamentary Representation of the County of York, 1258–1832*, ed. A. Gooder (Yorkshire Archaeological Society, Record Series, vols 91 and 96, 1935–8), I. 23–5).
[25] *Adae Murimuth Continuatio Chronicarum* . . ., ed. E.M. Thompson (Rolls Series, 1889), pp.229–30.
[26] It may actually have provoked the crisis. Talleyrand's admission to York came less than six weeks before Parliament met and he alone was singled out by name in its petition of 1343, wrongly accused of being one beneficiary of the recent provision to vacant English benefices, taxed at 6,000 (actually 2,000) marks (*Rotuli Parliamentorum*, II. 144). Apart from his provision to York it is difficult to see why.

INDEX OF PERSONS AND PLACES

Surnames have been given in their modern forms where these can be identified with reasonable confidence. In entries which list benefices, prebends appear according to the alphabetical order of their collegiate or minster church. An asterisk indicates those men who seem not to have obtained dignities or prebends despite being appointed or collated to them, or who were amoved within about a year. A dagger shows those who were eventually amoved or disseised before 1340. Degrees given in square brackets are supplied from Emden. The following abbreviations are used:

A	Appendix A	dép.	département
abp	archbishop	Gilb.	Gilbertine
Aug.	Augustinian	M	Master
Ben.	Benedictine	P	prebendary
CE	canon with expectative grace	R	rector
Cist.	Cistercian	Trin.	Trinitarian
(d.p.)	by direct provision 1316–40 (in lists of dignitaries and prebendaries of the four chapters)	YER	East Riding
		YNR	North Riding
		YWR	West Riding

References are to the numbers of entries unless otherwise stated.

Cawood, *Cawod, Cawodd, Cawode,* YWR, acta at, 72, 462, 471, 495(6), 515
attestation at, 292
jurisdiction of dean and chapter of York in, 161n
letters dated at, 14–18, 20, 23–5, 28–31, 39, 60–6, 68–70, 75–6, 80, 91, 119–20, 137–8, 140–1, 143–5, 147–50, 155, 161, 170, 179–81, 192–4, 201, 211–12, 215, 227, 238–40, 282–3, 285–8, 293–4, 297, 307–8, 311, 322, 345, 347, 350, 352, 359–61, 417–20, 427–8, 431, 433–41, 454, 456–61, 463–7, 470–1, 475, 478, 483, 488–9, 491, 493–4, 496–501, 504–7, 509, 511–15, 524–6
manor of, bailiff of, 161
tenants of abp in, named, 161
Cazères, *Cazeriis, Cozeris,* France, Reginald de, CE of York, A39
Ceccano, Nicholas de, archdeacon of Rivas del Sil, 295
See also Gaetani, Anibaldus
Cerato *see* St Céré
Cessay *see* Sessay
Cestr', Cestria, *see* Chester
Ceyzériat, *Ciriaco,* dép. Ain, France, M. Gerard de, P of Eaton in Southwell, 338; king's clerk, 338n
Chacombe, *Chaucombe,* Northants, letters dated at, 324
Chaddesden, Derb, John de, clerk, 516–17
Charlton, *Cherleton,* [in Wrockwardine], Salop, Humphrey de, *P of Stillington in York, A24
M. Thomas de, D.C.L., bishop of Hereford, 247, A24; P of Stillington in York, 247, A24; controller of Wardrobe, keeper of Privy Seal, 247n
Chemaxius de Cortanello, Matthew, clerk, 295
Cherleton *see* Charlton
Chester, *Cestr', Cestria,* Ches, M. Richard de, D. Cn.L., CE of Ripon, 18; canon of Ripon, 464, 515; P of Nunwick in Ripon, 382; canon of York, 464, 466; P of Givendale in York, 457 and n; clerk of abp Greenfield, 18n
Chichester, diocese of, bishop of, *see* Langton, John
Chichester, *Cicestren',* Sussex, cathedral of, Ps of, *see* Barlby; Bruere; Ilsley
Chilwell, *Chilewell,* Notts, *see* Martel

M. Richard de, M.A., R of Tunworth, 500
Chireston *see* Syerston
Chrishall, *Christeshale,* Essex, prebend of in St Martin le Grand, London, Ps of, *see* Bowden; Yarwell, Walter
Ciceronis of Rome, Nicholas, 456
Ciriaco *see* Ceyzériat
Cissor *see* Taylor
Cistaricen' *see* Sisteron
Clarborough, *Clareburgh* Notts, poor parishioners of, 238
Clare, M. Richard de, P of Swords in Dublin, 251, 253–4; P of Knaresborough in York, 251; king's clerk, 251n
Clareburgh *see* Clarborough
Clarentio, Aycius de, 175
Clarys, Stephen, 473
Cleeve, Bishop's, *Clyve,* Gloucs, Rs of, *see* Berton; Valognes
Clement, V, pope (1305–14), p.187; *see also Ad compescendas* under Constitutions
Clere, William de, P of chapel of St Mary & Holy Angels, York, 116
Cleveland, *Cland', Cliveland, Clyvelandie,* Yorks, archdeaconry of, archdeacons of, *see* Fieschi, Adrian and Innocent (d.p.)
clergy and people of, 434
Cliff *or* Cliffe, *Clyf,* William de, CE of Southwell, and king's clerk, A35
Cliffe, *Cliff', Clyff',* YER, M. Henry de, dean of collegiate church of Tamworth, 53–4, 59–62; P of Apesthorpe in York, 53, 55, 59–62, 74, 405; keeper of Great Seal and chancery clerk, 53n
William de, 71
Clifton, *Clyfton,* Yorks, John de, 495(5)
Nicholas de, cantarist at Bishopthorpe, 293
Clone, ―, abp's messenger, 419n
Clotherholme, *Clotherum,* YWR, John de, 274
Clyff' *see* Cliffe
Coates, Great, Lincs, *see* Sandal, Robert
Cobham, Kent, Thomas, bishop of Worcester, 11n, 84, 153n, A48
certificate of, 85–89
Codelyng' *see* Godlyng
Coleby, *Colby, Colleby,* nr Lincoln, Lincs, John de, CE of York, 426, 439; clerk of Queen Philippa, 426n

Hooton Pagnell, YWR, poor parishioners of, 238A

Hornby, *Horneby*, YNR, Thomas de, vicar in church of Ripon, penitentiary, 118

Horncastle, *Horncastr'*, *Horncastre*, Lincs, M. Ralph de, CE of Howden, 483n; P of Howden, 483; CE of Southwell, A48; proctor of archbishop and bishop of Worcester, A48

Horneby *see* Hornby

Hornsea, *Hornse*, YER, Henry de, 197
John de, vicar in Beverley Minster, 196

Hotham, YER, John, bishop of Ely, 60, 62, A3; chancellor of England, 62; clerks of, *see* Burton, William; Cliffe, Henry

Hoton, Adam, son of Robert de, priest, R of Little Bradley, 236; P of chapel of St Mary & Holy Angels, York, 236

Hoton Busschell *see* Hutton Buscel

Houden, Houeden, Houedene, Houedon, Houenden, *see* Howden

Houton, John de, CE of Southwell, 279; †P of Oxton Prima in Southwell, 473, 491 and n; cofferer of Wardrobe, 279n

Howden, *Houden, Houeden, Houedene, Houedon, Houenden*, YER, collegiate church of, canons of, with expectative graces, *see* Haselbech, Adam; Horncastle; Martini
chapter of, 139, 266, 383
prebendaries of, *see* Bedwyn; Eryom; Haselbech, Adam; Horncastle; Huggate, Nicholas; Osgodby; Prodhomme
prebends of, *see* Barmby on the Marsh; Howden; Saltmarshe; Skelton *alias* Laxton; Thorpe

Howden, prebend of in Howden, Ps of, *see* Horncastle; Huggate, Nicholas

Howden, John de, clerk, 233

Howdenshire, *Houedenschire, Houedenshir'*, YER, spirituality of, commissary of, 483
keeper of, 526

Huberd, Hubert, John and Richalda, his wife, of Ripon, 392
William, son of, 392, ?438

Huggate, *Hugat', Hugate*, YER, Rs of, *see* Brantingham; Ferriby, William; Riplingham, Thomas
M. John de, 197
Nicholas de, P of St James in Beverley, 197 and n, 475n; provost of Beverley, 12 and n, 13, 179, 464, 497 and n, 498;

P of Howden in Howden, 483; CE of York, 179; canon of York, 464, 466 and n; P of Barnby in York, 241, 500; cofferer of Wardrobe, etc., 12n; king's clerk, 12

Simon de, steward of provost of Beverley, 143

Hull, river, YER, 191

Humbleton, YER, Alan de, vicar in Beverley Minster, 197 and n

Hundon, Simon de, 482
M. William de, 323; R of Barnburgh, 136, 213; R of Car Colston, 491; rural dean of Southwell 396

Huntington, *Huntington juxta Ebor'*, YNR, letters dated at, 101

Huntwick, Nostell priory in, *q.v.*

Husthwaite, *Hustewait, Hustwayt, Hustweyt*, YNR, prebend of in York, Ps of, *see* Hoo; Husthwaite; Morelli; Stanton
John de, P of Flixton in Lichfield, 73; P of Husthwaite in York, 73 and n; keeper of Great Wardrobe, 73n

Hutton Buscel, *Hoton Busschell*, YNR, R of, 364

Ilsley, *Hildesley, Hildesleye, Hyldeslay*, Berks, M. John de, canon of Chichester, 406–7, 411, 418; baron of Exchequer, 406n

Ilsley, East, *Esthildesley*, Berks, R of, *see* Sproatley

Innocent III, pope (1198–1216), constitution of, 138–9

Insula *see* Lisle

Ipswich, *Gipwicum*, Suff, church of St Mary Stoke, Rs of, *see* Ashley; Edwinstowe, Robert

Ireland, nuncio in, *see* Angoulême

Isabella, queen of England, 249n, A26
chaplains of, *see* Founteneye; Vernon
clerks of, *see* Bowden; Giffard, John; Milis; Poissy; Vernon; Wawne; Weston
faculties to nominate provisors, 171n, A9-A12
household of, members of, A10
physician of, *see* Trecis
requesting provisions, A2, A22, A25, A42

Isle-sur-la-Sorgue, *de Insula*, dép. Vaucluse, France, 422

Islip, *Islep*, Northants, M. Simon de, canon of Lincoln and vicar general of bishop of Lincoln, 501–2, 506, 509

Retford, Notts, M. Thomas de,
chancellor of Wells cathedral, 140
Retford, East, *Retford*, Notts, poor
parishioners of, 238
Reynolds, Walter, abp of Canterbury,
kinsman of, *see* Windsor, Ralph
Ricardi, Bernard, 425
Riccall, *Rikh', Rikhale, Rykhal', Rykhale,*
YER, prebend of in York, 91n
Ps of, *see* Angoulême; Burghersh;
Exeter; Gaetani, John; Mortemart
See also Thomasyn
Richmond, archdeacons of, *see*
Northborough, Roger; Talleyrand
(d.p.); Woodhouse, Robert (d.p.)
Rillington, *Ryllington,* YER, R of, *see*
Cave, Richard
Rimini, *Arimino,* Italy, Gotius de, auditor
of sacred palace, 403
Rimswell, *Rymeswell,* YER, Dns John de,
197
Ripley, *Rippeley, Ryppeleye,* YWR, Rs of,
see Cave, Thomas; Lyster, Robert
M. Robert de, *see* Lyster
Riplingham, *Ripplingham, Rypplingham,*
[in Rowley], YER, M. Robert de,
[D.D.], chancellor of York Minster, 20,
207, 365–6; P of Botevant in York,
363; vicar general, 164–5
Thomas de, chaplain, R of Brompton in
Pickering, 511; R of Huggate, 511; P
of Eaton in Southwell, 511; kinsman of
abp, 511
Ripon, rural deanery, deans of, 245–6,
438; *see also* Wath, Richard
visitation of, 219, 245, 389
Ripon, *Rippon, Rypon,* YWR, acta at, 113
hospitals:
St John's, visitation of, 219, 246, 390
St Mary Magdalen's, inventory of, 331
ministers and tenants of, 330
servants of, 330–1
visitation of, 219, 246, 390
warden of, 246; *see also* Poppleton,
William
letters dated at, 256–8, 264–5, 272–5,
289n, 290, 315, 326–7, 352, 354,
426, 438
receiver of abp at, *see* Thorpe
Ripon, collegiate church, canons
residentiary, ordinance concerning,
354
canons with expectative graces, *see*
Aspall; Breus; Bridlington;

Calventon; Chester; Crakehill;
Draperii; Friskney, Thomas;
Hanningfield; Lee; Nanteuil; Sancto
Paulo, John; Scalangiis; Sheffield;
Wawne; Wetwang, Peter; Zacharia
chapter of, 18, 24, 37, 39, 42, 82, 100, 122,
162, 177, 185, 202, 244, 261, 269, 274,
286, 290, 300, 319, 327, 352, 355, 375,
382, 394, 401, 419, 452, 458, 515, 518
auditor of, 202, 244
common fund of, 354
common property of, visitation of, 202,
219, 244, 389
convocation, general of, 352–3
locum tenens of, 100, 202, 243–4
tenant of, *see* Warener
visitation of, 201, 203, 218–19, 243 and
n, 388, 470
citation in, 261
ministers of, 354, 419 and n
monition in, 286
penitentiaries in, *see* Hornby; Thornton;
Thorold
prebendaries of, 354, 515; *see also*
Baldock, Robert; Breus; Bridlington;
Cave, Thomas; Chester; Conisbrough,
Alan; Crakehill; Cusance; Everdon,
John; Ferriby, William; Friskney,
Thomas; Hennay; Lee; Lyster,
Robert; Markingfield; Nanteuil;
†Savoy, Thomas; *Seaton; †Sheffield;
Smale; Stapleton, Gilbert; Stoke,
Ralph; *Wawne; Wetwang, Peter
prebends, named, *see* Givendale;
Monkton; Nunwick; Sharow;
Stanwick; Studley; Thorpe
requiring priestly orders, 286
valuation of, p.187
visitation of, 202, 219, 244
treasurer of, *see* Monkton prebend
vicars of, 354, 419 and n; *see also*
Hornby; Kirkby; Thornton; Thorold
college of, ordinance concerning, 515
Ripon, liberty of, 223
manor of abp at, 162
bailiff of, *see* Warener
parish of, 354, 419
Ripon, Alan, son of Idonia de, chaplain,
438, 515
Robert de, chaplain, 185
Robert de, Dominican, 100
M. Robert de, *see* Lyster
M. Simon de, *see* Lyster
See also Huberd; Lyster, William (*two*)

INDEX OF SUBJECTS

N.B. Crops, land-use, livestock, poultry, and other matters agricultural are gathered together under Agriculture

Degrees (*cont.*)
  Neville, Thomas; Paston; Pickering,
    Robert; Sampson, Thomas; Stratford,
    John
  medicine, doctors of, *see* Exeter;
    Leverton; Wigtoft
Dimissory, letters, 40, 74, 77, 133, 186, 310
Dispensations *see* Age; Bastardy; Mass;
  Ordination
Donzel, 232

Earls *see* Arundel, Richard; Bohun;
  Edmund; Lancaster; Valence
Cf. Baron
Elections of deans of York, 207n, 462n,
  503n
Esquires, as witnesses, 266
Exchanges, certificates of, registered
    separately, 85, 151, 176, 190, 253,
    313, 501, 509, 519–20
  commissions for, registered separately,
    56, 106, 150, 170, 505
  rehearsed, 103, 146, 188, 253, 312, 501,
    506, 517, 520
  effected by royal influence, 73, 84, 103
  inquiries, prior to, certificate of, 85
  commission for, 84
  letters of collation on, 44, 55, 59, 82, 89,
    103–4, 122, 125, 141, 145–6, 228,
    236, 251, 254, 282, 307, 312, 314, 317,
    395, 507, 511–13, 516–17, 521–2
  duplicated, 73, 187
  opposed, 149
  procured by provision, 311, A20
  ratified, 502
  resignation instrument for, 54
  titles, disputed, prompting, 82, 150,
    ?173n, 282
Exchequer, auditor of, *see* Glaunvill
  barons of, 43, 47–8, 263; *see also*
    Everdon, John and William; Garton;
    Ilsley; Threckingham
  chancellors of, *see* Felde; Markingfield;
    Stanton; Stratford, Robert
  clerk of, *see* Blyth
  comptroller of Pipe *see* Felde
  remembrancers:
  king's, *see* Nottingham, Robert
  treasurers', *see* Everdon, William;
    Travers; Wilford
  treasurers of, 43, 47–8, 263; *see also*
    Aylestone; Woodhouse, Robert
  clerk of, *see* Thoresby

Excommunication, 335nn
  officiating whilst under, 97
  sentence of, text, 462
  solemn, 191, 402, 463–4
  Cf. Interdict; Suspensions
Eyre, general, *de quo warranto*
  proceedings before, 333–4, 467n

Fairs *see* Archbishopric of York
Farming of benefices, by defaulting
  donzel, 232
  licensed, 315
  sanctions in relation to, 128
Feretory of St John of Beverley, 50n
Ferryboat, infringing archbishop's
  liberties, 157
Fish, theft of, 88, 97
Forest, hay, 301–2
  royal, 334
Frankalmoin, grants in, 208, 482
Friars, Carmelite, *see* Sancto Paulo,
  William
  Dominicans, church of, at York, 119n
    See also Ripon, Robert
  Franciscans, church of at York, 346
    See also Sancto Paulo, Hugh

Gloves *see* Investitures
Granges, Cist., 304
  of hospital, 331

Homicides, 58
  at night in Beverley, 402
  of priest, 163
  of servants of sub-executor of provision
    at York, 335n
Hospitals, *see* Beverley, St Giles; Ripon,
  St John; Ripon, St Mary Magdalen;
  York, St Mary's Bootham

Indentures, 71, 128, 287, 301, 495 (2, 5)
Inductions, commissions to effect, 56,
  188, 496
  mandates for, 12, 15, 44, 57, 107, 116,
    129, 135, 189, 211–12, 229–31, 236,
    317, 330, 391, 416, 526
  right to perform, reserved in exchanges,
    188, 501, 506
Inductions and Installations, commissions
  to effect, 258, 326, 341, 373, 386,
    405–6, 440, 483–5, 488
  mandates for, 2, 60, 73, 82, 108, 122,
    125, 141, 145, 159, 177, 187, 228,
    256, 386, 437, 455, 493, 514